André Padoux

El tantra

La tradición hindú

Traducción del francés de Miguel Portillo

editorial Kairós

Título original: Comprendre le tantrisme

Editorial Kairós S.A.
Numancia 117-121, 08029 Barcelona, España
www.editorialkairos.com

Fotocomposición: Grafime. Mallorca, 1. 08014 Barcelona
Impresión y encuadernación: Índice. Fluvià, 81-87. 08019 Barcelona

Primera edición: Octubre 2011
ISBN: 978-84-9988-025-9
Depósito legal: B-26.889/2011

Para A.C., una atenta lectora

«El camino de los excesos conduce al palacio de la sabiduría.»

WILLIAM BLAKE

The Marriage of Heaven and Hell

Sumario

Prólogo

¿Por qué escribir un libro sobre el tantrismo y, una vez que el libro ha sido escrito, por qué leerlo? Es verdad que se escribe de todo y se lee de todo, pero esto –por entrar inmediatamente en el interior de la civilización que ha expresado el tantrismo– no bastaría a un autor de la India clásica. Todo autor indio que se respete abre su obra con una serie de preguntas: ¿qué estoy escribiendo?, ¿por qué lo estoy escribiendo?, ¿estoy cualificado para hacerlo? Y otras.

Cambio de escena: una estación ferroviaria. En los quioscos de periódicos y de libros dedicados a entretener a los viajeros, no faltan libros sobre el tantrismo: *Tantra para hacer el amor divino* (con DVD, por supuesto), *Tantra: cómo hacer que su mujer se vuelva loca en la cama*, etcétera. Por tanto, si ya hay tantos libros sobre el tantrismo, ¿para qué escribir otro? Llegados a este punto, el lector benévolo esperará que el académico que escribe esta introducción empiece a distanciarse de la asociación del tantrismo con el sexo, denunciándola como una de las muchas deformaciones perpetradas por Occidente. Pero no es así porque, de hecho, el sexo está presente en el tantrismo de un modo bastante significativo. Negarlo significa de algún modo repetir lo que la India, o mejor dicho, una parte importante de la civilización india ya ha hecho por lo menos en dos ocasiones distintas. La primera negación surgió muy tempranamente, acompañando luego al tantrismo en toda su larga historia, y tomó la forma de la edulcoración del tantrismo por parte del *establishment* brahmánico. Al ser el tantrismo demasiado importante y al estar demasiado enraizado en la realidad india, el mundo brahmánico, fiel a su antigua estrategia de englobar antes que de rechazar, procedió a una obra sistemática de depuración del tantrismo a través de su "espiritualización". Los textos no se toman al pie de la letra: cuando se habla de coito se entiende la unión con la divinidad, o bien con una shakti interior; embriagarse con bebidas alcohólicas es dejarse elevar por el éxtasis de la devoción; la frecuentación nocturna de los cementerios es en realidad la ascesis mesurada de quien no se doblega a los halagos del mundo. Es así como, poco a poco, nacen las grandes corrientes del tantrismo "desinfectado" o vedantizado, presentes todavía hoy en día, sobre todo en el Norte de la India, en particular con los cultos de Shrîvidyâ y Tripurasundarî. Aunque sea atractivo y de gran belleza literaria, un texto como el *Tripurârahasya*, por ejemplo, está muy lejos de poder ser considerado un texto verdaderamente tántrico. El segundo intento de depuración se llevó a cabo en tiempos relativamente recientes, cuando la ideología de los dominadores ingleses enseñó a los indios a avergonzarse de su tantrismo, reenlazando con la línea de descrédito que siempre ha acompañado al tantrismo en los ambientes brahmánicos ortodoxos. En particular, se exponen al escarnio público el desenfreno sexual y la magia negra, presentados capciosamente como los elementos identificadores del universo tántrico (al ser conocido como experto en tantrismo, este sentido de prudente perplejidad lo experimento personalmente todavía en mis contactos con interlocutores indios…). Esto hizo, por ejemplo, que en el siglo XIX se compusieran tantras nuevos, mucho más suaves e integrados, haciéndolos pasar por antiguos (véase el caso del *Mahânirvâna-tantra*), o que, en particular, en ambientes vishnuitas, desde siempre más preocupados que los shivaitas por no acentuar la distancia de sus escrituras reveladas (las de la escuela tántrica del Pañcarâtra) con los Veda, se prefiriera sistemáticamente aplicarles la denominación anodina de *samhitâ*, "colecciones", antes que el inquietante "tantra".

Para un fenómeno religioso, pero también social y cultural, amplio y acusadamente variado como es el tantrismo, sería válida una imagen que aparece frecuentemente en los textos jainistas, la de un elefante y unos ciegos que lo rodean curiosos: cada uno cree haberse hecho una idea precisa de lo que tiene delante y lo identifica con la trompa, con una pata, con una oreja... Uno de los muchos méritos de este libro es presentar por primera vez el fenómeno tántrico en toda la complejidad que le es propia, insertándolo en una perspectiva muy amplia en la que se hace justicia a cada una de sus dimensiones: histórica, textual, religiosa, filosófica y antropológica, sin dejar de analizar los distintos modos de percepción del tantrismo en la India y en Occidente, y su impacto –tan intenso como problemático– sobre la experiencia espiritual contemporánea en los Estados Unidos y en Europa.[1]

Definir el tantrismo, lo que es "tántrico" y lo que no lo es, no resulta nada fácil, y mucho menos para quien tiene un conocimiento amplio y profundo de la cuestión. André Padoux, que en este campo de estudio es una autoridad internacional indiscutible, intenta por su parte aportar una definición (véase el capítulo 1 «El ámbito tántrico»). A sus atentas consideraciones podría resultar útil añadir lo que escribí en otra ocasión para consignar la atribución al tantrismo del (re)descubrimiento del deseo y de la pasión en el mundo indio,[2] percibido generalmente más bien como el mundo de la renuncia y de la ascesis rígida.

> Al final de este recorrido por las capas menos visibles del tantrismo hindú –viaje que no se presta a las vías rectas sino que es necesariamente sinuoso e incierto– hemos llegado por lo menos a entender correctamente

el título que le hemos dado, por sí mismo también bastante ambiguo. ¿La India debe realmente al tantrismo la invención (en el sentido etimológico de *inventio*) del deseo? Como hemos visto, ciertamente no: no su invención y ni siquiera su re-invención después de un período de eclipse. La India siempre ha sido muy consciente de la centralidad del cuerpo y de las pulsiones de la psique, en una palabra, de la dimensión "deseante" del hombre. Si esto no aparece en el exterior con la claridad que sería de esperar, es debido a la obra de contención que la élite brahmánica ha puesto en práctica en el arco casi bimilenario de su grandiosa tentativa hegemónica ejercitada sobre el mundo indio en su conjunto. No disponiendo directamente del poder, lo ha sustituido, consiguiendo imponer, como alternativa, una oposición entre pureza e impureza que ha marcado todos los aspectos de la civilización india: pureza del espíritu, pureza de la filosofía, pureza del rito, pureza del lenguaje, pureza de los comportamientos sociales y religiosos, etcétera. En la vertiente "impura", se coloca tácitamente todo poder (excepto el propio), toda realidad que tienda a sustraerse por su naturaleza intrínseca al control y a la normalización, especialmente el alboroto del cuerpo, de la esfera sensorial-emocional-pasional. [...] Un último error sería el de ver en las enseñanzas tántricas el fruto sofisticado de una protesta de algunos teólogos sutiles inclinados a las transgresiones privadas. Al contrario, el tantrismo representa una respuesta clara al mundo brahmánico, poseedora de tanta grandeza como el desafío que la impulsó, y con fines igualmente vastos. Y el contraataque se produce precisamente en el núcleo central, es decir poniendo en discusión la legitimidad y la consistencia de la división entre puro e impuro, destinada a resquebrajarse progresivamente bajo el empuje de un comportamiento "no dual" (*advaitâchâra*) deliberado, en el que debe buscarse el sentido más auténtico de la transgresión tántrica. ¿Pero quién se encarga de esta "respuesta"? Hablar, como se ha hecho comúnmente, de un empuje popular en el que volverían a aflorar una serie de doctrinas ancestrales y de motivos no-arios o hasta pre-arios, significa ante todo no darse cuenta de la profunda unidad cultural del subcontinente indio, incluso dentro de sus mil variaciones. Y aún más, significa no haberse dado cuenta de que la gran parte de los "revoltosos" tántricos también son brahmanes, ni más ni menos que sus antagonistas. En el tantrismo no hay otra India que viene al rescate, sino la única India que, en el mismo interior de su élite brahmánica, siente que ha llegado el momento de reformularse para garantizar la propia supervivencia futura.

Cuerpo, pasiones, emociones, eros, energía y transgresión se encontrarían, pues, en el centro de un fenómeno como el tántrico que es esencialmente "religioso". ¿Resulta posible? El punto de partida del pensamiento y el comportamiento tántrico es caracterizado con una lucidez extrema en un tratado de los siglos X-XI, el *Mahânayaprakâsha*, perteneciente a una de las escuelas más radicales, el Krama:

> La experiencia común nos muestra que todas las criaturas, en el sentido amplio del término, aman apasionadamente el sexo, la carne y las bebidas alcohólicas; la única diferencia es que unos sienten más pasión por una cosa y otros por la otra. Si se les pidiera desde el principio que dieran la espalda a todo esto, las enseñanzas de un maestro no tendrían la más mínima posibilidad de prosperar. La mente humana se dirige hacia estos objetos desde centenares de existencias previas, y es imposible apartarla de ellos, tanto como lo sería apartar a una vaca vieja de ir a pacer a los campos de cereales. Sobre este punto, el consenso es general: el abandono de estas cosas es difícil de realizar porque los hombres acabarían odiando al que les proponga una enseñanza tal. Si al contrario, la enseñanza fuera tal que preliminarmente dejara intactos todos los placeres, el hombre común se adheriría a ella con fe. [IX. 4-8.]

Sin embargo, en esta actitud meramente pragmática no se condensa la novedad de la visión del mundo propuesta por el tantrismo. En esta visión subyace un análisis profundo y articulado de la persona en toda su complejidad, al que se asocia una elaboración igualmente penetrante y original de los medios espirituales que pueden conducir a su emancipación, a la "liberación" (*moksha*). La mayor parte del pensamiento indio tiende a ver al ser humano como incurablemente dividido entre dos esferas que reciben caracterizaciones y definiciones varias, pero que a fin de cuentas se pueden reconducir a la oposición de espíritu y materia. En la formulación más radical –la del antiguo sistema del Sâmkhya– tenemos por una parte el espíritu, entendido como consciencia pura, luminosa e inmutable, y por la otra, separada por un abismo ontológico infranqueable, todo el resto (la dimensión cognitiva, la pasional/sensorial, la corpórea). El tantrismo, en su componente espiritual y culturalmente más elevado, el del shivaismo, identifica en el sujeto individual, a nivel profundo, una estructura soportante/limitante –las "corazas" (*kañchuka*)– que actúa como *trait d'union* entre la esfera puramente material y la espiritual. Son precisamente estas "corazas", las que constituyen la dimensión energética, intelectual y pasional/emocional/deseante –vistas no como compartimentos estancos, sino como realidades estrechamente entrelazadas una con la otra–, las que tienen a los humanos suspendidos entre el espíritu puro y la materia pura. Son ellas las que constituyen el lugar privilegiado donde se juega la aventura humana, y las que actúan, tanto como medio de atadura como de liberación. Por tanto, el tantrismo considera al hombre, en la concreción de su cuerpo y de su conocer-actuar-sentir, como la verdadera encrucijada del universo (a los dioses les está vedada la liberación). A la búsqueda brahmánica de la pureza, el tantrismo le contrapone, pues, la búsqueda de la energía, partiendo de aquellas microenergías que anidan en la misma realidad ordinaria del ser humano, afinándolas, potenciándolas. De este modo, el hombre irá tendiendo a coincidir con la divinidad, que constituye su naturaleza esencial, divinidad que es movimiento y energía en estado puro. Al final de su recorrido de liberación, que se configura ante todo como la salida progresiva de un estado de "concentración" (*samkocha*) hacia una "expansión" cada vez más universal (*vikâsa*), el hombre tántrico liberado no es tal porque haya abolido el mundo de la manifestación –sopor del que finalmente se ha despertado (como quieren las teologías brahmánicas)–, sino porque ha aprendido a vivirlo como la forma real en la que se manifiesta libremente la divinidad-energía. Para ayudarle en este viaje circular, del cual la realidad cotidiana constituye a la vez el punto de partida y el de llegada, el hombre tántrico dispone de sus propios instrumentos: una tradición especial revelada a través de los maestros, y una serie de medios de realización espiritual como el conocimiento, el rito y el *yoga*. Sin embargo, cada uno de estos elementos posee una especificidad tal que no podemos seguir avanzando sin antes intentar descifrarla. Empecemos por los textos revelados, los Tantra. El lector occidental generalmente se muestra ávido de lecturas "sobre" los temas, pero se mantiene a una distancia prudente de los textos originales. En el caso del tantrismo resultaría difícil reprochárselo, porque los textos tántricos son ásperos, pesados y en ningún modo atractivos. La mayor parte de ellos estan formados por descripciones interminables de rituales, esquemáticas exposiciones doctrinales y por normas puntillosas para la construcción de templos y de imágenes. En resumidas cuentas, algo que nunca se nos ocurriría tener en la mesita de noche como elemento de sugestión nocturna. Aquí y allí, sin embargo, se abren fragmentos imprevistos, a menudo altamente enigmáticos. He aquí algunos ejemplos: «En virtud del acto de devorar, oh diosa, el cuerpo del amigo, del pariente a quien se tiene afecto, del benefactor, de la persona queridísima, levanta el vuelo la doncella celeste», «Sitúa tu mente en esta pira que está en el cuerpo, ardiente como el fuego del templo: en ella todas las cosas van a su destrucción, se quema el conjunto de los principios», «Como un buitre que volando por el cielo, oh diosa, divisando una presa, con ímpetu innato la atrapa como el rayo, así el mejor entre los yoguis lleva el elemento mental hacia el punto luminoso». Otros ejemplos los extraigo directamente de uno de los textos fundamentales del Shivaismo no dual, los *Shivasûtra*:[3] «El que goza de la tríada, el señor de los héroes», «Las fases del yoga son asombro», «Recogiendo la mente en el corazón se obtiene la visión de lo visible y del sueño», «La expansión de la mente en el útero es un conocimiento no específico, un sueño», «Una vez despierto, tiene como rayo al segundo», «En el medio se produce el nacimiento inferior», «En los tres se debe verter, como aceite de sésamo el cuarto», «Posteriormente se tendrá un nuevo encierro». Lo que caracteriza la profunda originalidad y singularidad de la tradición tántrica shivaita es una extraordinaria cadena de exégetas que, de los siglos IX al XIII, construyeron, en torno a las escrituras shivaitas, y basándose en ellas, una de las más penetrantes y elaboradas visiones del mundo, en la cual experiencia espiritual, especulación filosófica y lingüística, pensamiento místico y devoción, epistemología y estética se entrelazan en un todo armonioso e inextricable. Las miles de páginas en sánscrito complejo y elegante en las que esta tradición se ha expresado desafían pérfidamente las competencias lingüísticas y culturales de los expertos en tantrismo a jornada completa, acostumbrados como están a tratar textos lingüísticamente elementales como son la mayor parte de los Tantra hindúes (y todavía más los Tantra budistas). Con las obras de Utpaladeva y de Abhinavagupta (por citar a los más grandes de entre estos autores), nos encontramos no solo en el vértice de la experiencia espiritual india, sino en el vértice de la cultura india clásica en el sentido más amplio de la expresión. Muy distinto es el caso de la tradición tántrica vishnuita, mucho más desvaída.

«Listas interminables de ritos», hemos dicho. En efecto, no es posible en ningún modo rebajar la importancia del rito en el universo tántrico. Los *Âgama* (otro nombre de los Tantra) presentan, por lo menos en principio, una división en cuatro partes (*pâda*), dedicadas respectivamente al rito (*kriyâ*), al conocimiento (*vidyâ, jñâna*), al *yoga* y a la conducta (*caryâ*). Según la *Mrigendravritti* de Nârâyanakantha (siglo x), de estas cuatro "patas" (*pâda*) del Gran Tantra, la primera es el conocimiento por ser el presupuesto indispensable de la acción ritual, que es la segunda; la iniciación (*dîkshâ*), el rito por excelencia, propicia el acceso a la liberación, que se realiza a través del *yoga* (la tercera "pata"), un *yoga* que no puede tener éxito si la conducta no se conforma a lo que está prescrito o prohibido (la cuarta "pata"). Pero esta paridad y complementariedad de principio es puesta en entredicho implícitamente por las proporciones que luego se asignan a estas cuatro partes en los textos. Las secciones dedicadas al rito y al comportamiento (en particular al rito) son siempre larguísimas, mientras que las dedicadas al conocimiento o al *yoga* son breves o brevísimas. En las escuelas tántricas de Cachemira no tarda en configurarse un antagonismo entre rito y conocimiento como medios de liberación. Las escuelas inspiradas en el no dualismo supremo –por ejemplo, aquellas de las que forman parte los ya citados Utpaladeva y Abhinavagupta– tienden a considerar la proliferación ritual propia de las escuelas tántricas dualistas, especialmente del Shaivasiddhânta, como un signo de inferioridad respecto al puro ímpetu transformador del conocimiento esotérico, tan fulgurante y elitista como gradual y "prosaica" resulta la servil observancia ritual. Como prueba de lo poco que se presta el mundo tántrico a las generalizaciones apresuradas, y de la atención sin límites a sus complicadas dinámicas que exige a quien a él se enfrenta, podemos distinguir muestras de la tensión rito-conocimiento incluso en el interior de las tradiciones individuales. Un caso particularmente interesante se encuentra en un verso que figura en la sección del conocimiento del *Matangapârameshvara-tantra*, escritura que, a pesar de pertenecer al canon del Shaivasiddhânta, reconoce un gran prestigio al conocimiento. Una lectura independiente del verso sonaría más o menos así: «Para los que por incapacidad no están en situación de decidirse por el conocimiento, para ellos el maestro expone aquí un medio [más] fácil, el rito». Una afirmación tan transparente no podía ser del gusto del famoso doctor del Shaiva-siddhânta, Râmakantha (siglos X-XI), que dedicó un largo y elaborado comentario a esta obra prestigiosa. Jugando en no poca medida con la plasticidad del sánscrito, Râmakantha lee el verso así: «Para aquellos que no se deciden por el conocimiento por la incapacidad [del conocimiento para actuar sobre las máculas innatas del hombre], para ellos el maestro expone aquí el rito, medio para alcanzar la suprema beatitud». Otra afirmación en la misma línea, presente en aquel tantra[4] –«Para quien no consigue alcanzar la realización a través del conocimiento, ahora se prescribe el ritual»–, es demasiado explícita para que se pueda manipular: Râmakantha simplemente se olvida de comentar este verso que, de este modo, desaparece del texto (ya que, en la India, el texto original y el comentario acaban por formar una unidad). Si a pesar de esto lo conocemos es porque otros exegetas que sostienen la primacía del conocimiento lo citan. En cualquier caso, el *magnum opus* del gran campeón de la primacía del conocimiento, el *Tantrâloka* de Abhinavagupta, ofrece un espacio extensísimo al ritual. Si se exploran los recovecos de sus obras más arduas, como el *Parâtrimshikâvivarana*, se asiste a una pugna incesante entre rito y conocimiento, donde cada uno de los ámbitos toma ventaja sobre el otro de forma solo provisional. La sensación que prevalece es que, para los grandes maestros de Cachemira, hay niveles del ser a los que ningún tipo de conocimiento, ni siquiera el más alto, tiene acceso y que solo la praxis, la acción, puede llegar oscuramente a tocarlo (y el rito es, justamente, la acción por antonomasia).[5]

Quedaría añadir unas palabras sobre otro de los medios de realización mencionados anteriormente: el *yoga*. A diferencia de lo que se tiende a creer habitualmente, el *yoga* no es el centro de las prácticas del adepto tántrico, al menos si queremos referirnos a su dimensión más elegante y extrema, es decir, una vez más, a la representada por las escuelas shivaitas no-duales de Cachemira, que no sin razón todavía siguen fascinando al buscador espiritual occidental.

Escuchemos a Abhinavagupta:

> En realidad no hay ninguna parte del yoga que pueda servir verdaderamente de medio para alcanzar la condición *anuttara* "la que no tiene nada que la trascienda". El medio (*upâya*) para alcanzarla, en realidad es un no-medio (*an-upâya*) desde el momento que no prevé ni prácticas rituales ni supresión de las funciones mentales. Es un bajel pensado para un viento ligero, sin expiración ni inspiración,[6] que así transporta al sí mismo más allá del océano de la dualidad, aunque la mente mientras tanto permanezca inmersa en el fluido del mundo objetivo. [...] Los impulsos de los sentidos solo pueden desasirse gracias a un tipo especialísimo de desapego, un desapego practicado en una elegante flexibilidad. Pero si uno, al contrario, pretende sojuzgarlos, los sentidos acaban resultando ingobernables. [*Mâlinîvijayavârttika*, II. 106-112.]

Antes de emprender la retirada del proscenio, y de dar la palabra a André Padoux, convendrá intentar una respuesta a la pregunta crucial: «¿Qué nos puede enseñar el tantrismo?» Si tuviese que responder con una sola palabra, lo intentaría con "atención". El hombre tántrico se ve a sí mismo y el mundo no como una "cosa", sino como un conjunto de delicadas y poderosas energías en movimiento. Cuando aparece la "cosa" es porque la energía, por decirlo así, se ha empantanado, porque la lava se ha solidificado en dura obsidiana. El remedio es una atención ininterrumpida y espontánea a todas la líneas de energía que animan la existencia ordinaria, manifestándose ante todo en la tensión de los sentidos, en las pasiones, en las emociones;

meditando interiormente en la sucesión (*krama*) de estas potencias infinitas o diosas (Kâlî, Kâlikâ), organizadas en la meditación y en el rito en "ruedas" de muchos radios, el adepto tántrico se desplaza de la periferia al centro con un movimiento espontáneo en espiral, a través de la identificación con niveles de energía cada vez más altos, apoyándose, incluso, en prácticas eróticas. A diferencia de lo que enseñan las filosofías brahmánicas, el logro supremo, la liberación, no coincide con la inmersión en un estado, por elevado que pueda ser, sino con la adhesión total al mismo movimiento de la Fuerza que se manifiesta a través de las infinitas Kâlî: la *kramamudrâ* –por decirlo con un fragmento que ha sobrevivido del *Kramasûtra*, un texto perdido– es la realización del movimiento doble: del exterior penetrar en el interior, y del interior en el exterior. Por citar una vez más los *Shivasûtra*, el hombre tántrico no debe contentarse yendo más allá de la condición ordinaria, para alcanzar lo que la India, a partir de las *Upanishad*, ha llamado el "cuarto" estado, sino que una vez realizado, en lugar de intentar mantenerse apoltronado en una salida del mundo –tan provisional como imposible– en espera de la muerte, debe volver a bajar al mundo y volver a vivir su realidad cotidiana iluminada desde dentro e impregnada de esta sintonía que ha alcanzado con el poder divino, llámese este Shiva o Shakti o de cualquier otro modo: esto es a lo que se refieren los *Shivasûtra* cuando afirman: «En los tres se debe verter, como aceite de sésamo el cuarto», palabras citadas anteriormente como ejemplo de oscuridad… Llegados a este punto resulta claro por qué en las escuelas tántricas de Cachemira la experiencia religiosa se abre a la experiencia estética. El gozo estético salvaguarda la realidad del objeto, pero a la vez lo hace gravitar hacia el sujeto, y no al revés, como sucede habitualmente. La experiencia ordinaria se convierte en un asombro continuo, o, como me gusta traducir el término clave, *chamatkâra*, "un saborear maravilloso".[7]

Místico apasionado y penetrante en su *Shivastotrâvalî*, inflexible dialéctico y epistemólogo en su *Îshvarapratyabhijñâkârikâ*, así cantaba Utpaladeva en sus *Himnos*:

> «Habitando en el mar de la suprema ambrosía, con mi mente inmersa exclusivamente en tu culto, que pueda atender a todas las operaciones comunes del hombre saboreando en cada cosa lo inefable».
>
> «Que mi deseo por los objetos pueda ser intenso, oh Bienaventurado, como el de todos los demás hombres, pero que pueda verlos como si constituyeran mi propio cuerpo, habiendo disuelto cualquier pensamiento de diferenciación».

RAFFAELE TORELLA
Rocca Priora, julio 2010

Prefacio

No es posible presentar la vida religiosa india, ni tampoco su pensamiento filosófico, tal como se han desarrollado desde hace más de un milenio, y tal como lo siguen haciendo ahora, sin tener en cuenta el fenómeno tántrico. En efecto, es un aspecto esencial desde muchos puntos de vistas. Aunque es fundamentalmente índico ha aportado novedades y marcado profundamente el desarrollo histórico del hinduismo y el budismo. Una huella que sigue siendo patente en la actualidad. Sin lo que el tantrismo ha manifestado en esos dos conjuntos religiosos, estos serían totalmente distintos. Pero como ha nacido del fondo índico y ha evolucionado con y en él a lo largo de los siglos, el universo de la visión y de la vida tántricas resulta difícil de acotar y describir.

Intentar llevarlo a cabo en alrededor de 300 páginas es un desafío muy complicado. Y no obstante, aceptarlo puede resultar interesante y útil. Interesante porque es posible mostrar no solo algunos de los aspectos más curiosos, sino también, y sobre todo, muchos de los rasgos esenciales del hinduismo antiguo y moderno. Útil porque en Occidente corre un rumor –respecto a todo lo que tiene que ver con el tantrismo– injustificado acerca de su extravagancia y exceso, basándose en las ideas falsas que surgen sobre las concepciones y prácticas tántricas. Unas ideas alimentadas por una literatura que intenta seducir al público antes que instruirlo realmente. Por ello me gustaría intentar acabar con esas ideas inexactas y sobre todo mostrar la riqueza del terreno tántrico y del interés que pudieran presentar, incluso para nuestros contemporáneos, muchas de las nociones y de los hechos que le pertenecen realmente. Ese mundo también ha tenido gran importancia en el budismo del Gran Vehículo, el Mahâyâna; nos referiremos a esa cuestión en el transcurso de este libro, pero no entraremos a tratar el tema en profundidad. Incluir el budismo tántrico exigiría, desde luego, una obra no solo bastante más amplia, sino también otra organización de esta, pues su problemática es distinta de la que afecta a la vertiente hindú, a pesar de que lo que se denomina Mantrayâna esté profundamente influido por el shivaísmo. Pero incluso limitarse al hinduismo al dar cuenta del fenómeno tántrico, a la vez antiguo y contemporáneo, ya resulta bastante complejo.

No se trata, efectivamente, de examinar solo un conjunto de hechos socio-religiosos, sino también de encarar un problema: el de la naturaleza de este fenómeno y la manera en que se ha comprendido en la India, donde existe desde siempre, y en Occidente, que lo descubrió –y en parte "inventó"– a partir del siglo XIX.

En primer lugar veremos de qué manera se ha percibido –y a veces definido– este fenómeno, desde el exterior, en Occidente y también, desde luego, en el interior, en la tradición índica. Luego se tratará de observar su nacimiento en la India, y su posterior desarrollo, con el budismo, por toda Asia: una expansión que no se llevó a cabo sin transformaciones, las cuales también entrañaron dificultades. Pero el tantrismo (si queremos utilizar ese término) cuenta con una base textual esencialmente sánscrita que es considerable, y asimismo problemática, pues sigue necesitando ser conocida y comprendida. Se la describirá muy brevemente en el capítulo 3. El capítulo 4, más extenso, intentará resumir los principales rasgos de las concepciones teológico-metafísicas –las nociones y las creencias, por así decirlo– de las principales tradiciones tántricas hindúes. Tal vez dará la impresión de ser demasiado "indianista", pero es necesario, pues nos permitirá alcanzar a ver la fuerza de la visión tántrica del mundo y el ser humano, su originalidad y su diversidad.

La segunda parte de este libro entraña menos dificultades pues, al ser más descriptiva, aborda la realidad perceptible del ámbito tántrico, lo que la constituye desde el punto de vista tanto de las nociones, que son esenciales, como de las prácticas, que son innumerables, siendo ambas vertientes inseparables. A continuación repasaremos primero el cuerpo tántrico, que es fundamental, ya que –salvo para el teórico– no existe tantrismo más que el vivido en una indisociable totalidad de cuerpo-mente. A partir de esa base corporal abordaremos a continuación la palabra y la sexualidad tántricas, pasando luego a la ascesis y la espiritualidad. Más tarde llegaremos a lo que se podría denominar el espacio o los lugares del tantrismo: templos y peregrinaciones, así como la iconografía. Los capítulos 11 y 12 forman un último bloque, y resumirían primero lo que pudiera quedar de la presencia tántrica, una presencia a la vez constante, difusa y muy ignorada; ahí volveremos a encontrarnos con el problema de lo que es tántrico y lo que no lo es. Finalmente identificaremos algunos aspectos de lo que Occidente ha querido hacer con el tantrismo, reinventándolo a su manera a fin de responder a sus propias necesidades. Algo que a menudo es discutible y poco serio, pero es interesante porque es típico del mundo en que vivimos, y porque nos devuelve, para acabar, al problema de la naturaleza del fenómeno tántrico. Añadiría, por último, que soy consciente del aspecto arbitrario y personal de toda descripción, sobre todo cuando esta se ocupa de elementos históricos mal conocidos, y sobre todo de nociones a veces sutiles, así como de hechos socio-religiosos complejos, y por ello difíciles de captar y delimitar. Lo que aquí presento no es más que mi punto de vista sobre la cuestión tántrica; lo veo justificado, pero es evidente que se pueden considerar las cosas de forma diferente.

París, diciembre de 2009

Parte I

El ámbito tántrico hindú

1. El ámbito tántrico

Acerca del ámbito tántrico hindú, de la terminología y definición del campo tántrico

«Y aunque afirmo, no por ello dejo de interrogarme.»
JACQUES RIGAUD

A causa de su naturaleza, su extensión y su duración, el fenómeno tántrico suscita un problema, pues cómo explicar la aparición y difusión poco a poco generalizada en las religiones índicas –hinduismo, budismo e incluso jainismo–, en la India y en buena parte de Asia, de prácticas y concepciones que, aunque diversas, comparten bastantes rasgos comunes, tanto en su ejecución como en su ideología, de manera que pueda considerárselas como un fenómeno específico, reconocible e incluso definible. ¿Cómo es posible que ante ciertos comportamientos y nociones pueda decirse: «Es tántrico»? ¿Cómo es posible extraer, al leer textos (¿qué categorías de textos, por otra parte?), al observar comportamientos rituales, las actitudes y concepciones que los acompañan, que los fundamentan o los interpretan *a posteriori*, puntos suficientemente comunes y característicos como para que se tenga la impresión, ante esos aspectos diversos, de vérselas con un fenómeno de conjunto? ¿O estamos siendo víctimas de una ilusión óptica? ¿Estaremos observando un fenómeno global cuando en realidad no serían más que cosas más o menos parecidas que guardarían, como se suele decir, un "parecido familiar", pero sin que nada permita agrupar bajo una rúbrica común un fenómeno que, habiendo nacido en la India, ha desbordado sus límites (en particular con el budismo del Mantrayâna) para extenderse de manera intensa o diluida, por casi toda Asia: desde el Asia central al Tíbet y Mongolia, hacia el Sudeste asiático (Indochina, Indonesia y hasta Bali, en la actualidad), e incluso por Extremo Oriente?

Percibir en ello un fenómeno de conjunto tal vez sería una forma occidental y exterior de ver las cosas. Cierto es que fueron los orientalistas europeos los primeros que descubrieron o creyeron discernir, en lo que conocieron de las religiones de la India –en el hinduismo y el budismo–, rasgos que calificaron como "tántricos" y que en principio creyeron limitados a una esfera restringida y localizable, para a continuación darse cuenta de su generalidad y llegar finalmente, en la actualidad, a negar a veces su particularidad. Aunque es posible poner en tela de juicio una visión exterior, no obstante esta visión de las cosas se sustenta en una base: la India tradicional, aunque ignore la noción del tantrismo, ha reconocido, como veremos, desde hace siglos la naturaleza particular y tántrica de ciertos textos y ritos, así como de ciertas formas de la revelación divina.

Así pues, que existe un "problema con el tantrismo" es algo innegable. Para examinarlo habría que abordar también, y al mismo tiempo, una cuestión de terminología. Se trata de la palabra "tantrismo", es decir, la manera de denominar el fenómeno que vamos a definir. Pues definir es determinar, comprender y nombrar, a la vez: nombrar, en la cuestión religiosa, es algo básico, incluso fundamental. «Grandes dioses nacieron de un juego de palabras, que es una especie de adulterio», decía Paul Valéry.

La amplitud y variedad del fenómeno tántrico hacen que no resulte nada fácil definirlo y delimitarlo. Sus fuentes textuales –esencialmente, pero no únicamente sánscritas– forman una masa considerable de la que en realidad no se conoce más que una parte abundante, que a menudo es de difícil acceso. Entre los textos que quedan, no solo por estudiar, sino también por descubrir, podrían hallarse elementos que abriesen nuevas perspectivas. Y además, el universo tántrico conforma un aspecto del hinduismo que apareció, sin lugar a dudas, hace unos 1.500 años, que existe desde entonces y que evidentemente ha evolucionado con el paso de los siglos. ¿Resulta imposible abarcarlo? Y en caso de ser así, ¿cómo poder dar cuenta de ello de forma conveniente? En realidad, nos enfrentamos a un ámbito, a una esfera, en proceso de exploración, para el que se presentan (como veremos) diferentes enfoques de interpretación, y sobre el que lo más prudente es no afirmar nada definitivo. Lo más honrado tal vez sería no escribir nada. Y en caso de hacerlo, debería tener por objeto elaborar una especie de inventario: decir lo que creemos saber en realidad del tema, una ambición limitada y, por tanto, justificada. Como dijera Georges Bataille, a propósito –es cierto– de otro tema, la ciencia humana es necesariamente incompleta: «No es más que el producto inevitable y vertiginoso de la voluntad de la ciencia».[1]

Algunos intentos de definición

Deberíamos iniciar este empeño a través de lo que podría dar la impresión de ser un mero detalle: ¿cómo denominar la esfera o el fenómeno tántrico? Sí, de manera general, en Francia se habla de "tantrismo". Pero esa palabra es ajena a la India tradicional, no existe en sánscrito. Pero ahora –aunque en raras ocasiones– es posible hallarla en la India, si bien utilizada por autores que recogen una terminología y categorías de pensamiento occidentales. Al vivir la realidad de lo que nosotros hemos dado en llamar tantrismo, los indios nunca lo hipostasiaron, hasta el momento presente, convirtiéndolo en una categoría socio-religiosa particular, para presentarla como una entidad específica diferenciada en el seno del ámbito general del hinduismo. Y todo ello después de que desde hace tiempo hayan distinguido entre lo que es tántrico y lo que, al menos en teoría, no lo es.[2]

De paso podríamos recordar que el término "hinduista", utilizado para designar la infinita variedad de los cultos y prácticas del universo socio-religioso que se ha desarrollado en la India en el transcurso de los siglos a partir de una base védica, también es extraño a esta civilización. Igual que el término "tantrismo" designa una realidad índica observada desde el exterior, por parte de los conquistadores musulmanes de la India y los viajeros árabes y persas (Al-Beruni en particular), y luego por todos los que los siguieron, la palabra "hindú", al igual que "tantrismo", tampoco existe en sánscrito, al menos antes de los siglos XV-XVI,[3] y eso únicamente a causa de la presencia musulmana. Por su parte, la palabra "hinduismo" apareció en el transcurso del siglo XIX, ligada a la presencia británica. También, en la actualidad, ha hecho falta la influencia de Occidente para que el nacionalismo religioso de la India (asimismo importado) se proclame hindú e incluso llegue a crear la noción de *hindutva*, de hinduidad, para expresar lo que sería la realidad original de una patria india. En cuanto a la visión exterior de la India podría añadirse, a fin de acabar alejando de nosotros un enfoque colonialista, dominador de un Otro subordinado por definición, que son sobre todo los indianistas europeos y estadounidenses los que en la actualidad intentan deconstruir la visión globalizadora del hinduismo percibiéndolo como un conjunto de religiones emparentadas en lugar de una religión única de facetas diversas, y los que insisten en el hecho de que se trata de religiones que hay que comprender según sus categorías, y no según las nuestras.[4] Dicho lo cual, también habría que puntualizar que "India" es igualmente un nombre que se aplica desde el exterior a este subcontinente asiático. ¿Estará la India condenada a no designarse a sí misma más que a partir de una mirada exterior? Pero dejemos ese tema y regresemos a lo nuestro: el tantrismo.

La palabra "tantrismo", y sobre todo la idea de que existiría una entidad socio-religiosa índica que pudiera designarse así, o que al menos existiese un conjunto de textos y un mundo religioso tántricos, diferenciados del universo religioso hindú "normal" (lo que en inglés se denomina *mainstream Hinduism*), proceden de Occidente y son relativamente recientes. Históricamente hablando, primero hallamos los términos "tantra" y "tántrico". "tantrismo" llegaría más tarde. La primera mención "europea" de los tantras se encuentra en el tomo 5, aparecido en 1798, de *Asiatic Researches*, publicados en Calcuta. El primer occidental en estudiar tantras sería H.H. Wilson, de los que trata en su *Sketch of the Religious Sects of the Hindus*, aparecido en 1832, en el tomo 17 de esta misma serie, donde no obstante no describió como tántricas las prácticas que trataba en dicha obra. Las atribuye a «*left-hand worshippers of the Goddess*», adoradores de la mano izquierda de la diosa, que afirma son muy numerosos entre los shivaítas, lo que era exacto y bien visto. La idea de que se estaría haciendo frente a un conjunto diferenciado de textos y prácticas aparecería más adelante. Eugène Burnouf empieza a sugerirlo al consagrar a los tantras (budistas) una sección de su *Introduction à l'étude du bouddhisme indien* (1844). Pone de manifiesto sus vínculos con el shivaísmo, con lo que él denomina: «Las prácticas ridículas y obscenas de los shivaítas». Pero, aunque en su obra puede descubrirse el término *tantrika*, lo cierto es que no aparece la palabra "tantrismo". Tampoco aparece, más tarde, en la obra del pionero de los estudios tántricos, *sir* John Woodroffe (que utilizó el seudónimo literario de Arthur Avalon), salvo en una nota de su libro *Shakti and Shakta* (aparecido en 1918), pero precisamente para criticar «eso que se ha dado en llamar tantricismo». Ello no es óbice para que los orientalistas occidentales fuesen conscientes –en el siglo XIX– de la existencia en el mundo hindú de prácticas diferentes de las del brahmanismo y el hinduismo clásico, productos del *Veda* y de las *Upanishads* que conocían (bastante mal, por cierto) y que creían que abarcaban el total de la religión y de la metafísica de la India. Unas prácticas que descubrieron en textos sánscritos llamados en su mayoría tantras.

Así que utilizaron ese término (y el adjetivo "tántrico") para designar lo que les pareció ser un conjunto aberrante de prácticas extrañas o repugnantes vinculadas al culto de divinidades múltiples y a menudo aterradoras, así como a extrañas especulaciones. Nació entonces la idea de un conjunto tántrico, ajeno a –o en todo caso distinto de– lo que era la verdadera religión y pensamiento de la India. Una idea falsa. No obstante, nadie se daría cuenta de ello hasta mucho más tarde. Este prejuicio perduró durante bastante tiempo, y con él llegó el uso de la palabra "tantrismo", que todavía se utiliza en la actualidad, aunque resulte lamentable. Efectivamente, a causa de su terminación en "ismo", hace creer en la existencia de una entidad religiosa particular, en un conjunto hindú separado, distinto del hinduismo general, aunque en realidad nunca ha existido nada parecido: el *mainstream Hinduism* (por decirlo en inglés) está repleto de elementos tántricos, y se desarrolló con ellos. Así pues, creo que debería evitarse todo lo posible utilizar la palabra tantrismo. Pero resulta cómoda. Es muy corriente en Francia. Por ello no es posible excluir totalmente su uso. Si a pesar de todo se utiliza, es necesario hacerlo como referente de un aspecto, de una tendencia en el seno del hinduismo, y de ninguna manera para designar una entidad religiosa diferenciada. Debería hablarse del tantrismo en el seno del ámbito hindú como, por ejemplo, del jansenismo en el seno del catolicismo, que no es una religión particular, ni una secta, sino una manera de interpretar y vivir el catolicismo. En el mundo anglosajón (cuyos usos y terminología son, claro está, esenciales en el caso de la India) se ha utilizado poco el término *trantrism* o *tantricism*. En su lugar (sobre todo en la actualidad) se usa el término tantra, que es, efectivamente, cómodo, pero de uso poco fácil en francés. Todo eso para decir que en este libro –a pesar del título– se evitará al máximo utilizar la palabra "tantrismo", prefiriendo el "fenómeno o ámbito tántrico", y en caso de hacerlo, será siempre a falta de algo mejor y en el sentido atenuado que acabo de indicar.

Tal como puede apreciarse existe una incertidumbre, no únicamente acerca de la designación del ámbito tántrico, sino también sobre su naturaleza, incluso su existencia. Entre los orientalistas, algunos han llegado incluso a negar completamente la existencia de una categoría tántrica, postura defendible sobre todo en el ámbito budista.[5] Utilizando una perspectiva restrictiva más que negativa, el indianista francés Jean Filliozat, que se ha ocupado principalmente del ámbito shivaíta, decía[6] del tantrismo que no es más que el aspecto técnico, ritual, de la religión, sea esta shivaíta, vishnuita, budista o jainista; un tratado de arquitectura religiosa, añadía, es necesariamente tántrico. Un juicio que, en su ámbito, no dejaba de ser exacto, en la medida en que una característica del tantrismo es, como veremos, la proliferación ritual. Esta visión tiene, no obstante, el inconveniente de desatender el terreno ideológico, pues, aparte de que no existe rito sin ideología, existen conceptos tántricos de la divinidad, una visión tántrica del mundo y del ser humano, que resultan esenciales para la definición de este fenómeno.

Que dicho fenómeno no conforma una sección limitada del mundo hindú, sino que más bien es algo a la vez particular y difuso –podría decirse que omnipresente– en el hinduismo es ahora, me parece a mí, algo admitido por todos los especialistas, y tiende a ser –en todo caso debería serlo– generalmente aceptado. No hay (salvo muy raras excepciones) hinduismo desprovisto de todo elemento tántrico. Louis Renou, el más eminente de los indianistas franceses del siglo XX, escribió: «Todos los testimonios literarios posteriores [al siglo XX] que aparecen exentos de tantrismo corren el riesgo de reflejar simplemente una voluntad casi arqueológica de regenerar el hinduismo antiguo».[7] Pero aunque solo se ha aceptado y afirmado la veracidad de nuestro tema en la actualidad, lo cierto es que a veces fue así percibido o presentido en otras épocas. Así pues, Wilson, en 1832, señalaba ya la omnipresencia de los ritos tántricos «entre todas las categorías de hindúes». Más cerca en el tiempo, pero ya hace un siglo, Arthur Avalon/*sir* John Woodroffe, se esforzaba en plasmarlo así en sus diversas publicaciones. En efecto, en su prefacio de *Principles of Tantra*, aparecido en 1914, escribió lo siguiente, que sigue siendo válido: «El hinduismo (por utilizar un término más bien vago pero cómodo) medieval era, como es la ortodoxia india moderna que le ha sucedido, en gran parte tántrico. El Tantra formaba pues, y sigue formando en la actualidad, el gran *Mantra* y *Sadhana Shastra* (las escrituras sagradas) de la India. Es la fuente principal, si no única, de algunas de las nociones más esenciales que gobiernan el culto, las imágenes, la iniciación, el yoga, la supremacía del *guru*, etcétera».[8] Aunque la forma de la intención pudiera sorprender, el fondo no deja de ser exacto en gran parte. Podríamos citar otros testimonios, sobre todo indios, en el mismo sentido, pero no es necesario insistir.

No obstante, resultaría difícil hallar, e imprudente de proponer, una formulación de ámbito global –como veremos en el transcurso de este libro–, ya que el fenómeno tántrico se ha visto en sus principios limitado, siendo por tanto definible, adquiriendo con el paso de los siglos (tal vez muy pronto) un aspecto doble. Por una parte han existido tradiciones o linajes iniciáticos, doctrinas y prácticas, a veces transgresoras, propiamente tántricas, afirmadas y vividas como tales, y ello hasta la actualidad. Y por otra parte, junto a estas tradiciones tántricas, también ha existido una presencia, un poco por todas partes, con diversos grados de penetración y maneras distintas, en todo el hinduismo, de prácticas y nociones tántricas (lo que quería señalar Arthur Avalon). Deberemos repasar y precisar ambos aspectos.

Dicho todo lo cual, lo cierto es que no habría que simplificar en exceso. Los dos aspectos que acabamos de señalar discurren en paralelo. A veces se interpenetran. Existen, como ya hemos señalado, tradiciones más o menos tántricas. Por último, aunque en el hinduismo pueden encontrarse abundantes elementos tántricos, eso no implica que sean los mismos, y no siempre están presentes de la misma manera. Su contexto puede diferir, pues no hay práctica más que en un contexto (social o ideológico). También hay obras y prácticas de carácter más o menos tántrico. Y asimismo existen, en las metafísicas y los panteones, en la visión del mundo y las prácticas tántricas, elementos que a veces se remontan al *Veda*, y que son comunes al conjunto del hinduismo. También veremos que las prácticas sociales o rituales brahmánicas no son necesariamente incompatibles con prácticas tántricas, ni sus concepciones tienen por qué contradecirse.

La opinión india sobre el tema

El término tantrismo, como hemos visto, es ajeno a la India tradicional, de lengua sánscrita. Solo es posible encontrar la palabra "tantra" y el adjetivo *tântrika*, "tántrico", o términos compuestos (*tantrashâstra*, "enseñanza tántrica"; *tantraprakriyâ*, "regla o práctica tántrica", etcétera). La palabra sánscrita "tantra" está relacionada con la raíz verbal *TAN*, que significa "tender" o "extender", de ahí tantra en el sentido de vehículo, de cordón, de continuidad, y, a partir de ahí, de sistema, teoría, doctrina u obra. Un tantra es pues una obra, un texto, pero cualquier texto. «La compilación de hechos diversos», decía un filósofo indio del siglo V.

Numerosos textos sánscritos que no son tántricos en modo alguno se denominan tantras, por ejemplo, la gran compilación índica de fábulas, el *Pañchatantra*, "Los cinco libros". Pero también, y al contrario, existen numerosos textos tántricos que no se denominan tantras: es el caso particular del budismo. Asimismo puede aplicarse al ámbito tántrico hindú, donde hay obras fundamentales que se denominan *âgama, samhitâ, sûtra*, etcétera, y no *tantra*. La frecuente expresión sánscrita «*asmin tantre*» puede significar "en esta obra". Así pues, a partir de cierta época (el siglo VI, tal vez) aparecieron en la India, en una cantidad apreciable, textos denominados tantras que exponían doctrinas y prácticas nuevas, afirmando proceder de una revelación divina no védica, de ahí que, para calificar esos textos y novedades, se utilizase el adjetivo "tántrico", *tântrika*, y la expresión *tantrashâstra* para referirse a su enseñanza.

El adjetivo *tântrika* se ha utilizado, en esas condiciones, por oposición a *vaidika*, "védico", a fin de distinguir dos formas de la tradición religiosa revelada: la *shruti*, "lo escuchado". La formulación más conocida de esta distinción, a la que se hace referencia habitualmente, se halla en el comentario de las *Leyes de Manu* de Kullûka Bhatta, que señaló, en el siglo XV –y por tanto tras el período de los grandes desarrollos tántricos (alrededor de los siglos VIII-XIII)–, que las diferentes formas del hinduismo estaban casi todas llenas de elementos tántricos, que la Revelación (*shruti*) era doble, "védica" y "tántrica". Así se reconocía en ambas tradiciones reveladas un fundamento divino, se tratase de la Palabra divina, eterna y auto-revelada del *Veda*, o lo que hubiera proclamado una divinidad.

Un rasgo característico de las tradiciones tántricas es, efectivamente, que se presentan como reveladas por un ser divino que, al enunciarla, consigue, de alguna manera, "descender" su palabra desde el plano trascendente, donde existe eternamente, hasta el mundo de los humanos –lo que se denomina "el descenso del tantra" (*tantrâva-*

târa)–,[9] que casi siempre aparece descrito al principio de un tantra. Estas revelaciones se consideran superiores a las del *Veda* porque son, afirman ellas mismas, más eficaces que este para la salvación de los seres humanos, conduciéndolos con mayor rapidez hasta un plano más elevado de lo que consigue la enseñanza de base védica. También se presentan como mejor adaptadas a los seres que viven en la era cósmica actual, el *kaliyuga*, donde domina el deseo, eros (*kâma*).

En general, las tradiciones tántricas no rechazan completamente la tradición brahmánica resultante del *Veda*. La consideran válida, pero únicamente en un plano inferior, como una enseñanza a base de reglas generales básicas a las que se añaden, sin obliterarlas, las reglas más especiales y elevadas de los tantras.

Prolongada o recuperada en la actualidad, con otra terminología, con la oposición ortodoxo/heterodoxo, la oposición *vaidika/tântrika* no es, en modo alguno, absoluta. En primer lugar porque se halla entre dos categorías con límites inciertos, y sobre todo porque la ortodoxia hindú se define más bien por los comportamientos sociales que a través de creencias y ritos. De hecho, a veces se dice, cuando se trata del hinduismo tántrico, que es una "ortopraxis" más que una ortodoxia. Así es, uno puede comportarse socialmente como un hindú observante, respetuoso con las reglas de casta y de pureza ritual, a la vez que se es devoto de una forma de la Diosa o de Bhairava, o, más banalmente, asistiendo en los templos a cultos (donde se llevan a cabo ritos) ejecutados según las prescripciones de los *âgamas* por sacerdotes que, de ser shivaítas, serán normalmente iniciados tántricos.[10]

Veremos que las tradiciones tántricas también pueden ser más o menos heterodoxas y transgresoras. La transgresión, en los casos en los que exista, puede reconciliarse con el respeto externo a las normas brahmánicas. Entre estas están, en particular, los ritos de paso, los *samskâra*,[11] que señalan las etapas de la vida de los "nacidos dos veces"[12] y que observa el hindú de casta, aunque sea un *tântrika*. También están los ritos védicos, que siguen practicándose en la actualidad. Difieren del culto védico solemne a la antigua, que ya no existe en la India, salvo en algunos raros ejemplos sobrevivientes, en circunstancias excepcionales, o como regreso voluntario, "cuasi-arqueológico", a una época pasada; regreso a veces subvencionado por grupos hinduizantes occidentales, a veces también apoyado en una ideología política india reaccionaria. (Por otra parte, a veces, en esas reconstrucciones pueden hallarse, anacrónicamente, elementos de origen tántrico, ya que están tan presentes en el hinduismo que no se les considera de naturaleza no ortodoxa.)

Así pues, aparte de esos casos, bastante excepcionales, los elementos *vaidika* y *tântrika* se codean o se conjugan un poco por doquier de diversas maneras y en diversos grados.

Esta presencia tan general, no solo de ritos y prácticas, sino también de nociones tántricas, ha hecho que en el transcurso de los siglos su validez haya sido admitida o precisada en diversas ocasiones, incluso por autores ortodoxos. Así, hacia el año 900, el filósofo Jayanta Bhatta (al que volveremos a encontrar más adelante) sostenía que podía admitirse la enseñanza de los tantras y la validez de su revelación en la medida en que respondieran a ciertos criterios de autenticidad y si no contradecían la tradición de origen védico ni las buenas costumbres. Un poco más tarde, uno de los maestros del vishnuismo tamil, Yâmunâcârya (918-1038), que fue el maestro del gran teólogo vedantín Râmânuja (que realmente era ortodoxo), escribió una obra, el *Âgamapramânya*, defendiendo la validez védica de los *samhitâs*, textos sagrados del *Pâñcarâtra*, el vishnuismo tántrico. Ciertamente, podría incidirse en que lo que defendía Yâmunâcârya era la validez de una forma particular de revelación, debida a una divinidad y distinta por ello de la Palabra védica; no eran concepciones ni prácticas "tántricas" que se oponían a una tradición "ortodoxa" generalmente admitida.

Podríamos sentirnos tentados a repetir, en este sentido, que la categoría tántrica la hemos creado nosotros, los occidentales, a partir del siglo XIX, y no la India. Esta se limita a saber y reconocer que existen maneras distintas de vivir la religión, y a constatar que las formas no védicas de pensar y hacer han sido reveladas por una divinidad, la cual no es, por otra parte, más que una forma de la única realidad suprema, el *brahman*, admitida por todos. Añadamos que esas divinidades que revelaron los *âgamas*, *samhitâs* y *tantras* –Vishnu, Shiva, la Diosa– llevaban muchos siglos siendo venerados en la India. Reconocer la validez de su palabra no implicaba en absoluto ninguna novedad. Señalemos finalmente que lo que Yâmunâcârya afirmaba que tenía validez védica era el *Pâñcarâtra*, una tradición de prácticas rituales y doctrina ciertamente tántricas, pero de ninguna manera transgresoras. No obstante, las tradiciones tántricas podían causar problemas en la medida en que resultasen transgresoras. Pero este problema, como veremos, puede resolverse haciéndole un sitio a la transgresión.

Desde este punto de vista resulta útil saber qué pensaba el gran metafísico y místico shivaíta cachemir de los siglos X-XI, Abhinavagupta, que fue uno de los más eminentes pensadores de la India y que se expresó desde el interior del ámbito tántrico, y de una tradición en gran parte transgresora. En su gran tratado, el *Tântrâloka*,[13] (*Luz sobre los tantras*), y aunque jerarquizaba las diversas revelaciones (situando la védica en lo más bajo), las declaraba todas válidas a su manera y en el plano que les correspondía porque respondían a necesidades y circunstancias diferentes y sobre todo porque todas emanaban, en realidad, de la divinidad suprema, que para él, desde luego, era Shiva. «En realidad no existe –dijo– más que una única y sola tradición (*âgama*). Y todo se basa en ella, desde las doctrinas populares hasta la enseñanza de vishnuitas, budistas y shivaítas.»

En efecto, para Abhinavagupta, la tradición más elevada, la única verdaderamente válida, era la suya: el shivaísmo tántrico no dualista de tradición *Kaula*, basado en los *Bhairavâgamas*, siendo todas las demás inferiores. Pero esta jerarquización de las revelaciones no llegó a afirmar la existencia de un ámbito tántrico propio. Solo percibía diversas tradiciones reveladas, de doctrinas y prácticas diferentes, algunas de las cuales resultaban ser tántricas, y otras no, que no obstante no se distinguían por eso hecho, sino por sus diversos orígenes, la diferencia de sus referencias divinas y escriturarias, así como por las tradiciones. Por ello, todas merecían (¡más o menos!) ser admitidas y respetadas. Entre ellas, y en lo tocante al shivaísmo tántrico que preconizó, estaban las prácticas y comportamientos de base védica del hinduismo de casta, que aunque podían ser ineficaces para la salvación, no obstante, debían respetarse en el plano de la vida social.

Esta actitud no era del todo propia de Abhinavagupta. Puede descubrirse, por ejemplo, en un vasto tantra antiguo consagrado al culto de Kâlî, el *Jayadrathayâmala*, que prescribe a los adeptos de cultos muy poco ortodoxos que repitan las reglas de comportamiento védico «para hacer respetar a su *guru*». Muy característica y explícita es la fórmula a veces citada en los textos de la tradición Kaula para describir el comportamiento del adepto de una tradición tántrica: debe ser «interiormente kaula, exteriormente shivaíta y védico en su práctica pública». El ámbito tántrico de las prácticas y doctrinas Kula o Kaula aparece, según esta perspectiva, como el de la búsqueda personal iniciática de la salvación, que es distinta del terreno familiar donde uno se comporta únicamente como devoto del dios Shiva, o de la Diosa, así como de la vida social, donde se observan las reglas "védicas" del universo hindú de las castas.

Esta manera de hacer nos muestra un ámbito tántrico totalmente integrado –en su lugar, es cierto, y con sus reglas– en la vida socio-religiosa hindú. En la medida en que Abhinavagupta (y con él numerosos autores en el curso de los siglos) subraya distinciones, lo hace menos con la intención de oponer a hindúes *vaidika* y *tântrika*, que con la de señalar (como veremos) las distinciones entre tradiciones y prácticas diferentes en el mismo seno del mundo tántrico; un mundo que, repitamos, se percibía como parte integrante del mundo hindú, ocupando su lugar, estando penetrado por este y penetrándole a su vez de muchas maneras. Integrado en el hinduismo, el tantrismo nunca ha sido socialmente contestatario.

Habría que señalar finalmente, en lo tocante a la integración de lo tántrico en el conjunto socio-religioso hindú, en la sociedad de las castas que perdura hasta nuestros días y en la que vive la mayoría de los indios, que los textos tántricos están en sánscrito. Han sido pues redactados por brahmanes, los guardianes tradicionales de la ortodoxia. Eso ya les sitúa en el interior del sistema, en el margen, ciertamente, pero no obstante en el interior. Se trata de una prueba suplementaria de la interpenetración tantra/ortodoxia, de lo "védico" y lo que no lo es, por no hablar de que el cuerpo canónico de las 108 *Upanishads*, codificado en el siglo XVIII y que se remonta por así decirlo al *Veda*, incluye algunas *Upanishads* (compuestas o reescritas en esa época a partir de elementos antiguos, en especial *nâtha*) que son de carácter claramente tántrico.

Este último hecho es, desde luego, bastante reciente. Pero acabamos de ver otros que se remontan mucho más en el tiempo. De hecho, las principales tradiciones tántricas han proyectado bastante pronto –tal vez desde los principios– sus nociones y prácticas no solo para suplantar la tradición védica, sino también formando una superestructura esotérica e iniciática, una enseñanza especial que corona una base exotérica "védica", incapaz de conducir a la liberación pero válida en su orden, que es esencialmente el del comportamiento social. A este respecto (y a otros, como veremos más adelante), tantrismo y brahmanismo son inseparables. Tal vez también pudiera considerarse, bajo esta perspectiva, el ámbito tántrico como el ámbito personal, privado y secreto del adepto, por oposición al ámbito "védico", público, abierto y visible. La gradación de las doctrinas fue formalizada por algunos autores tántricos según la teoría de la especificidad progresiva ascendente de las doctrinas (*uttarottaravaishishtya*): una nueva doctrina, según este punto de vista, no abole la precedente. La supera aportando precisiones (*vaishishtya*) que permiten ir más allá. Por ello, diría por ejemplo Abhinavagupta, la tradición tántrica de la izquierda (*vâma*) va más lejos que la de la derecha (*dakshina*), la de la Kula supera la de izquierda, y la de la Trika, la suya, que es la más concreta y más elevada de todas, va incluso más allá que la Kula. Digamos de paso que en estas enumeraciones de tendencias o de escuelas, el término "tantra", cuando se utiliza, lo es en general para designar las que son menos "tántricas". Más adelante volveremos a esta clasificación de las escuelas tántricas.[14]

Tal vez sería útil añadir que también existe un aspecto social importante en el ámbito tántrico, que es de orden político. Como veremos, está asociado a la realeza tradicional. Es un aspecto que no ha desaparecido en la actualidad. De él quedan rastros en Nepal, y también en la India.

Todo lo que acabamos de decir sobre la penetración general de las nociones y prácticas tántricas en el hinduismo no impide, señalémoslo para acabar, que en la actualidad, en la India, la actividad tántrica, cuando se afirma como tal, tiende a percibirse por parte del gran público como una magia transgresora y peligrosa. Sin duda se trata de una visión, si no inexacta al menos parcial y tendenciosa, pero que existe. Volveremos a este tema en el capítulo 11. Está claro que, incluso en la India, el mundo tántrico es complejo y problemático.

Pero veamos ahora lo que dicen los especialistas occidentales, cuya mirada, al ser externa, no comprometida, se quiere y se cree objetiva. Tanto si lo es como si no aporta al menos elementos aclaratorios esenciales para intentar observar y comprender mejor el tema que nos ocupa.

La mirada occidental, o la construcción del tantrismo

Aunque las tentativas de captar y definir el fenómeno tántrico por parte de los orientalistas y los historiadores de las religiones contemporáneas son diversas, lo cierto es que comparten el hecho de reconocer el carácter general, su elocuente presencia e integración en el hinduismo. En principio se trata de opiniones objetivas, "científicas", de este conjunto de hechos sociales. Pero a continuación surge la cuestión del grado de arbitrariedad inherente a toda opinión (que se dice) de conjunto, y que inevitablemente, al menos en parte, es su propio creador.

En *Techniques du Yoga*, aparecido en 1948,[15] Mircea Eliade escribía: «No se trata de una religión nueva [...] sino más bien de una etapa importante en la evolución de cada una de las principales religiones índicas». «El tantrismo –añadía–, se convierte tras el siglo v d. de C. en una "moda" religiosa panindia.» No comparto algunas de sus ideas, pero percibir la omnipresencia del fenómeno tántrico, subrayar la importancia, en las concepciones tántricas, de la *shakti*, la elaboración de un vasto panteón, el papel esencial de los *mantras*, las técnicas meditativas y rituales, así como el propio papel del cuerpo, decir también que «el tantrismo representa en cierto sentido la dilatación máxima del concepto "liberado en vida" (*jîvanmukta*)», demuestra, en una época en que ello no era corriente en Occidente, una inteligente percepción de la realidad de las cosas.

Más próximo en el tiempo, en *L'hindouisme, anthropologie d'une civilisation*, aparecido en 1981,[16] estudio muy caracterizado por el estructuralismo en voga por entonces, pero no obstante interesante e iluminador, Madeleine Biardeau decía, a propósito del tantrismo: «No inventa nada, no hace sino recuperar a la inversa valores conocidos, releyendo la Tradición bajo un registro esotérico». Con respecto a las especulaciones tántricas sobre la Palabra, seguía diciendo: «No habría hecho más que amplificar hasta el delirio una dirección de pensamiento auténticamente brahmánica». En ambas ocasiones se reconocía que se estaba tratando no con una parte, sino con un conjunto de nociones y comportamientos, particulares, cierto, pero integrados en el conjunto del hinduismo. Al referirse a la teoría brahmánica de las cuatro metas del hombre (*kâma*, el *eros*, el universo amoroso, el del disfrute del mundo; *artha*, es decir, todo lo que tiene que ver con la vida material; *dharma*, lo que concierne al orden socio-cósmico; y *moksha*, la liberación), Madeleine Biardeau caracterizaba la actitud tántrica como la consagración de *kâma*, que normalmente encadena a los seres humanos a este mundo, al servicio de la liberación. Una forma inteligente, en efecto, de explicar el importante lugar (limitado en la práctica, pero ideológicamente central) de las prácticas sexuales, o más generalmente transgresoras, tántricas.

A partir de esa postura (extrapolándola) podría explicarse la importancia capital concedida al cuerpo del adepto tántrico (trabajado por el *yoga*, deificado, cosmizado, trascendido). También podría añadirse el hecho de que los textos tántricos afirman casi siempre que su enseñanza conduce al iniciado a una liberación en vida (*jîvanmukti*) donde hallará, a la vez, *mukti* y *bhukti*, la liberación y satisfacciones o gozos de orden espiritual o mundano.[17] Aunque la India cuenta con una tradición de ascetismo y renuncia, de hecho siempre ha concedido un lugar esencial al mundo, a sus pasiones y al disfrute de sus placeres. ¿Acaso no es el país del *Kâmasûtra*? Recordemos, por último, que el dominio mágico del universo siempre ha sido –tanto como la liberación, si no más– lo que la India ha buscado. En todo ello, en el lugar acordado al mundo y a sus encantos, es en lo que el tantrismo es profunda y esencialmente indio. Tal vez sea lo más auténticamente indio en las religiones de la India.

Hemos señalado anteriormente la definición del ámbito tántrico de Jean Filliozat, para quien no es más que el aspecto ritual y técnico de la religión. Ese aspecto es, desde luego, tántrico. Los *tântrikas* son, sin lugar a dudas, "hiper-ritualistas", según la fórmula de Alexis Sanderson, y numerosas actividades técnicas relativas a la religión (arquitectura, iconografía) fueron codificadas en *âgamas*, *tantras* y otros tratados tántricos. Tendremos ocasión de comprobarlo. Pero el tantrismo es más que todo eso. El brillante orientalista que fue Michel Strickman también quiso[18] hallar un punto común básico en el culto, la *pûjâ* tántrica, que en efecto está estructurada de la misma manera en el hinduismo y el budismo tántricos (estando este último muy influido por el shivaísmo, del que integra numerosos elementos e incluso textos), tanto en la India como en el Sudeste asiático y Extremo Oriente. Esta visión resultó inevitablemente minimalista, y por tanto insuficiente, pues pretendía hallar un elemento definitorio común a todo lo que hay de tántrico en Asia.

De la Society for Tantric Studies, de Estados Unidos, una asociación muy activa que ha organizado diversas reuniones con especialistas estadounidenses como de otros países, proceden algunos de los estudios más recientes y originales sobre la cuestión tántrica. Tendremos ocasión de citar varios. Por supuesto que en Europa, e incluso en Japón, también han aparecido –y siguen apareciendo en la actualidad– importantes trabajos sobre el tema. En Oxford está Alexis Sanderson, el mejor y más sabio conocedor de este ámbito, sobre el que no puede escribirse nada sin remitirse a él. Italia, Austria y Alemania también disponen de excelentes tantristas. No obstante, todos estos trabajos revelan un indianismo universitario clásico y no resultan –a pesar de su interés y carácter informativo– demasiado recomendables para el lector no sanscritista.

Entre los trabajos estadounidenses relativos a la definición del ámbito tántrico habría que hablar sobre todo de dos obras de David G. White: *The Alchemical Body*, donde subraya los vínculos entre tantra y alquimia, lo cual resulta muy pertinente, y *Kiss of the Yoginî*,[19] donde afirma que toda la India ha sido tántrica desde hace más de 1.000 años, lo que sin duda es ir un poco demasiado lejos, y sobre todo donde identifica el tantrismo y las tradiciones shivaítas de Kula, hallando además la esencia en los ritos y especulaciones de orden sexual, algo que, para mí, restringe su alcance. Tiene razón cuando distingue un núcleo duro, un *hard core*, tántrico, muy transgresor, conformado por ciertos textos con sus doctrinas y prácticas, y un tantrismo difuso más o menos omnipresente que le parece poco tántrico. Para él, el más importante es el primero, mientras que para mí, por el contrario, es este vasto conjunto de contornos inciertos pero siempre presente, el que muestra la importancia real del fenómeno tántrico. Creo que lo que merece la pena subrayar sería más bien la interpenetración tantrismo-brahmanismo, pero se trata más de un matiz que de un desacuerdo.

Para acabar, y antes de pasar revista, en los siguientes capítulos, a los diversos aspectos del universo tántrico hindú, ¿podríamos tratar de decir con unas pocas palabras, y en términos generales, en qué consiste este universo, y gracias a qué rasgos concretos se le podría reconocer?

Lo que caracteriza el universo tántrico son nociones, una ideología, prácticas y comportamientos, que están relacionados. Una visión del mundo y los dispositivos para la puesta en práctica del plan de vida, corporal y psíquico de las vivencias, de esta visión. Quien dice tantrismo está hablando de acción asociada a una ideología que le inspira y orienta, le proporciona su sentido (desde luego, para lo que es realmente tántrico, no para lo que está tantrizado).

En cuanto a la ideología, la visión tántrica es la de un universo creado, sostenido y totalmente penetrado por la energía divina, la *shakti*, presente también en el ser humano, que puede captarla y utilizarla. Incluso en los sistemas dualistas existe, si no una inmanencia, al menos una omnipresencia de la divinidad (¡no siempre hay que asimilar tantrismo con no dualismo!). Esta, por otra parte, casi siempre se concibe polarizada en masculino y femenino, siendo el polo femenino el de la energía, que puede ser benéfica, pero que también puede resultar, sobre todo si aparece como una diosa, muy peligrosa, espantosa. La inmensidad de los panteones y su organización en forma de *mandala*, son tántricos. No hay que perder de vista que las tradiciones tántricas son iniciáticas: un *tântrika* es un iniciado, lo que supone un maestro iniciador, un *guru*, y una transmisión de maestro en maestro. Ello también explica que se afirme continuamente el carácter secreto de las enseñanzas tántricas. Este secreto está vinculado al otro elemento esencial de la realidad tántrica: la transgresión, un simple desprecio o rechazo más o menos total de las reglas brahmánicas, sobre todo de las relativas a la pureza. A través de la participación, de la inmersión en lo prohibido, el *tântrika* se trasciende, obteniendo todos los poderes o la salvación. Una salvación realizada en este mundo.

Entre las prácticas, la adoración ritual de las divinidades, la *pûjâ*, es de origen tántrico. Podría decirse que en su estructura es siempre tántrica, aunque no siempre en espíritu, pues una *pûjâ* puede dirigirse a una deidad no tántrica. La omnipresencia de los *mantras*, con las especulaciones que los acompañan –el *mantrashâstra*–, así como el hecho de que la forma más elevada de las divinidades sea la de un *mantra*, y la importancia de todo lo que tiene que ver con la palabra, *vâc*, son tántricos (aunque los orígenes sean védicos). Finalmente, una característica del tantrismo sería la proliferación ritual (que también tiene un punto de partida védico). También habría que mencionar un estrecho vínculo del tantrismo con el *yoga*, que se halla constantemente presente, aunque la relación tantra/*yoga* no deja de evidenciar ciertas cuestiones.[20]

Todo lo anteriormente explicado no es más que una relación de orientaciones previas a una investigación detallada que aclarará lo que es el fenómeno tántrico, lo que tiene de específico en el propio seno del hinduismo, pero también de interesante.

2. Orígenes, historia y propagación

Aunque, tal y como hemos visto, resulta difícil definir el fenómeno tántrico, tampoco es sencillo trazar su historia, al menos basándonos en los pocos elementos de que disponemos. Este capítulo ofrecerá, pues, sobre todo deducciones o hipótesis, más que certidumbres. Pero, partiendo de unos pocos hechos claramente establecidos, podemos ciertamente mostrar la importancia de un fenómeno que ha dejado su impronta no solo en la religión, sino también en la historia y la vida misma de las sociedades del Asia meridional y del Sudeste asiático.

Los orígenes

A menudo se dice que la India no tiene sentido de la historia. Sin ser falso, este juicio no acaba de ser exacto. Lo cierto es que no hay documentos acerca del período más antiguo. ¿Qué puede decirse entonces de los principios del fenómeno tántrico? Al menos puede afirmarse un par de cosas: primera, que, contrariamente a lo que algunos imaginan, no hay nada de tántrico en el *Veda*, y segunda, que a pesar de lo que a veces han escrito algunos autores indios, el tantrismo, con toda probabilidad, nace en la India en fecha sin duda muy antigua.

En cuanto al *Veda*, es cierto que en el vedismo –es decir, en los textos que van desde el *Rigveda* hasta las *Upanishads* más antiguas (las llamadas "védicas", que datan de los siglos -VII al VIII)– hay elementos que ocuparían un importante lugar en el tantrismo. Es el caso de las especulaciones acerca del papel cósmico y la presencia corporal de la palabra *–vâc–*, con la importancia de los *mantras* (aunque la palabra "tantra" no posea el mismo sentido en el *Veda* que en los *tantras*. Pero hay *mantras* védicos utilizados en ritos tántricos).[1] También es el caso de las correspondencias micro y macrocósmicas (con la "fisiología mística", para hablar como Eliade), o del simbolismo sexual. O incluso, en un orden de cosas muy diferente, de la concepción de la realeza. Asimismo podrían citarse otros ejemplos. Pero esas nociones no aparecen más que en estado embrionario, o al menos sin ninguno de los desarrollos que existirían más tarde en el mundo tántrico. *Veda* y tantra son dos universos diferentes. No obstante, también es cierto que el mundo védico y el tántrico, aunque se han sucedido en el tiempo, se han desarrollado en el mismo suelo y, por tanto, tienen naturalmente puntos en común. El tantrismo no ha abolido el fondo socio-religioso de base védica. Lo que pretende es trascenderlo. Por ello resulta fácil percibir que la actitud del tantrismo frente al mundo, cuya importancia reconoce, así como su extremo ritualismo, están más cerca de las posiciones védicas que no del espíritu de renuncia y antirritualismo de las *Upanishads* y del budismo antiguo. Pero ello no impide, por otra parte, que sean numerosas las obras tántricas que recomienden el rebasamiento del rito y la renuncia. Ello pudiera parecer contradictorio, pero sin acabar de serlo. ¿Acaso la contradicción no implica riqueza? La India religiosa ha innovado continuamente, pero manteniendo una continuidad con el pasado, sin rupturas.

¿De dónde saldría, pues, el fenómeno tántrico? La frecuencia de los cultos de divinidades femeninas y el importante lugar concedido a la noción de energía, la *shakti*, que es femenina, les parece a algunos que justifica la idea de que diversas nociones o prácticas tántricas tendrían su origen en la civilización del Indo. Pero no hay nada que lo demuestre y, por otra parte, no se ha demostrado la existencia de cultos a diosas en Mohenjo-Daro o en Harappa. También hubo diosas védicas. Sin embargo, el culto de formas femeninas de la divinidad caracteriza –es cierto– el hinduismo popular o, tal y como puede apreciarse incluso en la actualidad. A través de sus textos, en sánscrito, las prácticas y especulaciones tántricas son eruditas y meticulosas. Además, son iniciáticas y secretas. Por ello resulta, como mínimo, discutible darles un origen popular. Pero existen ritos tántricos, festivos, exotéricos, en los que participa la población.[2] También hay puntos comunes entre ciertos cultos populares y algunas prácticas tántricas. Podríamos sentirnos tentados a relacionarlas.

También podría afirmar que a lo que nos enfrentamos es a dos manifestaciones de un mismo fondo índico: una popular, general (más ligada a la tierra), y la otra culta, restringida (con vínculos indo-europeos), cuyo contacto e interferencias habrían hecho que apareciesen en los márgenes de la ortodoxia védico-brahmánica las especulaciones y las prácticas cuyo conjunto conformaría el tantrismo. Estas tendrían sin duda y esencialmente su base en la ortodoxia brahmánica: el ascetismo es tan antiguo como la India. La importancia que se le da al mundo es védica. Pero, al nacer en el contexto local, que era el de los cultos populares, se vieron influidas y adquirieron también, por la combinación de ambos fondos, los rasgos particulares que más tarde se denominarían tántricos (tendremos ocasión de comprobar que, en muchos contextos, existe una continuidad de lo erudito y sanscrítico, a lo popular).[3] Decirlo así equivale, claro está, a formular una hipótesis. Habrá quien la rechace, sobre todo a causa de que el recurso explicativo del substrato suele ser rebatido. Pero no por ello dejaría de ser verosímil. Por otra parte veremos, en los capítulos siguientes, hechos que, para mí, tienden a confirmarla.

La presencia de ese fondo antiguo contribuiría, además, a explicar la difusión general del tantrismo en la India. Añadiría que, por especulativa que pudiera ser, esta hipótesis es más verosímil, cuando se contempla la realidad índica antigua, así como la moderna, que la idea que a veces se sugiere acerca del origen chamánico o centroasiático del tantrismo. Los cultos y creencias tántricos no tienen nada de chamánico, y no existe razón alguna que pudiera llevarnos a pensar que proceden de otro lugar que no sea la India, salvo, es cierto, que como se les considera detestables, se prefiere situar su nacimiento fuera de la India. No obstante, es posible que la India del sur, dravídica, haya desempeñado un apreciable papel en los inicios del fenómeno tántrico.

Algunos elementos históricos

Evidentemente, no queda nada de los primeros y pequeños grupos iniciáticos a partir de los que se supone –hipótesis– que procede el tantrismo. Los elementos más antiguos de carácter tántrico que conocemos reflejan, pues, una etapa más avanzada de este fenómeno. Se remontan a los primeros siglos de nuestra era.

Uno de los más antiguos, en la India –ese al que se hace siempre referencia–, sería la inscripción de Gangdhar, en la India central, cuya fecha correspondería a nuestro 423-424, que da cuenta de la edificación de un templo de las Madres (*mâtri*), divinidades femeninas a las que se describe lanzando gritos terribles y agitando los mares gracias al potente viento «que emanan tantras» (*tantrodbhûta*). Ese templo estaría poblado de Dâkinis, diosas que, al igual que las Madres, aparecen a menudo en los panteones tántricos. Todos los demás elementos índicos más o menos fechables, que demuestran la existencia de las divinidades tántricas que se conocen, son de los siglos VI-VII, o más recientes. Algunos templos de Yoginîs, en Orissa, tal vez se remonten al siglo VIII. En cuanto a los testimonios literarios, la *Brihatsamhitâ*, el gran tratado de astrología que data tal vez del siglo VI, menciona el culto de la multitud de las Madres (*mâtrigana*). Una pieza teatral de Bhâvabhûti (siglo VIII) describe ritos tántricos. Lo mismo podemos decir de otra, el *Âgamadambara*, de Jayanta Bhatta, que data del mismo período.

La inscripción de Sdok-Kak-Thom, en Camboya, fechada en 1052, es una referencia precisa a la cual se suele aludir; habla de cierto brahmán «experto en *siddhis*» (poderes sobrenaturales) que habría introducido el culto del dios Tumburu con cuatro importantes tantras (*Sammohana, Nayottara, Sirascheda* y *Vinashika*) durante el reinado de Jayavarman II, es decir, a principios del siglo IX (si esa datación es exacta), lo cual podría demostrar que esos textos tántricos y sus cultos existían ya por entonces desde hacía un cierto tiempo. Hay inscripciones del siglo VII que parecen ser obra de la secta de los pâshupata, que los dibuja como shivaítas "proto-tántricos". Los documentos chinos respecto al antiguo reino de Fou-Nan y las inscripciones sánscritas del Champa son bastante más antiguas, y demostrarían la existencia, en el siglo V, en esta región de la península indochina, de cultos shivaítas que parecen ser tántricos.

En la India a veces se ha supuesto que algunos *tantras, âgamas* o *samhitâs* shivaítas o vishnuitas que poseemos, y que conforman la base textual de la enseñanza tántrica, se remontarían al siglo IV, lo que no resulta imposible, pero tampoco contamos con prueba alguna. En la actualidad se suele considerar que datarían más bien de los siglos V-VI, pero sin que se haya establecido con certeza. Los manuscritos fechados más antiguos que transmiten textos tántricos son del siglo IX (pero hay fragmentos de textos recientemente hallados en Gilgit [actual Pakistán] que se remontarían al siglo VII).

Evidentemente, un culto o unas doctrinas pueden haber existido, tal vez incluso desde hace tiempo, mucho antes de aparecer mencionados en una obra u oficializados en una inscripción. No se puede, pues, concluir su ausencia antes de la aparición de tales pruebas materiales. A partir de eso, y si nos remitimos a los documentos índicos, parece verosímil fechar los principios del fenómeno tántrico en el siglo V, que es lo que se acepta en la actualidad. Si a pesar de todo nos referimos a testimonios externos como los que acabamos de citar, o incluso a la traducción en chino, desde el siglo V, de textos tántricos budistas índicos, podríamos llegar a la conclusión de que la presencia de cultos y textos tántricos en la India se remontaría al siglo IV de nuestra era.[4]

Aunque los inicios del fenómeno tántrico son mal conocidos, su presencia en casi todo el subcontinente indio desde los siglos VIII-IX resulta evidente. Cachemira fue un centro especialmente importante y brillante, tanto para el budismo como para el hinduismo, pues ambos no pueden, de hecho, separarse demasiado. Algunas de las más importantes obras religiosas y filosóficas (e incluso literarias e históricas) indias provienen de ahí. Este florecimiento duró hasta el siglo XIII, quedando después la región sumergida por el islam. No obstante, no desapareció por completo: hay cultos que han subsistido y se sabe que hay *panditas* shivaítas que han continuado enseñando hasta nuestros días. Bengala, el centro y el Sur de la India fueron asimismo regiones de florecimiento tántrico, atestado por obras escritas, pero también y más visiblemente en el plano de la arquitectura religiosa y las artes, y todo ello durante varios siglos.

De manera general podría decirse que el gran período tántrico en la India se extendió entre los siglos VIII-XIV. Al transmitirse, el tantrismo también ha evolucionado. Al dejar de estar limitado a pequeños grupos ascéticos, esotéricos y transgresores, se extendió más ampliamente, a la vez que se atenuó y enriqueció. "Brahmanizado", ha "tantrizado" el hinduismo transformándolo generalmente a la vez que conformaba, para algunos, su fondo secreto.

Geografía, difusión

Desde el punto de vista geográfico, así como en el ámbito histórico, no se dispone de elementos precisos sobre los inicios de las prácticas y especulaciones tántricas, ni acerca de su difusión en la India. Parecen haber estado presentes relativamente pronto en todo el subcontinente. ¿Se deberá a que aparecieron hacia la misma época, en diversos lugares, en grupos iniciáticos parecidos? ¿O será porque se expandieron rápidamente por todas partes? ¿Cuál habría sido su método de difusión, en este último caso? Resulta difícil afirmar algo. Algunos creen que podrían haber sido divulgadas por ascetas errantes como los que todavía recorren la India actual. El vínculo entre tantrismo y realeza (al que retornaremos más adelante) también debió desempeñar un papel.

En cuanto a su región de origen suele admitirse, pero sin certeza, que debieron aparecer y desarrollarse en primer lugar en la zona Norte e himalaya de la India. Y para confirmarlo se ofrece, si no como prueba al menos como indicio, el hecho de que tres de los cuatro principales centros de culto, los *pîtha*,[5] del conjunto de las tradiciones shivaítas de la Kula (que forman un elemento importante, en muchos aspectos esencial, del tantrismo) se sitúan en esta región. El principal, el de Oddiyâna, se encuentra en el valle himalayo de Swât (también en el actual Pakistán), que para los shivaítas, así como para los budistas mahâyânistas, es el lugar de origen, más o menos mítico, de sus tradiciones. Más significativo sería el hecho de que Cachemira fuese desde muy pronto un animado centro tanto del shivaísmo como del budismo tántricos.[6] Bengala y Assam, en el otro extremo del arco himalayo, también lo fueron, gracias sobre todo a las escuelas budistas y luego hinduistas sahajiyâ (muy activas entre los siglos VIII-XII), que siguen siendo en la actualidad regiones de tantrismo muy activo. Finalmente, en Nepal el budismo y el hinduismo se tantrizaron muy pronto, y lo sigue estando. También ha sido en Nepal donde se han descubierto los manuscritos tántricos más antiguos (pero se debe a que el clima de este país fue más favorable para su conservación que el de la India).

Pero Jayaratha, comentarista de Abhinavagupta, decía ya en el siglo XII que el *madhyadesha*, lo que podría entenderse como la región central de la India, era el lugar de origen de todos los textos sagrados, los *shâstra*, es decir, en realidad, de los tantras. En esta misma región (en el actual Estado de Madhya Pradesh) está situado Gangdhar, cuya importancia ya hemos visto a través de la inscripción del 424 d. de C. No lejos de ahí están los templos de Khajuraho (siglos X-XI), edificados por los reyes Chandella y que, por su estructura y ornamentación, tienen un aspecto totalmente tántrico. En Khajuraho, así como en el Estado vecino de Orissa, se construyeron hacia la misma época templos dedicados a las Yoginîs, temibles divinidades tántricas (cuya importancia veremos más adelante).[7] En la actualidad de todo ello queda bien poco –en particular de Bheraghat, un santuario circular excepcional, con 81 imágenes de Yoginîs–, aunque antaño fueron numerosos, lo que demostraría la influencia de estas diosas en esas regiones. En Ujjain, también en Madhya Pradesh, se celebraba, según el peregrino chino Yi-Tsing (683-727), el culto de Bhairava-Mahâkalâ rodeado de Dâkinîs, un culto que por otra parte sigue vivo. En la misma época, Bâna, en su novela *Kadambari*, sitúa en esta misma población a una reina portadora de amuletos, que realiza ritos mágicos invocando a las Madres, lo que evoca una atmósfera ciertamente tántrica.

Más al Sur, en el país tamil, existía desde el siglo VI o VII una tradición shivaíta tántrica, la de los *cittar* (los *siddhas*, una categoría a la que volveremos más adelante). Karnataka, donde en la actualidad pueden hallarse numerosos templos de la Diosa, parece haber sido asimismo una región antiguamente tantrizada. Por otra parte, para algunos especialistas de la India sería en el Sur del subcontinente, entre las castas bajas de renunciantes, donde habría que buscar los inicios del fenómeno tántrico. Señalemos, finalmente, que a partir del siglo XII aparece una tradición "cachemira" shivaíta tántrica suríndica, la de Shrîvidyâ, que ha contado con importantes autores, y que todavía existe.[8]

Antes hemos mencionado ciertos monumentos. Pero lo que habría que recordar es que a partir de cierto período (¿siglo VIII?) la arquitectura religiosa hindú está marcada por el tantrismo. Como veremos, las reglas de construcción de los templos, las concernientes a las imágenes de las divinidades –tanto si se trata de su confección, emplazamiento o consagración–, se encuentran, esencialmente, en los *âgamas* o *tantras*.[9] Más adelante volveremos (en especial en el capítulo 10) sobre el tema, pues es esencial. Las marcas todavía visibles hoy en día que demuestran que son antiguos lugares de culto me parece que también apuntan al enraizamiento del tantrismo en la realidad india: en el paisaje de la India, en la vida de los indios. Estos ven y adoran en el culto público imágenes que son de origen tántrico. Y lo mismo acostumbra a suceder en el culto doméstico. Ahora bien, los indios viven, como nosotros, en un mundo hecho de imágenes concretas o mentales. Que estas hayan podido ser generalmente tántricas ha debido sin duda tener consecuencias en sus vidas.

Dicho lo cual, habría que señalar que aunque tenemos acceso a ciertas referencias históricas, textuales o iconográficas, por el contrario no sabemos casi nada del contexto social antiguo de los textos tántricos, y que, en sí mismo, permitiría comprender la naturaleza de su alcance y lo que pudieron haber significado. ¿Cuál fue el peso de los textos y el impacto de las imágenes? ¿En qué medio social, en qué castas, entre qué tipo de ascetas renunciantes pudieron nacer los cultos tántricos para luego expandirse y transmitirse en la sociedad? ¿Cómo se produjo el paso de los conceptos y prácticas tántricas de su situación primigenia –iniciática y limitada– hacia categorías sociales más amplias (con las inflexiones que ello implica)? Son preguntas a las que nos resulta imposible responder con precisión, incluso si, como pudiéramos afirmar, es posible percibir que el vínculo entre actos religiosos y políticos ha sido importante.

Fuera de la India

Entre las cosas que se saben sobre el fenómeno tántrico está el hecho de que no se ha limitado al subcontinente índico. Se ha difundido bajo distintas formas, con la influencia religiosa y política india, por una gran parte del mundo asiático. La forma de budismo que se ha impuesto en el Tíbet es tántrica.[10] Se ha extendido por Mongolia, Asia central, siguiendo la Ruta de la Seda, así como por China, como testimonia el ejemplo de los restos de los frescos de Khotan o de Turfan, o algunos manuscritos hallados en Dunhuang. También pasó a Japón, donde todavía existen importantes sectas e instituciones tántricas.

Parece que esta expansión tan temprana fue obra de monjes llegados de la India, y sobre todo de Cachemira. Como ya dijéramos, los documentos chinos, las inscripciones y los elementos iconográficos supervivientes testimonian la importancia de la presencia tántrica hindú, pero también budista, en la península indochina. Esta fue muy brillante (no hay más que pensar en la civilización khemer, (en Angkor), prolongándose hasta el siglo XIV. En Insulindia, el budismo Mahâyâna está documentado desde el siglo VIII en Java, donde dejó sus huellas (en Borobudur, sobre todo: una construcción budista edificada sobre una base hindú). A continuación llegó (en el siglo X) el shivaísmo tántrico, que coexistiría con él, y que todavía pervive en Bali. Así pues, Asia ha sido "tantrizada" a lo largo de varios siglos.

¿Una civilización/un mundo tántricos?

Hasta aquí hemos repasado sobre todo los testimonios textuales, epigráficos o iconográficos que demuestran la impregnación tántrica de la religión y el pensamiento filosófico de la India. Su curso hubiera sido muy distinto sin el tantrismo. Pero efectivamente, la presencia de este va mucho más allá. Todo el mundo hindú o hinduizado ha quedado influido, más allá de lo religioso, en la esfera social, así como en ciertos aspectos de su estructura política. Existe un aspecto muy importante, a menudo dejado de lado por los orientalistas que, al trabajar en concreto con los textos, se sienten tentados a olvidar que estos han aparecido y sido aplicados, no en abstracto, sino en un contexto social y político concreto que es el que los ha formado e influido y sobre el que han actuado contribuyendo a modificarlo. Un contexto que, a su vez, les ha proporcionado su alcance real. «Interesarse en los dioses no es más que hablar de los seres humanos», dijo una antropóloga:[11] son los seres humanos los que han creado dioses, en parte a su imagen… En la actualidad puede verse con gran claridad esas interacciones.

Históricamente, primero se llevó a cabo la difusión social del tantrismo. Si los cultos tántricos, con los primeros textos que los acompañan, aparecieron, como pudiera pensarse, en pequeños grupos iniciáticos, en los márgenes del mundo brahmánico –cultos visionarios, transgresores, ritos mágicos practicados por ascetas "virtuosos" esoterizantes–, fueron luego propagándose, penetrando en entornos más amplios, no ya de renunciantes, sino de personas que vivían en el mundo, de "cabezas de familia" (*grihastha*), aceptando (al menos en secreto) algunas creencias, incluso las más "extremas", pero reteniendo externamente aquellas prácticas que resultaban compatibles con las reglas de la sociedad de castas. Tenemos ahí la aparición de un fenómeno social cuyo desarrollo, a falta de documentación, no podemos seguir, y cuya existencia solo podemos inducir, pero no afirmar. No sabemos cómo, ni en qué condiciones, pudo suceder esta conversión de un radicalismo transgresor minoritario a pasar a contar con una amplia presencia, aunque menos intensa, "rutinaria", en la sociedad establecida.

Pero podemos observar su resultado en la amplitud de la esfera tántrica. Claro está, no todos los hindúes se convirtieron en *tântrikas*, y por otra parte, los textos tántricos son transgresores de manera desigual: algunos no lo son en absoluto.[12] Pero los hindúes, de una manera bastante general, han ejecutado cada vez más cultos y ritos domésticos cuya naturaleza original o forma fueron tántricas (la adoración de uno de los aspectos de la Diosa, por ejemplo), o bien han hecho llevar a cabo, o estado presentes, en cultos tántricos celebrados por oficiantes tántricos iniciados en templos construidos y provistos de imágenes de divinidades que se ajustaban a las reglas de los *tantras* (shivaítas y vishnuitas) y de otros tratados parecidos. El culto de las divinidades, la *pûjâ*, tal y como se realiza sobre todo en los templos, es tántrico en su forma y espíritu. El panteón hindú, como veremos, es en gran parte tántrico, aunque la mayoría de los fieles no lo sea.

El ámbito tántrico así generalizado ya no es el del secreto y la transgresión de las normas. Esa parte ya no constituye más que la parte esotérica, el "núcleo duro", como se dice a veces. Una porción reducida, poco visible, pero que sigue siendo esencial porque ha conformado la base original y porque su espíritu ha penetrado a lo largo de los siglos, y orientado la religión e incluso algunos aspectos del comportamiento personal del hindú medio. Como ya se ha dicho, ha habido, en el plano religioso, y desde un período bastante antiguo y hasta nuestros días, dos niveles del fenómeno tántrico: uno, intenso, transgresor y limitado, el otro, general, atenuado, pero que, por ser atenuado, no ha sido menos fundamental. En los capítulos siguientes profundizaremos en este aspecto doble, en el que nunca se insistirá demasiado, pues conforma la complejidad y ambigüedad del fenómeno tántrico.

La extensión del ámbito tántrico también presenta un aspecto político (e incluso económico) muy importante. En los reinos regionales hindúes que aparecieron en la India tras la era Gupta –a partir más o menos del siglo VII–, y que duraron, al menos formalmente, hasta los tiempos modernos, al rey se le consideraba tradicionalmente divino (concepción, de hecho, bastante antigua, brahmánica). Esa era la base de su autoridad. El término *deva*, "dios", se aplicaba tanto al monarca como a la divinidad, y desde entonces, las propias divinidades pasaron a desempeñar un papel en la vida del reino. Al rey se le consagraba mediante un rito tántrico, el *râjâbhisheka*, con *mantras* tántricos. Se trata de un rito análogo a la consagración del maestro espiritual.[13] Encarnación de un dios, simbólicamente estaba casado con una diosa, por lo general, Durgâ. Su poder se basaba en la fuerza, la *shakti*, de una diosa, de Yoginîs o de "Madres", potentes y aterradoras divinidades tántricas (este fenómeno se ha podido observar hasta la abolición de la monarquía en Nepal, donde la Kumarî es una encarnación de la diosa real secreta, Taleju, con el rey renovando su poder ante ella cada año).[14]

El monarca (que vivía en un palacio construido según las reglas que aparecían en los tratados tántricos) ordenaba ejecutar ritos y utilizar *mantras* tántricos para afirmar su poder y, sobre todo, para triunfar ante sus enemigos. Junto a él permanecía un *rajaguru*, un preceptor tántrico. Su capellán (*purohita*) era un brahmán iniciado tántrico, por lo general shivaíta. Además, estaba rodeado de *âcharyas*, maestros espirituales poseedores de poderes más o menos mágicos, que ponían en práctica la enseñanza de los *tantras* para beneficiar al monarca. El poder real, reforzado y dinamizado de este modo, se apoyaba tradicionalmente en el templo que había edificado y que funcionaba según las reglas agámicas, donde se celebraban ritos[15] en beneficio del rey y el reino. El soberano aparece así como el sacrificante por excelencia.

El concepto de *mandala* era esencial en esta concepción divina y territorial del rey hindú: el reino se concebía como un diagrama en teoría circular cuyo centro era el rey, una formulación hasta hace bien poco todavía oficial en Nepal.[16] Bajo la misma perspectiva, las diosas tántricas no estaban presentes más que en la proximidad del monarca. Poblando el *mandala* también estaban las *kuladevî*, diosas linajudas o de clan, o las *kshetradevî*, diosas de territorios locales, donde su culto confirmaba su poder: todavía puede apreciarse en ese caso el enraizamiento social y político de las deidades tántricas.[17] En la planificación urbana o la irrigación se aplicaron ritos y disposiciones shivaítas tántricas, así como en la edificación de construcciones diversas.

A través de esta organización político-religiosa, en la que el poder es sagrado y donde el espacio humano se vincula con el divino, con la participación de la población en las manifestaciones rituales, se afirmaba así un mundo tántrico, o al menos un mundo ligado a la trascendencia e influido en numerosos aspectos por las concepciones y prácticas tántricas, sobre todo shivaítas. Este mismo mundo fue llevado, desde la India del Sur –junto con el culto del rey divino– a Funan y a Camboya, o aquel que, desde Orissa, fue trasplantado a Indonesia. Añadamos que en el Tíbet, en China y en Japón se han utilizado ritos tántricos (copiados generalmente de los modelos shivaítas) pero en un contexto budista, como apoyo de las estructuras de poder. Así pues, se trata de una civilización –un verdadero mundo– tántrica.[18] Un mundo que ha existido durante siglos en la India y en toda el Asia hinduizada, cuyo rastro puede incluso descubrirse en ocasiones en la actualidad.

3. La literatura tántrica, los textos

Quien dice tantrismo dice tantra. Es decir, *tantras*: textos que conforman la trama (es uno de los sentidos de la palabra sánscrita *tantra*) subyacente a todas las prácticas y especulaciones tántricas. De hecho, los textos tántricos hindúes no se denominan *tantras*. Solo lo son los principales. Escrituras sagradas, en principio reveladas por la divinidad, que aportan una nueva forma de la Revelación. Están en sánscrito, la "lengua de los dioses". También se las llama *âgamas*, es decir, tradición, o (menos a menudo) *samhîtas*: recopilación, texto codificado. Cierto número de textos de los llamados revelados llevan de todas formas otros nombres. Es el caso de los *Purânas* (*Antigüedades*). Estos extensos textos sagrados del hinduismo son a veces tántricos o incluyen elementos tántricos. También están las *Upanishads* tántricas.

A todas estas escrituras sagradas habría que añadir comentarios o exégesis, resúmenes, compilaciones o monografías, recopilaciones de himnos, tratados de *mantrashâstra* ("la enseñanza de los *mantras*"),[1] obras técnicas o de iconografía, obras místicas y también textos especulativos o literarios tan diversos como numerosos. Todo ello conforma una masa inmensa, cuya redacción, iniciada sin duda desde los primeros siglos de nuestra era, ha seguido casi hasta el presente. Respecto a eso digamos que los textos casi nunca aparecen fechados, que se ignora generalmente su procedencia geográfica y, claro está, el contexto en el que aparecieron y se pusieron en práctica. Además, estos textos son normativos o filosóficos; presentan reglas y exponen teorías; dicen lo que hay que creer o imaginar y lo que hay que hacer; no describen lo que se hacía realmente en su época. Tienen un valor relativo a la hora de enseñarnos algo sobre la realidad de las cosas. Pero son nuestra única e irremplazable fuente de información.

A este capital básico en sánscrito se añaden obras de todo tipo redactadas en la mayoría de las lenguas habladas en la India. Más recientes en general que los textos sánscritos, más cercanos a la realidad cotidiana, que reflejan sobre todo formas a veces antiguas de devoción popular, estas numerosas obras, muy variadas y a menudo interesantes, a veces con un gran valor literario, deben ser tenidas en cuenta si se quiere apreciar la extensión, el sentido y el alcance del fenómeno tántrico (también hubo obras tántricas hindúes en el sudeste asiático, principalmente en Indonesia). No podemos dar cuenta aquí de este enorme repositorio de textos sánscritos o vernáculos. No haré más que un rápido repaso. Al hacerlo, no contemplaremos el aporte doctrinal, ni las prácticas, pues ese será el objeto del capítulo siguiente.[2]

Los textos sánscritos

Los textos tántricos en sánscrito son en su mayoría shivaítas. Los que revelan otras corrientes hindúes son mucho menos importantes, tanto en número como por su aporte doctrinal o de prácticas. También existen textos jainistas, pero muy poco importantes para ser citados aquí. Baste con saber que existen.

Los textos shivaítas

1) Textos revelados

Existen varias clasificaciones antiguas de estos textos que, emanando de diversas fuentes, no son conciliables. Por otra parte, son a la vez complejas y en gran parte teóricas. Es difícil seguir su desglose: *tantras* que conocemos no aparecen, y otros que sí lo hacen parecen no haber existido nunca. Por ello tendría escasa utilidad detallarlos aquí.

De estas clasificaciones me limitaré a citar la que reparte los *tantras* shivaítas entre un *atimârga*, una "vía externa", reservada a los ascetas que buscan la liberación, y un *mantramârga*, una "vía de los *mantras*", donde se buscan los poderes sobrenaturales así como la liberación, y que está abierto tanto a los seres que viven en el mundo como a los ascetas.

El primero, el *atimârga*, comprende los antiguos sistemas de los pâshupata y los lâkula, que podría describirse como "proto-shivaítas" y "proto-tántricos" (muchos de sus elementos han sobrevivido en las obras –y por tanto en las prácticas– ulteriores). Los pâshupatas, devotos de Pâshupâta, el "Maestro de las criaturas", es decir, Rudra o Shiva, vivían apartados del mundo y se comportaban de manera totalmente asocial. Los ascetas lâkulas, variante de los anteriores, tenían la característica de vagar, tiznándose el cuerpo desnudo con la ceniza de piras funerarias, llevando un cuenco de limosnas hecho de un cráneo humano (*kapâla*) y un bastón (*khatvanga*), unos elementos que junto con el "voto del cráneo", *kapâlavrata* (el de seguir esta observancia), han continuado siendo emblemáticos de ciertos ascetas shivaítas. De ahí su apelación de *kâpâlikas*, término al que regresaremos. Este camino, esta vía, no ha sobrevivido como tal, sino solo en algunas de las observancias (*vrata*) de los demás shivaítas.

Los textos de estos últimos, que conforman la "vía de los *mantras*", el *mantramârga*, son un compendio de la historia del shivaísmo hasta nuestros días. Ahí es donde hallamos el conjunto de los textos revelados shivaítas tántricos (hay que señalar que esta clasificación –shivaíta– deja de lado el vishnuismo tántrico del *Pâñcarâtra*). Existen cinco corrientes, cinco desgloses, de los textos del *mantramârga*, que incluyen *tantras* dedicados al culto de los espíritus y los demonios, los *bhûta*, y el del dios Garuda. Unos textos en su mayoría desaparecidos.[3] En cambio, subsisten los *tantras* de las corrientes llamadas de derecha (*dakshina*) y de izquierda (*vâma*) y los del Shaivasiddhânta. Solo repasaremos estos últimos grupos. No es necesario entrar en detalle en estas clasificaciones, que por otra parte son muy teóricas, ya que ninguna de ellas cubre el conjunto de textos existentes (o censados de haber existido), y que, en cuanto a los que se conoce, al menos algunos, y no los menos importantes, son posteriores a estos intentos de clasificación.

Los textos del Shaivasiddhânta

Estos textos, por lo general denominados *âgamas* por los orientalistas (pero, de hecho, a menudo llamados *tantras* e incluso *samhitâs*), son obras esenciales para el conocimiento del shivaísmo, pues contienen la enseñanza común: el *sâmânyashâstra*, según la fórmula de Abhinavagupta. Los ritos shivaítas privados y públicos se han realizado en el pasado y siguen ejecutándose en la actualidad basándose en sus prescripciones, completadas mediante comentarios explicativos muy numerosos y a menudo importantes. En ellos se fundamenta no únicamente la doctrina shivaíta de base, sino también la arquitectura religiosa y la iconografía, a la vez que numerosas reglas de comportamiento social y personal. Merecen, pues, nuestra atención en primer lugar.

Tradicionalmente se considera que estos *âgamas* son 28. Diez se dicen shivaítas, emanados de las cinco bocas o rostros de Sadâshiva (que es la forma de Shiva venerada). Los otros 18 se califican de "rudraicos" (*raudra*), pues habrían sido revelados por los 18 Rudra.[4] A estos *âgamas* se incorporan textos que conforman una "división secundaria" (*upabheda*), cuyo número total sería de 207. Algunas listas no incluyen más que 198, o incluso solo 120. Pero se trata de clasificaciones artificiales (y muy discutibles), que no reflejan la importancia ni la posición reales de los textos, además de los modos de elaboración, las relaciones mutuas ni las fechas de su composición (repartidas sin duda entre los siglos V-XIII). Se sigue conociendo bien poco de todo ello.

Añadamos que ciertos *âgamas* o *tantras* no han llegado a nuestros días, y otros lo han hecho únicamente en parte. Solo algunos han sido editados y muy pocos han sido estudiados y todavía menos traducidos[5] y, finalmente, el descubrimiento y estudio de manuscritos hasta ahora desconocidos pueden desbaratar lo que se pensaba hasta este momento. Así pues, nuestra visión de todo este material es imperfecta. Su importancia no deja de ser fundamental para el conocimiento del shivaísmo tántrico, tanto desde el punto de vista doctrinal como del comportamiento y la práctica.

Este papel de instrucción general para la vida del shivaíta observante aparecía en la estructura teórica de los *âgamas*, ya que todos presentan cuatro secciones (*pâda*): de la doctrina (*vidyâ*), del yoga, de los ritos (*kiryâ*) y del comportamiento (*charyâ*).[6] La doctrina suele ocupar poco espacio. La sobreabundancia ritual característica del tantrismo provoca que, por el contrario, la sección de los ritos sea de particular importancia. Esta abundancia y la precisión de las descripciones rituales se deben a que, según la enseñanza del Siddhânta clásico (esta doctrina se fue imponiendo poco a poco), solo la práctica ritual permite que el adepto se encamine hacia la liberación. Por otra parte, esta enseñanza no tiene como sus principales destinatarios a los ascetas renunciantes, sino al shivaíta casado, que vive en el mundo, al *grihasthâ* (el "señor del hogar"), y por tanto a los shivaítas en general. Los ritos en los templos shivaítas –sobre todo en el Sur de la India– se han ejecutado, y siguen haciéndolo, siguiendo las prescripciones de los *âgamas*. Ello explicaría que los preceptos sean moderados, respetuosos en muchos sentidos, con la ortodoxia brahmánica. Salvo alguna excepción, en estos textos no se encuentran divinidades aterradoras ni cultos extáticos y transgresores, y sobre todo nada de ritos sexuales ni de sacrificios de animales. Finalmente, en el plano social los *âgamas* se muestran por lo general respetuosos con las reglas de casta, y algunos incluso reservan su enseñanza a los "nacidos dos veces", excluyendo, pues, a los *shudra* (y claro está, a los descastados).

De entre estos *âgamas* (o *tantras*), citaré –porque ha sido traducido al francés (además del *Mrigendra* mencionado anteriormente), el *Raurava*. El *Ajita*, rico sobre todo en indicaciones iconográficas, ha sido traducido recientemente al inglés, igual que el *Parâkhyatantra*.[7] Tendremos ocasión de utilizar el contenido de otros muchos textos (el *Kirana*, el *Dipta* –traducido–, o el *Matângapârameshvara*, por ejemplo) sin tener que citarlos necesariamente, pero debemos conocer su existencia.[8]

Los 'tantras' de Bhairava y los de la Diosa

El otro grupo de textos shivaítas canónicos, que por otra parte es en el que se encuentran los rasgos que nos parecen más tántricos, y que también conforman el grupo al que se suele hacer referencia, comprende un gran número de *tantras* diferentes y de fechas muy diversas, pues van desde el siglo v (tal vez) hasta los tiempos modernos. Han sido objeto de distintas clasificaciones. Aquí solo mencionaremos la que los reparte en dos *pîtha*, es decir, dos recopilaciones, dependiendo si están dedicados al culto de Bhairava o al de una forma de la Diosa.

El primero es el *mantrapîtha*, que comprendería 64 *tantras* repartidos en ocho grupos de ocho –una división clásica, antigua, pero totalmente teórica–.[9] La forma divina principal más presente es Bhairava, aspecto aterrador de Shiva. Estas tradiciones están vinculadas a un antiguo fundamento *kâpâlika*, donde los ascetas llevaban un *khatvanga*. En el otro *pîtha*, el *vidyâpîtha* (una *vidyâ* es un *mantra* femenino), la forma divina dominante es femenina. Se han repartido los textos en *Yâmalatantras*, de los que forman parte los cultos de Bhairava, y en *Shaktitantras*, dedicados al culto de distintas formas de la Diosa, Shakti, y que a su vez se subdividen en los *tantras* de Trika (con tres diosas supremas) y los del Kâlîkula, dedicados a las formas de Kâlî. Conforman un conjunto especialmente importante desde el punto de vista tanto de las doctrinas como de las prácticas.

El lugar dominante de las divinidades femeninas y el papel de la energía, la *shakti*, que es femenina, en los textos del *vidyâpîtha*, hace que estos *tantras* shivaítas suelan calificarse de *shâkta* o de *shâkta-shaiva*. Las divinidades de estos *tantras* aparecen casi siempre en parejas sexuadas. Sus prácticas rituales son en general descritas como de izquierda (*vâma*), a diferencia del Shaivasiddhâta, llamadas de derecha (*dakshina*). Esta oposición incide en su carácter de rechazo y transgresión de las reglas de la ortodoxia brahmánica. Aunque existen listas de *tantras* o *âgamas* repartidos así, en los dos *pîtha*, no es cierto que todos esos textos hayan existido realmente. Además, muchos se han perdido, y la mayoría de que los subsisten no han sido editados. Se desconoce la historia. Así pues, estamos inmersos en un mar de conjeturas.

Estas obras, en las versiones que poseemos, suelen presentarse como el resumen de un primer texto revelado de un tamaño inmenso, lo que evidentemente no está demostrado. Pero aquellos a los que podemos acceder actualmente, a veces, presentan una impresionante amplitud: el *Jayadrathayâmalatantra*, consagrado al culto de Kâlî, cuenta con 24.000 estrofas, como el *Manttânabhairava*, de la tradición de Kubjikâ; el *Picumatabrahmayâmala*, el *Tantrasadbhâva* y el *Devyâyâmala* también son desmesurados. De entre estos *tantras* mencionaría en particular, en razón del lugar que ocupan en el shivaísmo cachemir, el *Svacchandatantra*, sobre el culto de Svacchandabhairava, así como el *Netratantra*, consagrado al *netramatra*, el *mantra* del Ojo (de Shiva), textos menos largos, que sin duda datan del siglo VIII.[10] También habría que citar el *Rudrayâmalatantra*, del que no nos ha llegado ninguna versión antigua, pero al que se remiten numerosos textos, como en el caso del *Vijñânabhairava*, un corto tratado shivaíta que es de un interés excepcional.[11] Pero existen más *tantras* que merecen ser nombrados aquí. Así pues, entre los más antiguos, el *Siddhayogeshvarîmata* o el *Mâlinîvijayottara* (en los que se basa la enseñanza del *Tantrâloka* de Abhinavagupta). En cuanto al Krama, citemos el *Devîpañcashatika* y el *Kramasadbhâva*. También el *Kubjikâmatatantra*, o la *Shatsâhasrasamhitâ*, dedicados al culto de la diosa Kubjikâ, o bien (en cuanto al culto de Tripurasundarî) el *Vâmakeshvarîmata* y el *Yoginîhridaya*,[12] o una obra más reciente, el *Tantrarâjatantra*. Asimismo merecen mención el *Kulârnavatantra* (que data sin duda del siglo XIV) y el *Gandharvatantra* (editados ambos en la recopilación de los «Tantric Texts»), el *Shaktisangamatantra*, etcétera. Algunos textos llamados *tantra* son recopilaciones, a veces interesantes. Es el caso, por ejemplo, del *Vidyârnavatantra*, cuyo autor es conocido. Regresaremos más adelante al contenido doctrinal de estos *tantras*.[13]

2) La literatura postescrituraria: exégesis y comentarios

La civilización índica es una civilización del comentario. En un sistema tradicional de pensamiento donde la verdad se dice que fue proclamada en los orígenes, la tradición, que es algo vivo, no puede evolucionar, adaptarse al contexto, más que a través de comentarios que, a modo de explicación, aportan nuevas interpretaciones. También sabemos que la India siempre ha favorecido las formulaciones breves, los aforismos (los *sûtras*), que solo un comentario puede iluminar. Los *tantras* o *âgamas* son obras versificadas, redactadas en estrofas sometidas a estrictas reglas de versificación, a veces poco compatibles con una exposición clara; por ello es necesario comentarlas. Hay una cuestión sobre la que me parece que vale la pena atraer la atención del lector, pues la manera en que se presenta un texto no es superficial: refleja su espíritu, e influye en la manera en que funciona y se utiliza. En un contexto índico, casi siempre nos enfrentamos a un texto de inicio breve, aforístico (un *sûtra* o una *kârikâ*), que primero explicita oralmente un maestro –pues una enseñanza importante solo se transmite oralmente–, luego se aclara e interpreta mediante comentarios escritos que, a su vez, también serán comentados. En un ámbito tradicional donde se considera que la verdad se proclamó en el pasado (o incluso para toda la eternidad, en el Absoluto), el pensamiento no puede desarrollarse, aportar nada nuevo, más que a través del comentario. Ese es un rasgo esencialmente índico, que caracteriza toda la expresión del pensamiento religioso y filosófico.

Esta literatura postescrituraria es inmensa. Y ahí es donde se encuentra todo lo que precisa y aclara el pensamiento y las prácticas tántricas. Regresaremos a ello en el capítulo siguiente y haré referencia a esa cuestión a lo largo de todo el libro. Ahí puede hallarse, efectivamente, toda la literatura concerniente a *mantras*, ritos, ascesis, *yoga*, iconografía, etcétera. Así pues, por ejemplo, la mejor fuente para el conocimiento de los ritos privados y públicos shivaítas es (junto con sus comentarios) la *Somashambhupaddhati*, tratado de ritual que data del siglo XI, de la que tenemos la fortuna de poseer una excelente edición y traducción francesa anotada.[14] En el terreno de los *mantras*, el *Prapañcasâra*, atribuido a Shankara (aunque en realidad es posterior), y el *Shâradâtilaka*, de Lakshmanadeshika, o, más tardío, el *Tantrasâra*, de Krishnânanda, e incluso el *Îshânashivagurudevapaddhati*, de Îshânagurudeva, son referencias esenciales. Pero también existen otros textos que merecen ser citados.

Habría que mencionar, finalmente, la obra exegética cachemir, que en lo esencial data de los siglos X-XII y que, sobre la base primigenia de los *tantras* de Bhairava y a partir sobre todo de los *Shivasûtras* "descubiertos" en el siglo IX por Vasugupta (se les considera un texto revelado), ha elaborado las síntesis rituales y teóricas del Krama, del Spanda, de la Pratyabhijñâ y de la Trika, así como de la Shrîvidyâ, que tienen un enorme interés y cuyos autores se encuentran entre los más eminentes filósofos y maestros espirituales de la India. Entre ellos, Somânanda (c. 900-950), autor sobre todo de la *Shivadrishti* (*La visión de Shiva*), y Utpaladeva (c. 950-975), autor de los *Îshvarapratyabhijñâkârikâ* (*Aforismos sobre el reconocimiento del Señor*); o Vasugupta (c. 875-925), tal vez el autor de los *Spandakârikâ*; o Kshemarâja, que redactó importantes comentarios (como los de los *Shivasûtra*) y al que se debe un interesante tratado, el *Pratyabhijñâhridaya*, (*El corazón del reconocimiento*),[15] e incluso otros. Pero sobre todo habría que mencionar al incomparable Abhinavagupta (c. 975-1025), filósofo y *yogin*, esteta, místico, autor del *Tântrâloka*, *Luz sobre los tantras*, vasto tratado ritual y espiritual que hace referencia a numerosos *tantras*, y que junto al comentario de Jayaratha (siglo XIII), es una obra fundamental, esencial para el conocimiento de la esfera tántrica.[16] La tradición de Tripurâ (o Shrîvidyâ), nacida en Cachemira y presente también en el Sur, cuenta con autores interesantes, como es el caso de Bhâskararâya (siglo XVIII). Entre los textos shivaítas habría que citar los de los nâthas, pues revisten importancia, como veremos más adelante.

Habría que mencionar que también existe una exégesis del Shaivasiddhânta que, con autores como Sadyojyotih o Aghorashiva, no es nada despreciable (más adelante veremos que en esta categoría de obras están asimismo los tratados del Shaivasiddhânta tamil, que no habría que perder de vista).

Añadamos, finalmente, que todo lo que hemos mencionado no es sino una breve idea aproximada. Algunos de los títulos pudieran dar la impresión de haber sido elegidos arbitrariamente de entre un inmenso conjunto.

Los textos vishnuitas

La literatura canónica tántrica vishnuita es la del *Pâñcarâtra*. Está formada por textos que designan habitualmente la apelación genérica de *samhitâ*, un término que significa "recopilación, colección". Pero también se les llama *tantra* o *âgama*, y en su conjunto reciben el nombre de *Pâñcarâtrâgama*. Difíciles de fechar, estas obras parecen en general más tardías que los *âgamas* o *tantras* shivaítas, que les han influido en gran manera. Se escalonarían entre los siglos VIII-XIV. No es posible precisar el origen geográfico. Al igual que los textos shivaítas contienen elementos especulativos, teológicos y cosmogónicos, pero también, y sobre todo, *yoga*, prescripciones rituales y reglas de comportamiento. El culto público, en la mayoría de los templos vishnuitas del Sur de la India, se sigue realizando siguiendo sus prescripciones[17] que, en el plano del ritual o el *yoga*, no difieren mucho de los textos shivaítas. Su posición doctrinal está, no obstante, más próxima a la ortodoxia brahmánica (a la que pertenecen sus paladines),[18] y sus *mantras* es cierto que suelen ser védicos.

Las *samhitâs* son tradicionalmente 108, pero en realidad hay poco más de 200, algunas de las cuales no han llegado a nuestros días.[19] No todas tienen la misma importancia. Tres de entre ellas (se las llama las «Tres Joyas»), la *Paushkara*, el *Sâtvatatantra* y la *Jayâkhya*, son consideradas depositarias de una gran autoridad. Pero hay otras, como la *Ahirbudhnyasamhitâ*, por ejemplo, que también son igualmente importantes. El *Lakshmîtantra*, un texto muy citado, está muy influido por el shivaísmo, y también es una obra interesante.[20] El *Pâñcarâtra* estuvo asimismo presente en Cachemira, en especial a través del culto de una forma particular de Vishnu, llamada Vaikuntha, que posee varios rostros (como la de Varaha, el Jabalí). Las *samhitâs* han sido muy estudiadas, pero no están muy traducidas, lo cual es una pena.

Aunque cuenta con obras dignas de interés, la literatura postescrituraria vishnuita en sánscrito carece de la importancia de la del shivaísmo. No parece, pues, necesario repasarla extensamente aquí.

Los otros textos tántricos

Como ya hemos dicho, la tradición quiere que, además de los *tantras* shivaítas y vishnuitas, existan *tantras saura*, "solares", dedicados al culto del Sol, Sûrya. Un antiguo texto cita 85. Suele llamárseles *samhitâs*. Una de entre ellas, la *Saurasamhitâ*, ha llegado hasta nosotros. Existen otros textos tántricos sobre el culto al Sol, que no son *tantras*; algunos son himnos, como en el caso de la *Sâmbapañchâshikâ*. El culto de Sûrya, que estuvo activo, se fue apagando poco a poco. Fue retomado como un elemento del culto de Shiva.

También existieron *tantras gânapatya*, con Ganesha/Ganapati como divinidad principal. Se conoce una lista de 28 *Gârudatantras*, dedicados al culto del dios-pájaro Garuda, pero ninguno ha llegado a nuestros días. Asimismo existe una lista de 20 *Bhûtatantras*, que serían tratados de magia y exorcismo. De todo ello parece que no ha quedado nada o casi nada.

Por el contrario, la de los nâthas es una categoría importante de textos tántricos. Los nâthas son una clase particular e interesante de *yogin* shivaítas, de origen antiguo y que existen desde siempre en la India y Nepal. Sus textos, de los que se han conservado (y editado) cierto número, son toda una referencia en su campo. El

Kaulajñânanirnaya, por ejemplo, es uno de los textos tántricos más antiguos que se conocen, y tiene un gran interés. También merecen ser mencionadas diversas obras atribuidas a Gorakshanâtha, el mítico fundador de la secta nâtha, el *Gorakshashataka*, por ejemplo, o bien la *Siddhasiddhântapaddhati*.[21] (Abhinavagupta incluye a Macchanda/ Matsyendranâth, el maestro de Gorakshanâtha entre los fundadores de la Kula; eso demuestra la importancia de esta corriente).

También se utilizaron elementos nâtha para reescribir, en el siglo XVIII, ciertos textos que conforman la recopilación canónica de las 108 *Upanishads*. Algunas son, en efecto, tántricas, otras son antiguas, y las hay que fueron rehechas cuando se compiló esta lista oficial. En la actualidad pueden hallarse, en sánscrito y en inglés, en los volúmenes de las *Yoga Upanishads* y de las *Shâkta Upanishads*, editados en Adyar (Tamil Nadu) por la Sociedad Teosófica. Esta manera de agrupar esas *Upanishads* corresponde, pues, a esa edición, y por ello carece de valor tradicional o científico. Algunas de ellas han sido traducidas al francés.[22]

Los textos de *yoga* (no siempre separables de los textos de los nâthas, pues estos últimos son adeptos del *hathayoga*)[23] también tienen gran importancia. El *hathayoga* (con la *kundalinî*) es, en efecto, inseparable del tantrismo. Este vínculo no deja por ello de resultar problemático (como lo es la definición del *hathayoga*, por ejemplo).[24] Puede encontrarse *yoga* en casi todos los textos tántricos. Los *âgamas* incluyen en principio una sección del *yoga*. También existen tratados de *yoga* tántrico, como la *Hathayogapradîpikâ*, de Savâtmarâma, o la *Gherândasamhitâ*. Asimismo podríamos citar el *Shatchakranirûpana* (traducido al inglés –*The Serpent Power*, de Arthur Avalon– y al francés). Son obras conocidas, muy traducidas y comentadas tanto en la India como en Occidente.

Habría que mencionar, por el lugar que ocupa el *yoga* tántrico, pero también porque su propio interés es considerable, las obras de alquimia, el *rasayâna*, algunas de las cuales son tántricas. A veces antiguas (las hay que se remontan tal vez al siglo V), son en ocasiones utilizadas en la actualidad en la India. Su importancia radica tanto en el plano de las ideas como en el de las prácticas, la búsqueda de la inmortalidad y de los poderes sobrenaturales (los *siddhi*), así como porque el dominio sobre la materia siempre ha ocupado un lugar importante en la civilización índica y, sobre todo, en su vertiente tántrica.[25] El interés concedido en la India a la alquimia queda patente en el hecho de que es uno de los 16 sistemas (*darshana*) expuestos en el *Sarvadarshanasamgraha*, el tratado clásico atribuido a Mâdhava/Sâyana, sobre las doctrinas indias, que cita especialmente el *Rasârnava*, vasto tratado que dataría tal vez del siglo XII.

Entre las grandes obras, también valdría la pena mencionar los *Purânas*. Estos textos sagrados de la historia mítica del hinduismo, a menudo colocados a la altura del *Veda*, elaborados entre los siglos IV-XIV, han estado influidos por el contexto de la época en que naciera y se desarrollara el tantrismo. Algunos de ellos muestran esa influencia. Es el caso, por ejemplo, de los *Linga, Shiva, Kâlikâ* o *Devîbhâgavata Purânas*, por citar unos pocos. El *Agnipurâna*, vasto texto enciclopédico, muy interesante, contiene partes totalmente tántricas. Lo mismo sucede con una parte apreciable del gran manual de ritual shivaíta, la *Somashambhupaddhati*. Este *purâna* conforma además una fuente de primer orden para navegar por la iconografía tántrica.[26] También cabría hablar, aunque no revela exactamente nada de tantrismo (pero participa de su universo y de su visión de poder), del *Devîmâhatmya* (*Elogio de la diosa*), que es una parte del *Mârkandeyapurâna*. Se trata de un texto antiguo (¿siglo VII?), utilizado siempre en la India del Norte en el culto de Durgâ o Chandî, de la Diosa, pues (al que regresaremos más adelante).

Finalmente, tenemos la masa de resúmenes de *mantrashâstra*, como por ejemplo el *Prapañchasâra*, atribuido a Shankara,[27] y el

Shâradâtilaka, de Lakshmanadeshika, dos obras ya mencionadas que, junto con sus comentarios, conforman una indispensable fuente de información. Citaremos, igualmente, el *Mantramahodadhi*, o, más reciente, el *Tantrasâra*, de Krishnânanda. Se trata de obras de referencia que siguen siendo muy consultadas en la India. Podrían citarse otras muchas obras, o añadir compilaciones rituales (*nibhandas*), como el *Kaulâvalînirnaya* o el *Shrîtattvacintâmani*, obras o tratados sobre el culto de Tripurâ, como el *Bhâskararâya* (siglo XVIII), muy importante, o bien el *Parashurâmakalpasûtra*, el *Nityotsava*, etcétera. El *Tantrasamuccaya*, del siglo XVI, es un tratado ritual que se sigue utilizando en Kerala. También existen tratados de iconografía, recopilaciones de himnos de alabanza (*stotra*), como la *Saundaryalaharî*, atribuido a Shankara, o sobre los "mil nombres" de una deidad como el *Lalitâsahasranâma*. Igualmente es posible mencionar obras místicas, tratados de magia, etcétera. Las obras de alquimia, como ya he señalado, son tántricas en ocasiones. Y están las obras literarias que contienen elementos tántricos. Una de las principales y más ricas es la *Kathâsaritsâgara*, de Somadeva, una vasta recopilación de relatos del siglo XI.[28] Serían también dignas de mención algunas obras de teatro, como el *Âgamadambara*, de Jayanta Bhatta (siglo IX).[29] La lista de obras en sánscrito en las que pueden encontrarse elementos tántricos es infinita.

Los textos en lenguas vernáculas

Al principio hemos visto que, al realizar un inventario de las fuentes tántricas en lenguas vernáculas –aunque no aportan demasiadas ideas ni prácticas nuevas–, no hay que desdeñarlas por no utilizar el sánscrito, ya que testimonian la expansión del ámbito tántrico fuera del círculo cultivado, con variantes regionales, y de ahí su presencia en toda la India y en todos los medios, así como su supervivencia hasta nuestros días.[30]

En efecto, los textos sánscritos no eran –no son– accesibles más que para una minoría de eruditos, en su mayoría brahmanes. Su enseñanza suele resultar oscura, sus ritos complicados y sus prácticas a veces nada fáciles de seguir. No obstante, como conforman el sustrato textual principal del fenómeno tántrico, debido a la vez a la difusión de la enseñanza de los *tantras* y (tal vez sobre todo) porque esta enseñanza procedería, con toda probabilidad, de un fondo autóctono, y por tanto popular, sin duda llegó muy pronto a una población bastante más amplia; y desde entonces debió hallar una expresión en las lenguas que hablase ese conjunto bastante más amplio de adeptos o de fieles. Con respecto a esto valdría la pena recordar que, desde hace más de 1.000 años, el sánscrito ha dejado de ser la lengua materna de los indios, o de casi ninguno. No era una lengua corriente, sino un idioma erudito, de uso limitado. Así pues, fue normal que los hindúes que entraron en contacto con el fenómeno tántrico expresasen sus creencias en su propia lengua. Lo hicieron, y lo siguen haciendo, en cantos, poemas y epopeyas, o en obras didácticas o técnicas concernientes al *yoga*, los templos y peregrinaciones, los *mantras* o las *mudrâ*, etcétera. La devoción en lengua vernácula halló bien pronto (desde el siglo XII) un lugar en la esfera ritual a través de himnos devocionales cantados en el transcurso de la *pûjâ* (cuyas fórmulas rituales son en sánscrito).

Aparecida después de los textos sánscritos, la literatura tántrica vernácula se desarrolló en un contexto religioso donde no se imponían la gnosis, la exactitud ritual o la ascesis, sino la relación devota respecto a la divinidad, la *bhakti*. De ahí que sea una religión más sensible y emocional, más cercana también a la realidad cotidiana india.

Uno de los conjuntos más importantes, y sobre todo mejor conocidos, de obras tántricas en lengua vernácula es el redactado en bengalí. Los elementos más antiguos son breves poemas budistas, estrofas, los *doha*, así como los *charyâgîtî*, cantados por los *siddhas*. Pero a continuación, y a partir del siglo xv, aparecen cantos y poemas dedicados a la gloria de la Diosa y, en especial, los *mangals*, himnos de alabanza (es el sentido de la palabra *mangal*) a diversas formas de la Diosa –Kâlî, Manasâ– cantados por bardos con motivos de fiestas y celebraciones en el transcurso de los cultos, o bien recitados por devotos.[31] Una de las obras más conocidas es la del poeta Râmprasâd (1720-1781), que compuso innumerables himnos dedicados a Kâlî,[32] a menudo notables y que han seguido siendo populares. La producción de esos poemas se ha prolongado hasta nuestros días. La literatura de los nâthas sigue siendo importante y continúa viva en Bengala. Se compone esencialmente de breves poemas cantados por los *yogin* (así como por faquires musulmanes),[33] pero también incluye poemas y relatos hagiográficos o de *yoga*, obras atribuidas a autores míticos como Mîna-Nâth, Gorakhnâth y Jâlandharî, o bien a sus discípulos.[34]

Pero aunque Bengala ha sido siempre uno de los centros del tantrismo shivaíta o *shâkta*, el vishnuismo tántrico también conoció uno de sus principales desarrollos con los vaishnava sahajiyâs, que desde principios del siglo XVI hasta el XX, han producido una notable literatura mística dedicada al culto y adoración de Krishna y Râdhâ.[35]

Habría que recordar, finalmente, la existencia, junto a estos textos a menudo muy elaborados en lo literario, de la literatura oral de los bâuls y los faquires, cuyos poemas revelan la religión popular, pero que son totalmente tántricos en su espíritu y en las prácticas sexuales a las que hacen referencia. Además presenta el interés de que, aunque los bâuls son hindúes vishnuitas, los faquires son musulmanes. Los poemas místicos de uno de ellos, Lalan Fakir, siguen siendo cantados en la actualidad.

Parece que no existe una literatura influida por el tantrismo que sea de una importancia comparable en las otras lenguas indo-arias, pero como las prácticas y especulaciones tántricas han sobrevivido hasta la actualidad en toda la India, no hace falta ni decir que son numerosas las publicaciones tántricas o teñidas de tantrismo que han visto la luz del día en esas otras lenguas. No citaremos aquí las traducciones de textos sánscritos, innumerables, pues no se trata de obras originales, si bien es necesario recordar su existencia.

Entre los "santos-poetas" de la edad media india, los *sants*, también pueden encontrarse con frecuencia elementos del lenguaje y de las prácticas yóguicas de los nâthas. En hindi y rajastaní existen poemas de inspiración nâthas. En el ámbito del hindi, la obra de Kabir incluye elementos nâtha. De ellos toma prestado el término *sahaj*, para designar la Realidad última.[36] En Mahârâshtra, en la antigua lengua marâthi, Jñândev (importante "santo-poeta" del siglo XIII) era un *yogin* nâtha. También se encuentran elementos de este género entre los manbhau krishanitas. Hay *yoga* tántrico entre los dâdupanthis del Rajastán. Las concepciones del *yoga* tántrico, con su imagen del cuerpo, estando de hecho presentes en toda la India, fueron divulgadas por obras escritas, así como oralmente, por los *yogin* itinerantes. Todo ello conformó una abundante producción, a menudo sin valor literario, pero cuya existencia merece la pena señalar. Más inesperado pudiera parecer el encuentro del *hathayoga* y los nâthas con el sufismo, de ahí la traducción de tratados de *yoga* no solo en bengalí, sino también en hindi y en urdú, al igual que en persa (presentes en la India mogol).

En el Sur de la India, región de grandes santuarios shivaítas y vishnuitas, sobre todo en Kerala, donde se encuentran todavía hoy muchos y muy activos templos de la Diosa, disponen de obras tántricas, a veces importantes, en lengua dravídica.

En tamil (lengua en la que hay que saber que existe una literatura de una amplitud y calidad notables), no puedo mencionar más que algunas obras y unos pocos nombres. Del lado shivaíta, primero habría que citar los himnos de los *alvars*, santos-poetas vishnuitas. Después la obra de los *siddhas* (*cittars*, en tamil), poetas ascetas cuyos representantes más célebres son Manikka Vaçagar (¿siglo VII?), poeta notable, y Tirumulâr (siglos XI-XII). Su obra conforma los textos de base del *Shaivasiddhânta* tamil. Tirumulâr es concretamente el autor del *Tirumantiram*, de 3.000 cuartetos, un texto desde luego notable. Citemos también, del siglo VI, la obra de Kâreikkâlammeiyar,[37] extraña figura, una devota mística (¿pero hasta qué punto es tántrica?). En el siglo X tenemos a Shivavâkkiyar, y en los siglos XIV-XV a Pattinattâr, que también poseen un interés excepcional. Sus obras son breves e intensas, cercanas a la vida real, muy alejadas de la artificiosidad erudita de los textos en sánscrito. Mencionaría también los himnos de los *alvars*, santos-poetas vishnuitas. También tenemos *Purânas* tamiles como los de signo shivaíta (el *Kandapurânam*, por ejemplo), unos textos importantes. En el transcurso de los siglos han ido apareciendo obras en tamil con tintes tántricos. El aporte de las otras lenguas dravídicas parece bastante menos importante, a pesar de la vitalidad de las prácticas culturales tántricas, en especial en Kerala.

Señalemos finalmente que, aunque el inglés no es una lengua india, sí es una de las lenguas de la India y, por tanto, durante el período moderno y contemporáneo, se han redactado obras nada despreciables que demuestran la presencia continuada hasta el presente del fenómeno tántrico. Las veremos en el penúltimo capítulo de este libro.

4. Las tradiciones tántricas

Nociones básicas, creencias y especulaciones

Tras haber intentado presentar el fenómeno tántrico, situarlo en el tiempo y el espacio y haber echado una ojeada a su base textual, ahora habría que abordarlo en sí mismo describiendo brevemente las creencias y concepciones (o su visión del mundo), y luego, a continuación, las prácticas. Lo que vamos a considerar son tradiciones antiguas, del pasado. Pero este pasado no está muerto: este conjunto de nociones y reglas conforma siempre el fondo de lo que todavía queda de tántrico (o de generalmente hindú) en la India. Por ello, sería útil conocer y comprender lo que sucede en la actualidad: lo veremos en el capítulo 11. Este capítulo tal vez parezca un poco extenso. Pero, en primer lugar, como un buen número de estas nociones tántricas han penetrado en el hinduismo en general, conociéndolas conoceremos mejor este último. Además, se trata de descubrir aspectos importantes del pensamiento índico, pues los filósofos tántricos, hindúes y budistas se encuentran entre los más interesantes pensadores de la India.

En este capítulo veremos, para comenzar, algunas nociones generales que conforman la base del pensamiento indio, y después los rasgos propios de las tradiciones tántricas, observándolos en primer lugar tal y como los presentan los textos revelados, *âgamas* o *tantras*, para a continuación exponer rápidamente los desarrollos exegéticos que se les han sumado.

Las creencias y los panteones

Los sistemas religiosos, las divinidades y los panteones, con las creencias que les son propias, difieren dependiendo de las tradiciones. Son muy marcadas en el caso del shivaísmo y poco importantes en el *Pâñcarâtra* vishnuita. Pero el ámbito tántrico es sobre todo shivaíta-*shâkta*, y por tanto ese será el núcleo central. Por ello lo natural sería presentar, teniendo en cuenta su escalonamiento histórico y sus interacciones, las doctrinas propias de cada una de estas diversas tradiciones. Pero eso nos ocuparía demasiado. Intentaremos más bien ofrecer una visión de conjunto, global, de las creencias y concepciones cosmogónicas o teológico-metafísicas tántricas shivaítas, poniendo el acento en lo que tienen en común y que es esencial en el fondo, considerando, claro está, lo que ciertas tradiciones pudieran tener de particular.

Esta presentación global podría, por otra parte, justificarse de diversas maneras. En cuanto a los *tantras* o *âgamas*, los textos básicos revelados, aunque son diferentes, tienen mucho en común. Ello se debe a que participan de un mismo fondo sánscrito y erudito, mientras que los más importantes ponen de manifiesto además un mismo conjunto tradicional, el de la Kula. De ahí un vocabulario y nociones de base comunes, eso sin hablar del fondo común ritual y doctrinal del Shaivasiddhânta.

Además, el conjunto tántrico "textual" está formado indisolublemente por estos textos de base y sus exégesis. Ahora bien, aunque las exégesis (cuya importancia ya señalamos antes) correspondan a una tradición o escuela particulares, también tienen puntos en común, bien tántricos o generalmente hindúes, y un mismo exégeta se refiere a menudo a *tantras* de distintas tradiciones. La Trika cachemir, por citar una tradición célebre, sintetiza de esa manera varias corrientes. Por último, los *tantras*, y todavía más los exégetas, que eran brahmanes eruditos, han integrado en sus sistemas numerosos elementos del pensamiento brahmánico tradicional, *darshanas*,[1] o incluso del *Veda*, bien para la descripción clasificadora del universo, para las reglas del razonamiento, las especulaciones acerca de la palabra, o el *yoga*. Se trata de elementos comunes, sin mencionar todo lo concerniente al comportamiento personal o social (al que, en principio, se consagra una de las secciones de todo *âgama*). El tratamiento global al que procederé puede, pues, justificarse sin, no obstante, olvidar lo que pudiera tener de excesivamente simplificador.

A fin de abordar el contenido de este conjunto textual, primero es necesario recordar la presencia de cierto número de nociones generales o categorías del pensamiento, de esquemas intelectuales, de maneras de describir el mundo o de contemplar al ser humano, que no siempre aparecen explícitamente, pero que sí lo hacen de manera subyacente. Por ello, para empezar es necesario realizar un breve inventario. Podría añadirse que al hacerlo gozaremos de una ocasión más de mostrar que el ámbito tántrico no es más que un aspecto del hindú.

Algunas concepciones generales

Algunas de estas concepciones son brahmánico-hindúes o incluso índicas en términos general, mientras que otras son tántricas. Podría pues pensarse, respecto a las primeras, que el lector ya las conoce. Baste, en ese caso, recordar su presencia en el mundo tántrico, precisando cuando sea necesario las modificaciones que les ha aportado. Las otras, propiamente tántricas, deberán ser examinadas más de cerca.

Entre las primeras está la noción de *brahman*, el absoluto divino, y de *âtman*, el ser, la concepción del hombre como microcosmos, la de los cuerpos sutil y grosero, la noción de *samsâra* con la búsqueda de la liberación (*moksha*/*mukti*), la *mâyâ*, el carácter divino y eficaz de la palabra, la teoría del *karma*, etcétera. Son cosas conocidas en las que no profundizaremos. Pero también está, y merece una mención especial, el sistema de *tattvas*, aparecido en el antiguo *darshana* del Sâmkhya, que es una clasificación de los planos del cosmos, que va, en el sentido de la manifestación (*srishtikramena*, en sánscrito), de la divinidad a la tierra, y que puede observarse en todas las tradiciones tántricas.

En el Sâmkhya hay 25 de estas categorías. Dividen el cosmos desde el Espíritu o Señor (el *purusha*) y desde la Naturaleza naturante (la *prakriti*) para descender, por orden de sutileza descendente –pasando, tras *prakriti*, por los planos de consciencia y los sentidos humanos–, hasta los elementos groseros (los *bhûta*), constituyentes del mundo material, siendo el último y más bajo el principio tierra. A estos 25 *tattvas*, los sistemas tántricos añadirían otros 11 por la parte superior,[2] correspondientes a otros tantos planos por los que la divinidad suprema, Shiva, Vishnu (asociados a su Energía, *shakti*) o la Diosa, en el movimiento creador del mundo (*srishti*), discurre, mediante hipóstasis y sucesivas etapas de contracción de su omnipotencia, hasta el nivel de *purusha* y de *prakriti*. Estos *tattvas* suplementarios, que alcanzan los planos más elevados de lo divino (que pueden realizar los iniciados), son, para los *tântrikas*, una de las claves de la superioridad de su Revelación respecto a la tradición brahmánica. Recorrido de arriba abajo, este escalonamiento de los 36 principios cósmicos conforma el movimiento emanador de la divinidad. En sentido contrario, se halla el de la resorción cósmica (*samhâra*) en lo divino, y el de la liberación del ser humano al regresar al Origen primero de todo. Una de las cosas interesantes de esta estructura es que, al incluir elementos constitutivos del cuerpo y el psiquismo humano, integra estos últimos en el despliegue del universo, una situación que veremos presentada en la concepción tántrica del cuerpo vinculado al cosmos, actualizada y vivida en ciertas prácticas meditativas, así como en el desarrollo de la iniciación tántrica, la *dîkshâ* (véase el cuadro de los *tattvas*).

Habría que incidir especialmente en el papel organizador, en el ámbito tántrico, de la visión cósmica del Sâmkhya. Las jerarquías, los isomorfismos cósmico-humanos que establece constituyen representaciones globales sobre las que se construyen sistemas particulares. De hecho, los *darshanas* constituyen siempre un marco del pensamiento índico/hindú. La visión tántrica que se expresa en los *tantras* y las exégesis se consigue a través de los medios intelectuales de los cinco *darshanas*.

Otro elemento, común en todo el mundo religioso índico, es el *yoga*, que es, como se suele decir, tan viejo como la India. Se puede encontrar en todo momento en el mundo tántrico. En el capítulo 5 veremos, con cierto detalle, su naturaleza y el lugar que ocupa en las prácticas meditativas y rituales. Digamos aquí solamente que el *yoga* tántrico no es el de los *Yogasûtras* de Patañjali. Es el que se ha convenido en denominar *hathayoga*, cuya práctica reposa en la estructura imaginal de canales (*nâdî*) y de centros o nudos de energía (*granthi, cakra* o *padma*), concebidos como la presencia en el cuerpo humano (a veces rebasándolo) y donde se encuentra en particular la *kundalinî*, energía divino-humana presente en el cuerpo a la vez que lo trasciende. Con esta imagen interiorizada, una estructura energética y lugar de presencia de divinidades, es como funciona la ascesis yóguico-tántrica.

Junto a estos elementos generalmente hindúes existen otros más específicos del ámbito tántrico, aunque a veces puedan encontrarse en otros lugares, sobre todo en los *Purânas*. Sin embargo, habría que mencionarlos aquí, pues forman parte de la concepción tántrica infinitamente compleja del universo. Este –algo esencial– resulta de la manifestación (*srishti*) de la energía creadora, sustentadora y animadora de la divinidad, al mismo tiempo que de su energía de ocultación (*tirodhâna*), que se alza como obstáculo a la liberación; pero también de su gracia (*anugraha*) hacia los devotos a los que ofrece caminos (*adhvan*) hacia la liberación. Este esquema cósmico y humano ocupa un lugar, evidentemente, en la concepción cíclica del tiempo, con las apariciones y resorciones sucesivas del universo –los *kalpas*, dividos a su vez en *yugas*–, que es la propia de la India. Estos procesos cósmicos están igualmente presentes en los relatos cosmogónicos, que varían dependiendo de las tradiciones, pero que suelen tener la misma estructura de conjunto, que, por otra parte, también se descubre en los *Purânas*.

Aunque los relatos mitológicos y cosmogónicos son puránicos, el aspecto humano de ese juego cósmico divino –de esta metahistoria inclusiva– sería más específicamente tántrico. La evolución humana hacia la liberación no es solamente isomorfa respecto a la de la resorción cósmica (*samhâra*): se lleva a cabo con los mismos elementos constitutivos, que se interiorizan o se sitúan ritualmente en el cuerpo-espíritu de aquel para quien la iniciación, la *dîkshâ* (rito, lo veremos en el capítulo 8, en el curso del cual se imponen divisiones cósmicas en el cuerpo del adepto), abre el camino de la liberación. Vale la pena conocer la existencia de estos elementos.

Esta interpretación, este isomorfismo, de lo humano y lo divino, en un mismo movimiento de apertura al mundo, de desarrollo cósmico (o de esclavitud, pero en un mundo donde se encuentran los elementos de la liberación), para luego regresar al origen divino, pero de un divino cuya generosidad cósmica está siempre presente en el mundo, es característica de la visión divino-humana ("teo-antropocósmica") tántrica. Es posible descubrirla también, en grados diversos y bajo distintas formas, en todas las tradiciones.

Los 36 *tattvas* de los sistemas tántricos shivaítas

Shiva		
Shakti		
Sadâshiva	Shiva eterno	
Îshvara	El Señor	
shuddhavidyâ	conocimiento puro	
mâyâ	ilusión cósmica	las envolturas (*kañchuka*)
kalâ	el principio de determinación	
vidyâ	sabiduría (limitada limitadora)	
râga	apego pasional	
niyati	necesidad	
kâla	tiempo	
purusha	el Espíritu o el Señor	
prakriti	la Naturaleza	
buddhi	intelecto	
ahamkâra	egoísmo	
manas	sentido interno	
shrotra	oído	
tvâk	tacto	
chakshus	vista	
rasana	gusto	
ghrâna	olfato	
vâc	palabra	
pâni	agarrar	
pâyu	evacuar	
upastha	copular	
pâda	movimiento	
shabda	sonido	
sparsha	contacto	
rûpa	forma	
rasa	sabor	
gandha	olor	
âkâsha	éter espacial	
vâyu	aire	
tejas	fuego	
jala	agua	
prithivî	tierra	

Finalmente, habría que recordar (pues un fenómeno religioso es un hecho social) que, en el plano social, la enseñanza tántrica está en principio abierta a los hindúes de todas las castas sin distinción de sexo. Como ya hemos dicho, los *tantras* no siempre rechazan el sistema de castas. Los adeptos que han renunciado al mundo, y cuyas prácticas a veces resultan transgresoras, pueden ciertamente ignorarlo al superarlo, pero para quienes viven en el mundo, la regla general es la de respeto hacia las normas de su casta. El tantrismo no tiene nada de socialmente subversivo, sino al contrario. En cuanto a las mujeres, aunque tienen acceso a la iniciación, y se les reconoce totalmente la perfección y la energía espiritual, e incluso se las exalta, lo cierto es que no tienen acceso a las funciones rituales. Mantienen la posición menos ambigua de la mujer hindú: no hay que olvidar que la divinización religiosa india de la mujer y de su energía, la *shakti*, es masculina (según la afortunada fórmula de una antropóloga estadounidense, son «construcciones masculinas de femineidad»).

Pero ahora veamos de una manera general el conjunto de los rasgos característicos de los diversos sistemas tántricos, sobre todo shivaítas, y eventualmente vishnuitas.

Rasgos constitutivos de las tradiciones tántricas

También en esta cuestión adoptaremos una perspectiva sumaria, insistiendo sobre todo en los puntos comunes más que en las diferencias. En efecto, en una obra como esta resulta más útil ofrecer una visión de conjunto, simplificadora, desde luego, pero que magnifique lo que constituye la esencia de una teología, de una metafísica (y tal vez de una psicología) tántricas. Es decir, de una manera de ver y estar presente en el mundo, de pensar y vivir, tántricas.[3] Es preferible a ofrecer precisiones que carecerían de todo valor a menos que fuesen exhaustivas, algo imposible debido a las limitaciones de este volumen. El lector curioso podrá hallar esas precisiones (sobre todo si sabe inglés) en las obras citadas en las Notas o en la Bibliografía.

Como ya hemos visto, las creencias, especulaciones y prácticas tántricas sin duda se remontan a un fondo primigenio de creencias ligadas a los cultos de divinidades generalmente temibles, en particular de Yoginîs, y que dan la impresión de ser, desde el principio, esencialmente shivaítas. En el origen de las *samhitâs* vishnuitas pudieran haber desempeñado un papel elementos más antiguos y más o menos análogos.

Estos grupos de divinidades, estos panteones son característicos de los sistemas religiosos tántricos. Por lo general están formados por una divinidad principal, en principio asociada a otra deidad del sexo opuesto, como ocurre con Shiva y Shakti. Así pues, tenemos a Kâlî o Durgâ y Shiva o Bhairava, Tripurasundarî y Bhairava, Kubjikâ y Navâtman, etcétera. El elemento masculino puede ser el dominante, o –más a menudo– el dominado (incluso si sigue siendo metafísicamente superior). Los cultos de los *âmnâyas* de la tradición Kula son los de las diosas. A veces, la divinidad principal también puede aparecer sola, como en el caso concreto de las formas de Kâlî. Asimismo puede ser triple, como son las tres diosas supremas de la Trika: Parâ, Parâparâ y Aparâ, situadas por encima de Shiva. La diosa aparece también casi siempre rodeada de divinidades inferiores, de hipóstasis producto de ella que difunden su energía por el universo, y que en los ritos y la meditación suelen representarse de ordinario dispuestas a su alrededor en círculos concéntricos, conformando un *mandala*.[4]

Esta disposición "mandálica" de los panteones es característica del tantrismo, que multiplica las hipóstasis divinas, considerándolas activas tanto en el mundo como en el cuerpo humano, estimando también como manifestaciones divinas incluso los actos, objetos y prácticas rituales. Las *mudrâ* de Yoginîhridaya, por ejemplo, son a la vez gestos o actitudes corporales y divinidades. Por su parte, los *mantras* son dioses o diosas (se les llama entonces *vidyâ*): se dice que hay 70 millones de entidades sobrenaturales que cuentan evidentemente con una forma representada (o representable) en imagen. Pero los *mantras* también son el aspecto más elevado, la esencia, hecha palabra, de toda divinidad tántrica. Desde este punto de vista, el *mantra es* la divinidad, de ahí la apelación de Mantramârga aplicada al camino de búsqueda de poderes y de liberación que pertenece a tradiciones shivaítas y que vamos a ver. Señalemos finalmente que, aunque las divinidades tántricas estén hechas de *mantras*, entre sus características concretas también se encuentra la de estar asociadas a un lugar preciso donde tienen su santuario, por lo general denominado *pîtha*. Cada tradición cuenta así con sus lugares sagrados, sus *pîthas*: el Kula cuenta con cuatro principales. Esta dispersión geográfica de las divinidades contribuye a sacralizar la tierra de la India, como veremos en el capítulo 10.

Así pues, se da una omnipresencia del mundo divino en el que viven los seres humanos, mundos que hemos visto que están jerárquicamente vinculados a través del sistema de *tattvas*. Esta proximidad, esta interpenetración, de lo divino y del mundo manifestado, esta infusión del uno en el otro, está reforzada desde el punto de vista teológico por el hecho de que (tanto en el shivaísmo como en el vishnuismo) las tradiciones tántricas son emanacionistas. La divinidad no hace aparecer desde lo alto, por decreto creador, un universo del que permanece alejada. Trae eternamente a la existencia un cosmos que contiene el arquetipo proyectándolo fuera de ella (pero también en ella, pues es omnipresente), y ello se realiza gracias a su energía, que sostiene, impregna y anima sin cesar toda la manifestación (*srishti*), que será reabsorta (*samhâra*) en ella al final de cada ciclo cósmico.

Los sistemas no dualistas, de los que veremos los principales aspectos, se han ido levantando sobre la base de estos cultos, con todas sus prácticas y especulaciones acompañantes, con el espíritu que se acaba de describir, subrayando que no solo se trata de construcciones teológicas (o, si se prefiere, teosóficas), sino de sistemas de explicación de la aparición y el funcionamiento del mundo, de las visiones del universo y el lugar que ocupa el ser humano, que, siendo un microcosmos, reflejo y parte del macrocosmos, aspira a no seguir encadenado. Intenta salir de esta esclavitud dominando las fuerzas constituyentes y utilizándolas para su liberación. Una salvación que le libera del mundo, pero que al mismo tiempo puede ser fuente de alegrías y energía. Es la concepción tántrica de la liberación, a la que se llega a través de una ascesis: un *sâdhana*, elemento esencial de toda práctica ritual o de toda búsqueda espiritual tántrica. Esta, en el mundo shivaíta, puede realizarse mediante dos perspectivas metafísicas diferentes: dualista o no dualista.

Así, tenemos la posición en principio dualista del Shaivasiddhânta, donde la salvación puede realizarse al final de la vida por la acción ritual vivida. O la de las tradiciones no dualistas (esencialmente de la Kula) donde se puede realizar la liberación en esta vida gracias a la gnosis (*jñâna*), a la realización vivida en cuerpo y alma de la naturaleza divina, tanto del universo como del ser humano –los ritos no tienen en ese caso más que un papel coadyuvante, pero de cierta importancia–; la gracia divina también tiene su lugar, que puede ser esencial.[5] Los sistemas de culto y de creencias no dualistas son aquellos donde se encuentran los ritos más extraños, a veces transgresores, y sobre todo los desarrollos especulativos más sutiles. Ahí es, sin duda, donde mejor puede observarse la manera en que el ser humano, sumergido en un ciclo cósmico inmenso, cautivo de esta divina fantasmagoría, se identifica con su movimiento de retorno al origen primero cuando se encamina hacia la liberación. El interés de estas especulaciones, así como el carácter particular (muy "tántrico") de estos ritos, hace que a menudo se limiten a ellas las exposiciones sobre el tantrismo, lo cual ofrece una idea inexacta. También hay que tener en cuenta el Shaivasiddhânta, y por ello nosotros empezaremos por ahí.

El Shaivasiddhânta, un tantrismo muy moderado

Es la vía de la acción ritual. Es importante por dos razones. Primero porque la doctrina y las prácticas del Shaivasiddhânta están siempre presentes en la India, sobre todo en los templos del Sur. Se dispone, pues, de una forma viva de la práctica tántrica, que es posible observar en la actualidad. Y luego (y sobre todo), como ya se ha dicho, porque en las diversas tradiciones shivaítas, incluso no dualistas, se considera que conforma su doctrina común, el elemento de base, especialmente ritual, al que no hay nada más que añadir, con opiniones doctrinales diferentes, lo más complejo y esotérico de los *tantras* no dualistas.

La enseñanza del Shaivasiddhânta clásico es, si es que podemos decirlo así, de un tantrismo moderado. De hecho, ha ido evolucionando, con el transcurso de los siglos, su diferencia con las tradiciones no dualistas, afirmándose poco a poco. Al resumir brevemente aquí sus características, tiendo a coagular una realidad que ha sido cambiante hasta irse a aposentar en forma "clásica" hacia el siglo X o XII. Teniendo en cuenta estas reservas es posible decir lo siguiente: no hay demasiadas prácticas transgresoras (las ofrendas rituales son "vegetarianas" y sin alcohol). No hay divinidades aterradoras. La *shakti* no es una energía autónoma, una diosa temible, sino solamente la energía de Shiva, venerado bajo la forma apacible de Sadâshiva. Además, es (salvo rara excepción) dualista, es decir, que el alma humana y la divinidad se plantean como distintas. De igual manera, el mundo, creación de la divinidad, es distinto de esta: es obra de la *mâyâ*, fuerza omnipresente y animadora pero inconsciente, creadora de un universo multiforme donde el ser humano puede llevar a cabo su salvación. El devoto no hace más que asimilar la esencia: no se convierte en Shiva, sino en *un* Shiva, idéntico a la divinidad pero distinto de ella. Aunque en el transcurso de su búsqueda espiritual puede adquirir poderes sobrenaturales (*siddhi*) gracias a los *mantras*, no se identifica con la divinidad todopoderosa. Hay que subrayar tantos rasgos que el conjunto no corresponde a la idea que solemos hacernos del tantrismo.

La sobreabundancia ritual del Shaivasiddhânta se muestra, por el contrario, conforme a esa idea que se suele tener del tantrismo. Los *mantras* desempeñan un papel esencial, al igual que el carácter de representación mental activa y de los ritos, unos rasgos presentes en todas las tradiciones tántricas: ritos, meditación y *yoga* son también juegos de la imaginación creativa identificativa. Más adelante regresaremos a este tema, muy importante. Pero aunque el ritualismo es omnipresente, el del shivaísmo dualista se apoya sobre una noción que le es propia: es que la mancha esencial (*mala*) con la que nace todo ser humano, especie de pecado original que le encandena al ciclo de renacimientos, el *samsâra*, es una substancia (*dravya*) que no puede ser destruida, a fin de alcanzar la liberación, más que a través de una acción, y más concretamente, de una acción ritual. La principal acción ritual es la iniciación shivaíta, la *dîkshâ*, primer paso hacia la liberación. Solo la acción ritual (con, desde luego, el conocimiento que la acompaña) puede encaminar hacia la liberación, que por otra parte no se producirá más que al final de la existencia. Hay que incidir en estas concepciones, pues son distintas de las de los no dualistas (generalmente más conocidas entre nosotros). Sin embargo, habría que señalar que afirmar que solo los ritos pueden conducir a la liberación, muy clara en los *âgamas* antiguos, tiende a atenuarse con el paso de los siglos, cediendo el lugar a la gnosis y sobre todo a la devoción, *bhakti*, que a partir del segundo milenio de nuestra era se ha ido convirtiendo poco a poco en la actitud religiosa más generalizada en la India (tantrismo y *bhakti* no son en absoluto incompatibles).

Finalmente, en el plano social, algunos *âgamas* parecerían reservar el acceso a su enseñanza para los nacidos dos veces. Los sacerdotes de los templos shivaítas suelen ser, por regla general, brahmanes.[6]

Pero regresemos a las no dualistas.

Las tradiciones shivaítas no dualistas

Nos las vemos aquí como un conjunto mucho más vasto, formado por tradiciones iniciáticas diferentes, cuyas doctrinas y prácticas no son iguales, pero que, al remontarse al mismo fondo antiguo, a veces hacen referencia a los mismos *tantras*, y por ello (aparte de la base ritual del Siddhânta, eso sin hablar de lo que resulta yóguico) comparten muchos puntos en común, tanto en el plano teológico como en el de las nociones: no son sistemas estancos. Estas tradiciones suelen tener un gran interés desde el punto de vista filosófico, yóguico o místico. Ahí es donde se expresa de la manera más completa la visión teo-antropocósmica (o "cosmoteándrica", retomando la expresión de Raimon Panikkar) característica del hinduismo tántrico, «actitud existencial que fundamenta el edificio dogmático»,[7] visión que alumbra las especulaciones y que subyace a las prácticas (que veremos a continuación). Merecen ser presentadas aquí con algunos detalles. Pero eso nos ocupará más adelante. Me contentaré, pues, con ofrecer una visión general sin precisar más que algunos puntos especialmente curiosos o típicos.[8]

Estas tradiciones mantienen un vínculo con el Shaivasiddhânta porque este contiene para ellas la enseñanza shivaíta de base común, a la que añaden una enseñanza especial, esotérica, transgresora y, sobre todo, según ellas, de un orden mucho más elevado. Remiten ese punto de vista a un antiguo fondo de cultos transgresores y visionarios, a divinidades temibles –en especial Yoginîs, que ceñirían al mundo en su red de energía (*yoginîjala*)– y a los ascetas portadores de un cráneo humano (*kâpâlika*). Unos fondos donde han aparecido las sectas "proto-tántricas" de los pâshupata y los lâkula. Surgidas más tarde, estas tradiciones shivaítas conforman un conjunto, el llamado de la Kula, donde aparecen repartidas en cuatro "transmisiones" (*âmnâya*), vinculadas tradicionalmente cada una a uno de los cuatro puntos cardinales. Cada una de ellas encarna una revelación particular, con sus escrituras –sus *tantras*–, dedicadas al culto de una divinidad principal y a su panteón. Estos *âmnâyas* representan cuatro aspectos diferentes del shivaísmo no *saidhântika* (y por ello y generalmente, no dualista), pero poseen un fondo común de vocabulario, de conceptos metafísicos y teológicos, de prácticas rituales y *yoga*. Por ello es posible presentar juntas las características principales.

Los cuatro *âmnâyas* son:

—El Pûrvâmnaya, la Transmisión Oriental (o primera),[9] que parece efectivamente ser la más cercana del sistema Kaula original. Se adora en principio a Kuleshvara y a la diosa Kuleshvarî rodeados de las ocho Madres, Brahmî, etcétera. Es especialmente rica. Nos referiremos sobre todo a ella en la exposición posterior.

—El Uttarâmnâya, la Transmisión del Norte, a continuación, es sobre todo la de la tradición del Krama, donde el panteón, el culto y las prácticas están organizadas en "secuencias" (*krama*). Se adora a Kâlî bajo formas diversas. Cuenta con textos muy importantes. Ha influido en la obra de Abhinavagupta.

—El Paschimâmnâya, la Transmisión Occidental, que tiene a Kubjikâ, la diosa jorobada o encorvada, como divinidad principal, asociada al dios-*mantra* Navâtman. Esta tradición, la Kubjikâmata, es antigua. No ha desaparecido. Repasaremos algunos de sus puntos más interesantes.

—El Dakshinâmnâya, la Transmisión Meridional, es la de Kâmeshvara y Kâmeshvarî, divinidades del amor y el erotismo (*kâma*). Pero está sobre todo dedicada al culto de la diosa Tripurasundarî (con Bhairava), o a veces de Lalitâ. También se la llama Shrîvidyâ. Sin duda es el menos antiguo de los *âmnâyas*. Esta tradición sigue viva en Nepal.

Los cultos de estos cuatro *âmnâyas* difieren en varios puntos, pero comparten una misma concepción general de la divinidad, pues aunque podía existir una imagen esculpida o pintada, el oficiante debía sobre todo representársela imaginariamente: los cultos tántricos son cultos visionarios. Lo veremos en el capítulo 8, con el papel de las representaciones visuales en la *pûjâ*. Las visualizaciones también desempeñan un papel esencial en el culto del Shaivasiddhânta.

Pero en lo tocante a los *tantras* no dualistas, la visión interiorizada de la divinidad y sobre todo esencial puede conducir a la posesión. Estos cultos incluían una unión sexual ritual destinada a producir las secreciones que se ofrecían a la divinidad (asociadas a pedazos de carne y alcohol; a veces también a los excrementos). La absorción de estas materias oblatorias (*dûtî*) transgresoras debía ayudar al adepto a trascender su yo y a divinizarse. Las tradiciones Kaula consideraban esta unión con una compañera iniciada, una "mensajera" (*dûtî*), como uno de sus rasgos característicos. Estos ritos sexuales se realizaban a veces con motivo de reuniones de parejas de adeptos, llamadas *yoginîmelâpa*, donde las *dûtîs*, las compañeras de los *yogin*, encarnaban a las Yoginîs. En el capítulo 29 del *Tantrâloka* de Abhinavagupta aparece descrita una práctica sexual, ofrecida como el "gran sacrificio de la Kula", y por tanto con un alcance ritual y espiritual excepcional. De hecho, en la época de este último (hacia el año 1000), la unión ritual ya no pretendía generalmente producir secreciones con uso sacrificial, sino, desde una perspectiva más metafísica (y socialmente distinta), conducir a través del orgasmo al rebasamiento de los límites del yo empírico y a la fusión con la divinidad, al mismo tiempo que a señalar el rechazo ritual de las reglas de la sociedad de castas.

En el plano, no social, sino ritual y mental, la transgresión era, para las tradiciones shivaítas no dualistas, un rasgo esencial que las definía respecto a las demás, hasta tal punto que la expresión de "práctica no dualista" (*advaitâchâra*) designaba para ellas las prácticas transgresoras en cuanto rechazo de la dualidad (*dvaita*) de lo puro y lo impuro. Recordemos igualmente que, para los adeptos de estas tradiciones shivaítas no dualistas, las Yoginîs no actuaban más que en el universo del mundo exterior y de los espíritus. También las energías inherentes a los seres humanos, dueñas y señoras de sus sentidos y que gobernaban sus afectos, que adquirían a través de esta divinización una intensidad y dimensión sobrenaturales, pudiendo conducir a una identificación de la consciencia individual con la de la divinidad suprema, ilimitada (ahí también observamos una trascendencia de lo sexual).

Aunque compartían este espíritu y aspiración, los cultos de los cuatro *âmnâyas* diferían también en sus panteones y en ciertas prácticas, además de en sus desarrollos metafísicos.

El primero, el Pûrvâmnâya, es donde se forma el Trika, así llamado en razón del papel que desempeñaban las tríadas, en especial la de las tres diosas Parâ, Parâparâ y Aparâ (la Suprema, blanca, inmutable; la Suprema-no-Suprema, roja y activa; la No-Suprema, negra y furiosa), mostrando los tres aspectos de un absoluto a la vez trascendente, activo y vivo. No poseemos representación material alguna de esas diosas que, de hecho, aparecen más bien como entidades metafísicas, y su culto está descrito (en el *Tantrâloka*, por referencia al Devyâyâmalatantra) bajo la forma de una práctica meditativa en la que el adepto las imagina ocupando un lugar sobre lotos colocados encima de las puntas del tridente de Shiva (aparece descrito aquí en el capítulo 5). Parâ podría también ser adorada a solas como Mâtrisadbhâva, la Esencia de las Madres, reuniendo en ella todas las energías de las Yoginîs. Pero los textos de base de la Trika incluían el *Jayadrathayâmala*, y por tanto el culto de Kâlî bajo las formas aterradoras de Kâlasamkarshini, la Destructora del Tiempo, o de Vîryakâli, Kâlî señora de las cinco energías, negra, demacrada, con seis cabezas, rodeada de llamas, cabalgando a Kâlâgnirudra, el Rudra del fuego de la destrucción del universo, divinidades cuya energía ilimitada acaba por aniquilarse en el absoluto sin forma que es su esencia. En realidad, en las porciones de estos *tantras* consagrados al culto de estas diosas no hay más que descripciones y prescripciones rituales. También aparecen ya elementos teológicos y metafísicos que conformarán la base de desarrollos exegéticos posteriores.

En el Uttarâmnâya –siempre más cercano que el Trika del antiguo fondo kâpâlika– también se trata del culto de Kâlî. Aquí las diosas presentan una apariencia todavía más aterradora, a menudo con cabezas de animales, además de su rostro principal antropomorfo. El *tantra* más importante es el *Ciñcinîmatasârasamuccaya*. Pero este *âmnâya* es interesante sobre todo por el desarrollo de la escuela Krama, caracterizada por su sistema pentádico. En efecto, se adoran a grupos (*cakra*) de divinidades femeninas cuya actividad se desarrolla en fases (*krama*) cíclicas cuya pulsión asegura la vida del cosmos al mismo tiempo que la de la consciencia. Estas fases son la emisión (*srishtî*), el mantenimiento (*sthiti*), la resorción (*samhâra*) y lo indecible (*anâkhya*), también denominada la fase de las Kâlîs (*kâlikrama*), una fase donde lo que ha formado las fases precedentes desaparece en la pura consciencia omnipresente. Hay que añadir una quinta fase, absolutamente trascendente, la de la pura Luz (*bhâsakrama*). El culto Krama incluye el de las 64 Yoginîs. Lo interesante de esta variante Krama de un ciclo cósmico generalmente hindú es que se pone en marcha, no a través de una divinidad principal, sino mediante grupos de Kâlîs, y que se concibe tanto como humano y cósmico al mismo tiempo. Son estos los elementos que volveremos a encontrar en los desarrollos exegéticos ulteriores.

La Diosa Kubjikâ, del Pashimânâya, tiene la particularidad de estar jorobada o encorvada *(kubjikâ)* y de tener por compañero al bello dios-*mantra* Navâtman, el Nónuplo *–HSKSMLVRYÛM–* que, para ser un *mantra*, no deja de ser una apariencia, y como todas las divinidades tántricas posee partes constitutivas más o menos concretas: "rostros" (*vakta*) o "miembros" (*anga*), que, por otra parte, también son *mantras*. Su culto sigue vivo en Nepal, donde es la diosa secreta de los newar, la antigua población del valle de Katmandú.

Los *tantras* del Dakshmâmnâya que poseemos están sobre todo consagrados a la diosa Tripurasundarî, la Bella de los tres mundos, asociada a Bhairava, por lo general representada con un aspecto apacible, vestida de rojo y sentada en un loto. El *mantra* de 15 sílabas, que es la forma en palabra, es la *shrîvidyâ*. Esta diosa cuenta con la particularidad de disponer también de una forma diagramática, la del *shrîchakra* (reproducida en la pág. 229), que la simboliza en su actividad cósmica, creando el universo y llenándolo de su energía, para luego reabsorberlo en ella. Se sienta en el centro, rodeada de las divinidades que emanan de ella y que, repartidas concéntricamente en los nueve recintos sucesivos del *shrîchakra*, se escalonan jerárquicamente, desde el plano supremo –en el centro–, hasta el nivel terrestre, en el cuadrilátero formando la parte externa del *chakra*. En el culto de Tripurasundarî (que incluye en principio una ofrenda de carne y alcohol, pero ninguna unión sexual)[10] no se la representa con una imagen, sino que se utiliza este *chakra* como fundamento ritual, imaginándola presente con su panteón gracias a los *mantras* ahí situados. Meditado por el adepto, el *shrîchakra* le permite, al recorrerlo desde el centro hacia el exterior (o inversamente, de la zona externa hacia el centro), seguir, al identificarse el movimiento cósmico creador y luego destructor de la Diosa. En la forma vedantizada de Shrividyâ que se estableció a partir del siglo XVI en el Sur de la India, quien pasa a ser adorada de esta forma es la diosa Lalitâ.

La Diosa

Los cuatro *âmnâyas* que acabamos de ver tienen una diosa como divinidad principal, aunque Shiva/Bhairava suela poseer por lo general una supremacía metafísica de principio. Se trata, pues, de tradiciones que pudieran denominarse *shâkta*, dado que las diosas son formas personalizadas de la *shakti*, encarnaciones de la Energía divina. Esta es una, omnipresente y soberana. Las diversas diosas adoradas en los cultos privados o públicos son –a pesar de sus diferencias a veces muy marcadas– solo formas particulares: *ek hi mâtâ hain*, se dice en hindi: «Todas las Madres no son más que Una». Y precisamente es en este sentido como hay que hablar de "la Diosa". Existe ahí un aspecto esencial, podríamos decir que original, del hinduismo tántrico, que se remontaría sin duda a los antiguos cultos de las Yoginîs y que, por otra parte, no es tántrico, sino generalmente hindú. Estuvo presente desde época antigua: el *Devîmahâtmya*, que forma parte del *Mârkandeyapurâna*, y que tal vez date del siglo VI, es una exaltación de Durgâ. Sigue estando muy presente en la India actual, donde los cultos de diosas son muy numerosos. Incluso aparecen otros nuevos. Pueden hallarse *pîthas*, los santuarios de la Diosa, por toda la India; asegurando la presencia viva de la energía divina, conforman una geografía sagrada que el devoto *tântrika* puede recorrer en peregrinación o bien interiorizar viviéndolo como presente en su cuerpo (retomaré esté tema en el capítulo 10, cuando hablemos de los lugares tantristas). A las grandes diosas –Kâlî, Durgâ y sus variaciones– se añaden las formas locales de las diosas de territorios o clanes.

Los textos testimonian esta presencia femenina divina: recopilaciones de himnos a su gloria, exaltación de sus "devaneos" con Shiva, listas de mil nombres (*sahasranâma*) que se le dan, y de las mil formas que puede adoptar, tratados metafísicos acerca de su papel divino y cósmico, etcétera. Incluso en el *Pâñcarâtra*, la Diosa tiene fieles, como testimonia, por ejemplo, el *Laksmîtantra*. Acerca de este carácter ambiguo, a la vez atrayente y peligroso de las divinidades femeninas hindúes, podría señalarse que, como todos los *tantras*, los textos *shâkta* han sido redactados por hombres. Se trata, pues, de la visión masculina índica de la mujer: fuente de energía, pero también devoradora. Apuntemos finalmente que aunque a la Diosa los devotos suelen llamarla Madre, no es de ninguna manera una diosa-madre en el sentido propio del término: es una creadora cósmica; no es procreadora, no tiene hijos (salvo, es cierto, en el caso de Pârvatî, pareja de Shiva y madre de Ganesha, pero el suyo es un caso excepcional, y por otra parte, acabó mal, la pobre...). Las distintas Madres tántricas, las *Mâtrikâ*, no tienen nada de maternales (¡al contrario!). Volveremos, en el capítulo 10, a repasar las imágenes de algunas diosas.

Los desarrollos postescriturarios, las exégesis

Aunque los *tantras* de los *âmnâyas* de la Kula y los *âgamas* del Shaivasiddhânta contienen lo esencial de la enseñanza tántrica shivaíta, lo cierto es que ofrecen escasas consideraciones teóricas. Sin duda pueden hallarse ciertas nociones importantes, pero es en la obra de los comentaristas, de los exégetas de estos textos, donde se descubren las especulaciones filosóficas, metafísicas y místicas más importantes y más interesantes.

Esta literatura, que se desarrolla esencialmente entre los siglos IX-XIV, proviene sobre todo de Cachemira. Merece ser especialmente presentada, pues en ella radican varios de los aspectos más originales del pensamiento indio, algunos de cuyos maestros fueron *tântrikas* (como Utpaladeva y Abhinavagupta, por citar solo a dos). Además, gracias a ella la enseñanza shivaíta tántrica se ha extendido más allá del círculo restringido de los ascetas renunciantes, para alcanzar el círculo más amplio de los shivaítas que viven en el mundo.

En estas obras puede hallarse todo lo que la visión tántrica ha podido aportar de nuevo, de vivo, al fondo heredado de las *Upanishads*. Aunque estas diversas exégesis tienen en común con el Vedanta que no son dualistas, en cambio difieren en otras cuestiones y, sobre todo, están animadas por un espíritu muy diferente: ¡no hay que mezclar Vedanta y Tantra! Al interés propio de estos desarrollos filosóficos habría también que añadir el hecho de que han sobrevivido, mientras que los cultos que les proporcionaran su punto de partida desaparecieron. Es el caso, por ejemplo, de la Trika, que ha subsistido entre algunos hasta la actualidad como sistema de pensamiento o enfoque místico, mientras que el culto público de sus tres diosas, o el de Svacchanda Dhairava, ya no se celebra desde hace siglos.

Los *tantras* así comentados son evidentemente tanto los del Shaivasiddhânta como los de Bhairava. No obstante, no trataremos más que las exégesis de estos últimos, pues son, con mucho, las más interesantes (y, por otra pare, las más numerosas). Podría decirse que en su punto de partida se hallan los *Shivasûtras* y los *Spandakârikâs* atribuidos a Vasugupta (siglo IX), dos obras esenciales en muchos aspectos. La primera es muy breve: únicamente 67 aforismos, siendo el más largo de solo seis palabras. Tan solo un comentario podría aclarar el sentido. El más conocido y más digno de leerse es el de Kshemarâja (siglo XI): incide en el alcance místico, trata de la meditación, de los *mantras* y de la *kundalinî*, haciendo referencia a otros muchos textos. La otra obra, los *Spandakârikâs* (que suman 52 estrofas y del que existen cuatro comentarios),[11] es el texto de base de lo que a veces se denomina la escuela de Spanda, para quien la divinidad, concebida como Consciencia suprema omnipresente, está animada por un dinamismo infinito, por una vibración *(spanda)*, que es su propia naturaleza. Realizar místicamente que esta vibración también conforme la naturaleza esencial de todos los estados de consciencia humanos es alcanzar la liberación. Lo que se dice en los

Spandakârikâs de la naturaleza y el funcionamiento de los *mantras* es especialmente iluminador.[12]

La Pratyabhijñâ, "el Reconocimiento", es otra tradición exegética, más filosófica e incluso más cercana de la ortodoxia que las anteriores, y que además tiene a Shiva –en lugar de una forma de la Diosa– como divinidad suprema. Fue formulada en primer lugar por Somânanda (c. 900-950) en la *Shivadrishti* (*La visión de Shiva*), y luego refinada por su discípulo Utpaladeva, maestro también de Krama y Trika, en una obra muy notable, las *Îshvarapratyabhijñâkârikâ* (*Estrofas sobre el reconocimiento del Señor*),[13] acerca de las que Abhinavagupta (discípulo indirecto de Utpaladeva) escribiría dos largos comentarios (el *Îshvarapratyabhijñâvimarshini* y el *Îshvarapratyabhijñâvivriti-vimarshinî*), que forman parte de las obras filosóficas más notables de la India. Para la Pratyabhijñâ, la liberación se obtiene alcanzando el reconocimiento (*pratyabhijñâ*) de la identidad del ser (*âtman*) y del Señor supremo, Shiva. El yo transpersonal así realizado contiene en sí la totalidad de los fenómenos subjetivos y objetivos y una síntesis sin dualidad, donde la distinción entre aquí y allí, yo y los demás, se trasciende en la felicidad sin límites de una fusión en el absoluto. Varios aspectos de la doctrina de la Trika que desarrollará Abhinavagupta –acerca de los planos de la consciencia y del ser, o de la memoria, por ejemplo– proceden de la Pratyabhijñâ.

Pero hay otra tradición exegética que también ha influido en el Trika y que sobre todo ha contribuido a la síntesis de Abhinavagupta: la del Krama (salida, como hemos visto, del Paschimâmnâya), tanto por su sistema pentádico como por el papel atribuido a las Kâlîs. El Krama relaciona cada una de sus cinco fases con un plano de la consciencia humana, que va desde la toma de consciencia del mundo a la fusión en el vacío del absoluto. Cada una de estas fases está además presidida por una diosa y animada por Yoginîs, con doce Kâlîs animando los sentidos, lo que proporciona a la actividad mental y sensorial humana una dimensión energética divina. Abhinavagupta ha consagrado 12 himnos a estas Kâlîs. La exégesis del Krama ha aparecido expuesta en numerosos tratados antiguos inéditos, pero también en la *Mahârthamañjarî* de Maheshvarânanda (siglo XIV).[14]

Y finalmente está el Trika, que (tal y como podemos conocerlo) es, en muchos aspectos, la tradición shivaíta más rica. Además, ha sido ilustrada por la obra de Abhinavagupta (c. 975-1025), notable por su extensión y calidad y que, por haber servido de referente a las demás tradiciones no dualistas, ocupa una especie de posición central, incluso es un ejemplo. Apenas es posible resumir su enseñanza. No obstante, he aquí algunos puntos importantes, que por otra parte también pueden encontrarse desarrollados en los tres sistemas precedentes.

En primer lugar, la divinidad o Realidad suprema, Shiva, es concebida como pura Consciencia (*samvit, cit*), que se manifiesta a través de su propia energía, su *shakti*, como la totalidad del cosmos que, aunque diferente, no es externa: todo es en Dios. Esta *shakti*, energía ilimitada, es la Diosa. Su naturaleza también es la de la Palabra, *vâc*. Activa, la divinidad está animada por un dinamismo interno, una sobreabundancia rebosante, una efervescencia espontánea que expresa sobre todo el término *spanda*. Es concebida como una fulguración luminosa (*prakâsha*) que, por su aspecto de energía, se hace consciente de sí misma (*vimarsha*): es, por tanto e indisolublemente, luz y consciencia. Además es libre, pues la libertad absoluta (*svâtantrya*) "es la vida misma de la Consciencia". Por ello al Trika se le denomina a veces *svâtantryavâda*, "doctrina de la libertad". Omnipresencia, trascendente e inmanente a la vez, la Realidad absoluta, Consciencia suprema, sin atentar contra su propia naturaleza, su pureza y su libertad totales, hace aparecer en ella límites, a fin de conducir al mundo a la existencia y hacer existir a las criaturas que, en esencia, poseen la misma naturaleza que ella, pero que, cegadas por la nesciencia (*ajñâna*), no lo saben. Triunfando sobre esta ignorancia es como llegan a reconocer (*pratyabhijñâ*) que su propia naturaleza es la misma de la Consciencia absoluta, de Shiva. Así es como los seres limitados escaparán a la transmigración y realizarán la liberación. Esta, que algunos esperan lograr en esta vida (*jîvanmukti*), es una inmersión fundente en la divinidad, compenetración (*samâvesha*) con ella. El ser liberado se identifica verdaderamente con Shiva (o con la Diosa), trascendiendo el mundo a la vez que lo domina.

Un rasgo característico de la Trika, esencial respecto a su visión del mundo y a sus concepciones tanto psicológicas como concernientes a la búsqueda de la liberación, es el de la no dualidad de la consciencia (*samvidadvaya*): en realidad no hay más que una consciencia divina, omnipresente, de la que las consciencias individuales no son más que aspectos; quien actúa en nosotros siempre es Dios. Muchas de estas ideas difieren de las del Vedanta.

Desde una perspectiva así, la gracia divina (*anugraha*) –o descenso de la energía (*shaktipâta*)– por la cual se manifiesta esta acción, tiene desde luego un papel fundamental: de ella depende nuestra salvación. De tal manera que, en el *Tantrâloka*, Abhinavagupta distribuye las vías o métodos de la liberación según la intensidad de la gracia recibida por el adepto, siendo la más elevada aquella donde la gracia es más intensa: la liberación es inmediata, sin que sea necesaria ninguna ascesis espiritual o ritual. Cuanto más débil es la gracia, más necesarias son las prácticas ascéticas de todo tipo. A este respecto resulta característico el hecho de que, para el Trika, el maestro espiritual más eminente sea aquel que es espontáneamente iniciado por su divinidad de elección –la "divinidad de su consciencia", *svasamvid-devatâ*–, sin que sea necesaria consagración ritual alguna (aquí volvemos a encontrar, digámoslo de paso, la tensión que habita en general en el mundo hindú entre la acción ritual o el *yoga* y la devoción, el esfuerzo espiritual y la gracia).

En cuanto al mundo objetivo, aunque no es irreal pues es creación divina, no posee más que una realidad relativa, empírica, no consistiendo más que en imágenes que la Consciencia divina proyecta en una apariencia luminosa (*âbhâsa*) sobre ella misma, como si se tratase de una pantalla, o como un reflejo en un espejo. Siendo así el mundo una manifestación de la divinidad, animado y permeado por ella, es natural que pueda ofrecer caminos para realizarla: es una de las justificaciones del principio tántrico de que se pueden utilizar los medios del mundo (el cuerpo, los sentidos y en especial el sexo) para realizar la liberación. Añadamos finalmente que en el Trika es donde se encuentran las especulaciones más completas y sutiles sobre la palabra, *vâc*, fuerza femenina que estos textos sitúan, como lo hace el *Veda*, en el origen y fundamento de todo. Es la propia energía de la Consciencia divina, la que crea el universo, lo mantiene y anima penetrándolo con su energía. Así se van describiendo, según diversos *tantras*, diferentes procesos de aparición del sonido en el ser humano o en el universo, sea porque los elementos de la palabra, y con ellos los constituyentes del cosmos, nacen con el ascenso cósmico y humano de la *kundalinî*; o ya sea porque los planos del universo aparecen con los de la palabra (teoría recogida de la filosofía de la gramática) que, según el mismo proceso, nace y después de despliega en el ser humano. También existe una cosmogonía de la palabra, "la emanación fonemática", que hace aparecer los elementos constitutivos del cosmos según nacen en Shiva, en el orden de la gramática, es decir, mediante tantos actos interiores de la consciencia creadora, los 50 fonemas del sánscrito. Y asimismo hay, finalmente, infinitas y complejas especulaciones y prácticas relativas a la naturaleza, al poder y el uso de los *mantras*. Ahora bien, todo esto, y en particular los *mantras*, conforman el núcleo mismo de la realidad y de las prácticas tántricas. (Repasaremos todas estas cuestiones más adelante, sobre todo en el capítulo 7, que trata de la palabra tántrica.)[15]

Todas estas exégesis son esencialmente especulativas. Son constructos teológicos y metafísicos. No se ocupan mucho de los ritos, que no obstante son muy importantes en el tantrismo. Su descripción ocupa, en efecto, un importante lugar en los *âgamas* y *tantras* (o en los textos nâthas), así como en su comentarios, a los que se añaden los compendios, resúmenes o manuales de ritual, las *paddhatis* (cuya importancia ya subrayó la *Somashambhupaddhati* shivaíta), o incluso en los tratados de *mantrashâstra*. En el *Tantrâloka*, 20 capítulos de un total de 37 describen las prácticas rituales, y el 291 trata en particular de ritos sexuales. En estas exégesis se encuentran algunas de las especulaciones intelectuales más sutiles y brillantes de la India. No se insistiría nunca lo suficiente en la originalidad y calidad de la contribución tántrica (hindú, pero también budista) al pensamiento índico.

Los nâthas

En el conjunto del ámbito shivaíta tántrico habría que señalar el aporte de los nâthas, pues presenta un considerable interés, que tal vez se deba menos a la originalidad de esta enseñanza que al lugar que ocupa y a su influencia desde la antigüedad hasta nuestros días. Son muchos los sitios donde se encuentran elementos de doctrina o de práctica nâtha, así como referencias a los míticos fundadores del nâthismo, Matsyendranâth y Gorakhnâth (que habría vivido en el siglo XII). Metafísicamente, los nâthas son no dualistas.

Se describe a Shiva y Shakti como sexualmente unidos, aunque Shiva ocupa una posición dominante. La *shakti* nunca fue adorada como la Diosa. Aunque el papel del cuerpo, microcosmos y terreno de la salvación, es esencial, las prácticas rituales no suelen ser transgresoras. Todo ello explicaría que a veces no se considere esta tradición como tántrica. Pero lo es por su espíritu y por el comportamiento de sus adeptos, eso sin hablar del lugar que diversas escuelas tántricas dedican a sus prácticas y enseñanza: ya señalamos anteriormente la importancia de sus textos.

La penetración del *hathayoga* en el ámbito tántrico se debe sin duda a los nâthas, que son esencialmente *yogin*. Su influencia se ha visto acrecentada por los estrechos vínculos que han mantenido hasta época reciente con el poder político.[16] Han sobrevivido hasta la actualidad bajo la forma de los kânpatha (que volveremos a encontrar en el capítulo 11). La tradición de los nâthas aparece a veces descrita como la de los "84 *siddhas*", esos seres sobrenaturales, "perfectos", que poseen poderes mágicos (*siddhis*),[17] relacionados con la alquimia, una tradición tanto budista como hindú.

El 'Pâñcarâtra' vishnuita

Del vishnuismo tántrico hay bastante menos que decir en comparación con el shivaísmo, cuya amplitud y variedad no tiene parangón. El mundo tántrico es sobre todo shivaíta-shâkta. El lado vishnuita es menos original e inventivo. En muchas cuestiones, sobre todo rituales, no se diferencia mucho del shivaísmo, por el que se ha visto muy influido. Se podría pensar que esos parecidos se deberían a que vishnuismo y shivaísmo nacen ambos de un sustrato a la vez brahmánico y autóctono. La influencia shivaíta parece, no obstante, predominante; como dijo Alexis Sanderson, el período tántrico indio es, de hecho, una era shivaíta (un *Shaiva age*).

El *Pâñcarâtra* no es nada transgresor, incluso tiende (ya lo señalamos) a ser cercano a la ortodoxia brahmánica. Se basa en la abundante, y de calidad, literatura de las *samhitâs*. En los *Purânas* hay porciones tántricas vishnuitas. Hemos visto que también cuenta con obras en lenguas vernáculas, y que sigue siendo importante en la India actual. Por ello, no lo podemos ignorar.

El *Pâñcarâtra* no presenta la misma diversidad de formas divinas que el shivaísmo. Sus divinidades son más apacibles. También está más cerca del hinduismo puránico. El dios supremo, Vishnu/Nârâyana, venerado bajo el nombre de Vasudeva, crea y destruye los mundos, y su acción se describe produciéndose en el marco (propio de todo el hinduismo) de los ciclos cósmicos de los días y noches de Brâhma. Del dios emanan tres hipóstasis o emanaciones, los *vyûha*: Achyuta, Satya y Purusha (o Samkarshana, Pradymna y Aniruddha), de donde provienen a continuación los diversos planos del cosmos, el más inferior de los cuales es obra de Mâyâ, que es Shakti, la Energía divina (a veces venerada como la diosa Lakshmî). A partir de Mâyâ tenemos la Naturaleza, *prakriti*, seguida de los *tattvas* constituyentes del universo. El *Pâñcarâtra* solo suma 24 (25, como en el Sâmkhya, si se añade *purusha*). Tenemos aquí menos sutilidades teológico-cosmogónicas que en las escuelas shivaítas. También está más cerca de los *darshana* de la India ortodoxa.

Su concepción del cosmos, de los "mundos", del papel de la palabra y de los *mantras*, su visión de la estructura del ser humano, del papel del *yoga* o de la búsqueda de la liberación no se diferencian mucho de las del shivaísmo. También enumera tres niveles de la manifestación (*srishti* o *sarga*): primero puro (*shuddha*), en el plano divino; después puro-impuro, en el plano de *mâyâ*, y luego impuro, con la aparición de los elementos constitutivos del universo (los *tattvas*). Pero, por otra parte, las cosmogonías no son exactamente las mismas en todas las *samhitâs*. También hallamos cosmogonías de la palabra, de los planos cósmicos nacidos de la divinidad con la palabra, a partir de una "gota" (*bindu*) de energía fónica, de donde proceden los fonemas del sánscrito, y por tanto el mundo manifestado. Al igual que en el *mantramârga*, el mundo existe solo si ha sido enunciado primero, "dicho", en el plano divino.

Parte II

La realidad/El mundo tántrico

El mundo tántrico se nos muestra sobre todo como un mundo de gran proliferación ritual. Los *tântrikas* son, en sus textos y sus prácticas, hiper-ritualistas. Por otra parte, como hemos visto, uno se siente tentado a definir el fenómeno tántrico a partir de su ritual. Pero los ritos son actos realizados corporalmente mediante gestos y actitudes, con a veces actos efectuados en o con el cuerpo, que está sexuado. Además, implican siempre actos de palabra, tanto si es pensada como enunciada, y ese es en realidad el principal elemento: no hay rito sin presencia de la palabra. Por ello, primero es necesario abordar el cuerpo, después del aspecto sexual, para a continuación pasar a la palabra tántrica y, con motivo de ello, a los *mantras*. Solo después nos ocuparemos de los ritos que crean todo un universo, poniendo en movimiento, con ayuda de los gestos, la energía de la palabra.

Los cuatro capítulos que vienen a continuación estarán, pues, consagrados sobre todo a las prácticas. Pero –como hemos dicho– no hay práctica ritual o corporal que no sea sostenida, orientada, explicitada y justificada por una ideología, por creencias: no se ejecuta ningún rito, ni se hace *yoga*, ni hay unión sexual, ni se pronuncia *mantra* alguno sin saber lo que se hace y por qué se hace, aunque el acto realizado o la palabra enunciada carezcan en sí mismos de sentido explícito. Así pues, en cuanto a las prácticas deberemos tratar con nociones o doctrinas: las prácticas son vividas y pensadas. Son actos que hay que aprehender en su totalidad. Esta totalidad, recalquémoslo, se experimenta corporalmente: hay una experiencia, una visión vivida del cuerpo que le es propia al tantrismo (no sin desbordarlo, por otra parte). Es fundamental. También ahí aparece, en particular, el lado transgresor de la vida y el pensamiento tántricos. El universo tántrico, finalmente, no es más que cuerpo, palabra y rito. Asimismo cuenta con una dimensión espiritual, mística, que en muchos sentidos es un aspecto esencial.

5. El cuerpo tántrico

«Mi cuerpo es esta porción del universo
que mi pensamiento puede modificar.»
C.G. LICHTENBERG

Vivir, "existirse" como *tântrika*, es vivir en un universo que se siente permeado por la energía divina, un conjunto energético en el que el cuerpo se halla inmerso, formando parte de él y reflejándolo en su estructura. Un cuerpo donde las fuerzas sobrenaturales, las divinidades, están presentes, animándolo y vinculándolo al cosmos; un cuerpo de estructura y vida divino-humana. Un cuerpo que, además, es un cuerpo yóguico.

Tantrismo y *yoga* son, en efecto, indivisibles. La importancia del cuerpo en el mundo de los *tantras* es, de hecho, tan grande que podrían tratarse casi todos los aspectos del ámbito tántrico en términos del cuerpo.[1] Por otra parte, la India le ha concedido, desde los orígenes, un lugar particular en su visión del mundo y el ser humano. El *yoga* en concreto es una prueba. No hay liberación, dice un antiguo texto, más que para un ser encarnado. El tantrismo, que admite los medios del mundo para encaminarse hacia la salvación, no podía sino acentuar esta importancia, llevándola al extremo.

En las tradiciones shivaítas de la Kula hay deidades que habitan el cuerpo y animan los sentidos. En todas las tradiciones se presentan en el cuerpo las divisiones cósmicas y la geografía mística: «Aquí, en mi cuerpo, se encuentran el Ganges y el Yamunâ [...], Prayâg y Benarés [...], aquí están todos los sitios sagrados. No he visto nunca un lugar de peregrinación y de felicidad semejante a mi cuerpo», decía Saraha en el siglo XII. Sí, es verdad, fue un *sahajiyâ* budista, pero un *tântrika* hindú podría haber dicho algo parecido, pues casi siempre uno se encamina hacia la liberación a través de una ascesis a la vez corporal y mental de dimensión cósmica.

Pero en realidad –hay que decirlo– la manera tántrica de concebir el cuerpo y de vivirlo no es más que una variante (especialmente intensa, tal vez ritualizada y algo extraña) de una forma general, tradicionalmente índica, de concebir y, por tanto, de vivir el cuerpo.[2] «Los dioses están en el cuerpo como vacas en un establo», decía ya el *Atharva-veda*. El cuerpo ha sido desde el principio –desde las antiguas *Upanishads*– considerado como un microcosmos; y a veces, el macrocosmos, a su vez, como un cuerpo inmenso.[3] En el mundo hindú (¿índico?), sea tántrico o no, cuerpo y cosmos no se separan.

Un *tântrika* practicante siempre es un *yogin*, pues su ascesis –su *sâdhana*– siempre incluye prácticas somato-psíquicas que son yóguicas. Como veremos, gran número de ritos (en especial el culto de las divinidades, la *pûjâ*), e incluso las prácticas espirituales donde se utilizan *mantras*, revelan *yoga* o bien incluyen algunos de sus elementos. Siempre los acompaña un enfoque, una experiencia vivida, yóguico del cuerpo, sosteniéndolos y estructurándolos. Por otra parte, los textos tántricos, cuando describen actos rituales o de otro tipo que hay que realizar, suelen denominar *yogin* a quien debe ejecutarlos. Y los *âgamas* shivaítas siempre comportan, en principio, una sección dedicada al *yoga* (*yogapâda*).[4] Es una cuestión importante que no habría que perder de vista.

El 'yoga' tántrico: el cuerpo yóguico

Este *yoga* es el que normalmente se ha dado en llamar *hathayoga*, que algunos prefieren denominar *kundalinî-yoga* en razón del papel especial que desempeña la *kundalinî*, esa energía cósmico-divina presente en el cuerpo que lo habita, transformándolo. Se caracteriza por el hecho de que su práctica reposa en una estructura imaginaria concebida y sentida como algo presente en el cuerpo físico (a veces desbordándolo), formado por centros (llamados *granthi, chakra* o *padma*; es decir, nudo, rueda o loto) y canales, los *nâdî*, por los que circula el hálito vital, el *prâna* (y con él la energía divina, los *mantras* y las divinidades).

En principio, estos canales suman 72.000, pero tres son los principales, de los cuales la *sushumnâ*, eje vertical que va desde la región perineal hasta la coronilla de la cabeza, siguiendo el cual puede elevarse la *kundalinî*, cuyo ascenso conduce a la liberación, sería el más importante. A lo largo de este eje (o, más exactamente, de este trayecto) se hallan alineados los *chakras* principales, que van desde el *mûlâdhâra*, a la altura del perineo, a la "abertura de Brahmâ", en la coronilla del cráneo, e incluso más allá.[5] No es necesario que describamos aquí esta estructura, ya conocida.[6] No obstante, sería útil recordar que la *sushumnâ* tiene, a causa de su situación en el cuerpo, un significado del que carecen los otros *nâdî*: es el "lugar central" (*madhyadhâman*) asimilado a veces al corazón (no físico, sino místico), y por tanto al lugar donde se viven las experiencias más elevadas corporalmente.

En cuanto a esta estructura somática imaginal, como está creada por el pensamiento del *yogin*, siendo pues imaginaria e inmaterial, se la suele llamar cuerpo sutil: ese es el uso corriente. Pero se trata de un uso lamentable. En efecto, el cuerpo sutil estrictamente hablando (*sûkshma sharîra* en sánscrito) es otra cosa muy distinta: es el elemento transmigrador del individuo, formado por algunos *tattvas*, que no se visualiza. No es, como en este caso, una estructura interiorizada que no existe más que junto con el cuerpo físico y que hay que representarse (e incluso, en ciertas ocasiones, sentir en sí mismo). Así pues, sería más conveniente denominarlo cuerpo yóguico o cuerpo imaginal, y eso es lo que aquí haremos.

Esta imagen interiorizada es esencial, pues casi todas las prácticas meditativas y rituales tántricas que tienen por objeto alcanzar los planos más elevados de consciencia y la liberación, la utilización de *mantras* –e incluso ciertas etapas de la *pûjâ*–, descansan en ella. No hay perfección ni salvación para un ser que tiene cuerpo, un ser encarnado. La perfección y la liberación son para él el ascenso hacia un estado más elevado que, con el cuerpo, se alcanza a través de las sucesivas etapas del movimiento ascendente de la *kundalinî*, cuya imagen interiormente percibida resulta, pues, necesariamente presente. En efecto, en las tradiciones tántricas hay vías de liberación en las que la *kundalinî* no interviene mucho. Pero casi nunca está prácticamente ausente, ya que a través de ella se le manifiesta al *yogin* la energía divina liberadora. El movimiento hacia la liberación siempre es ascendente (la metáfora ascensional, cuando se trata de la liberación, no tiene la misma importancia en otros lugares como en la India). Sin duda, en la mayoría de los sistemas tántricos la gracia divina (o "descenso de la energía", *shatipâta*) puede producir estados místicos sin que el cuerpo imaginal intervenga sensiblemente, pero se trata de casos particulares. La imagen de la *kundalinî* en ciertas representaciones meditativas o rituales suele estar siempre presente.[7] Sin duda el *yoga* no siempre se ha practicado tan solo con fines religiosos y espirituales. Lo ha sido (y lo sigue siendo) por su efectos físicos, corporales (salud, longevidad...) o para obtener poderes sobrenaturales, mágicos, de todo tipo, como para entrar en otro cuerpo.[8]

El *yoga* tántrico (como sin duda el que le ha precedido) no se utiliza siempre y solo con vistas a la perfección espiritual y la salud.

En realidad se ha practicado (y se sigue practicando) por sus efectos físicos y corporales (longevidad, "inmortalidad", fuerza), así como por los poderes sobrenaturales de todo tipo que puede conceder al practicante.

Respecto al *yoga* tántrico, en primer lugar habría que señalar que difiere del *yoga* "clásico" de Patañjali en que no se trata de un "*yoga* de ocho ramas" (*ashtângayoga*), sino generalmente solo de seis (*shadanga*). Los dos elementos preliminares, *yama* y *niyama*, así como *âsana*, no figuran (lo cual no significa que esas tres "ramas" estén ausentes: desempeñan su papel habitual, y las *âsanas* cuentan incluso con un lugar importante). También se añade *tarka*, el razonamiento.[9] (Existen otras variaciones en la lista de las seis "ramas".) Finalmente, *dhârana*, la concentración mental en un punto, normalmente aparece prescrita como algo que hay que hacer sobre los cinco elementos "groseros" (los *bhûta*) que constituyen el cosmos: tierra, agua, aire, fuego y *âkâsha*. Esta concentración, por otra parte, se imagina vinculada a cinco puntos del cuerpo, lo que confiere a la práctica del *yoga* una dimensión cósmica que se vive corporal y tántricamente, mientras que la presencia de *tarka* concede importancia al esfuerzo intelectual de asimilación de esta visión cósmica.

Precisemos, para acabar, en cuanto al cuerpo imaginal, que el número de *chakras* no siempre es seis, como suele creerse. Con el *dvâdashânta*, situado por encima del *brahmarandhra*, a unos doce dedos, como indica su nombre, y que es el punto extremo del movimiento ascensional de la *kundalinî* (y por tanto del *prâna* y el *uccâra* de los *mantras*),[10] suman siete. Pero en la tradición de la Shrîvidyâ se cuentan nueve, siempre escalonados verticalmente, pues deben corresponder con las nueve divisiones del *shrîchakra*. Para el *Kaulajñânanirnaya* (siglo VIII) son once, todos ellos habitados por diosas. También puede haber menos, sobre todo si el ascenso de la energía parte del corazón; pero también más. De hecho, su número y emplazamiento varían dependiendo de las tradiciones e incluso, en una misma tradición, según las necesidades. En todos los sistemas existen *chakras* y puntos nodales secundarios, también en número y emplazamiento diversos, llamados apoyos (*âdhâra*), nudos (*granthi*), vacíos (*shûnya*), espacios o esplendores (*vyoman* o *dhâman*), etcétera.

Existe, pues, en el interior de una estructura general común, una gran diversidad en lo relacionado con el cuerpo imaginal de las tradiciones tántricas.

Leyendo lo que acabo de escribir, algunos lectores podrían señalarme que ellos practican *hathayoga* y que es una forma de *yoga* que no tiene nada de tántrico. Desde luego. Pero es necesario saber que el *yoga* que se practica en la actualidad en la India y en Occidente no es el codificado por Patañjali. Es una forma moderna donde los elementos tradicionales, procedentes del *yoga* –tanto clásico como tántrico–, han sido revisados y reinterpretados a la luz de la anatomía y la fisiología modernas. El *yoga* actual es un producto tanto de la *nature cure* aparecida en la Europa del siglo XIX como de Patañjali. Desde sus inicios, esta forma moderna ha incluido y reinterpretado –en general sin ninguna referencia tántrica explícita– elementos del *hathayoga*.[11]

Algunas prácticas yóguicas

Se podrían ofrecer miles de ejemplos de prácticas meditativas o rituales que se basan en la imagen yóguica del cuerpo, sin hablar de las *âsanas* y de otras técnicas corporales del *yoga* tántrico. Pero ya se han descrito en tantas ocasiones que no vale la pena volver a hacerlo. Aparecen expuestas en textos relativamente antiguos, como la *Gherandasamhitâ* o la *Hathayogapradîpikâ*, por ejemplo, así como en numerosos estudios modernos de fácil consulta. Así que aquí presentaré dos prácticas meditativas procedentes de dos tradiciones tántricas diferentes, que he elegido porque aparecen descritas en textos desconocidos para el gran público, y porque son muy típicamente tántricas por la acción que las representaciones mentales tienen sobre el cuerpo. Muy complejas, estas prácticas no pueden describirse aquí más que a grandes rasgos, pero no obstante podremos observar lo que tienen de particular.

Extraigo el primer ejemplo del capítulo 15 del *Tantrâloka* de Abhinavagupta. Se trata de un conjunto especialmente complejo de prácticas meditativas visualizadas y vividas interiormente. Forman parte del rito de la "iniciación regular" (*samayadîkshâ*), que permite la entrada de un discípulo en la tradición shivaíta de la Trika, iniciación en el curso de la cual este debe vivir en su imaginación una purificación cósmica transformadora de su cuerpo y espíritu.

Las purificaciones preliminares realizadas mediante *mantras* impuestos por *nyâsa* sobre el cuerpo le harán, en primer lugar, trascender su condición ordinaria al divinizar ese cuerpo, a partir de entonces identificado con la divinidad, fusionando su consciencia en la consciencia divina. Podría pensarse que ello debería bastar para hacer de alguien un iniciado. Pero no. Nos hallamos en el potente universo visual y en el hiper-ritualismo tántricos. Es necesario continuar. El postulante adorará a partir de entonces su cuerpo, ahora identificado con Shiva, y ese estado se caracteriza sobre todo por la suspensión de su respiración, sustituida por el ascenso del *prâna* en la *sushumnâ* hasta el *chakra dvâdashânta*, por encima de la cabeza: el *yogin* (el *Tantrâloka* no aclara cómo sobrevive sin respirar...) está en este momento fundido con el absoluto. Pero eso tampoco basta. Todavía le queda identificarse con el *mandala* de las tres diosas de la Trika, visualizado como presente en su cuerpo. Para ello, el adepto debe representarse el asta del tridente de Shiva, extendiéndose en él por debajo del ombligo hasta el paladar, con todos los *tattvas* constituyentes del cosmos (con sus divinidades) escalonándose a lo largo de este eje, desde el de la tierra hasta el de *mâyâ* (el 31°), visualizado como situado por encima del paladar: ahí está toda la "manifestación impura" con *mâyâ*, que es la causa. Más arriba están los tres *tattvas* siguientes, hasta el 34°, el de *sadâshiva*, imaginado en la base de las tres puntas del tridente, un lugar donde hay que ver al dios Sadâshiva, el "Gran Fallecido", tendido sobre un loto, con la mirada fija en la luz del absoluto que le domina, luminoso pero inerte, estremeciendo al mundo con la "risa de la destrucción". El adepto debe entonces ver mentalmente, elevándose desde el ombligo de Sadâshiva y ascendiendo hasta el *dvâdashânta*, los tres brazos del tridente a lo largo del cual se suceden las etapas sutiles, las *kalâ*,[12] de la energía fónica, que irán disminuyendo hasta su punto de extinción (¡la palabra está siempre presente!). Se llega finalmente a las tres puntas del tridente, cada una coronada por un loto blanco sobre el cual aparece un Bhairava donde se halla sentada una de las tres diosas supremas de la Trika: Parâ, la más alta, en el centro, blanca, apacible, benevolente; Parâparâ, a su derecha, roja y activa, y, a su izquierda, Aparâ, negra y furiosa. Estas tres diosas son emanaciones de la Diosa suprema, Kalâsamkarshinî, la Destructora del Tiempo, que siendo el absoluto trascendente, vacío, no puede ser representada. El *yogin* que debe iniciarse debe, pues, escalonar en su cuerpo toda la manifestación cósmica en tanto esta es interior de Shiva. Pero, como el tridente imaginado se eleva por encima de su cabeza, el *yogin* sigue un movimiento ascensional que le supera, prolongándose hasta el punto en que el universo se reabsorbe en el absoluto divino al que se encuentra así unido: está metido en el movimiento infinito de la energía cósmica divina, que le atreviesa y supera, trascendiendo, por tanto, infinitamente –visión imaginaria– su naturaleza humana. Se ve cósmicamente, si tal cosa es posible (véase ilustración en página siguiente).

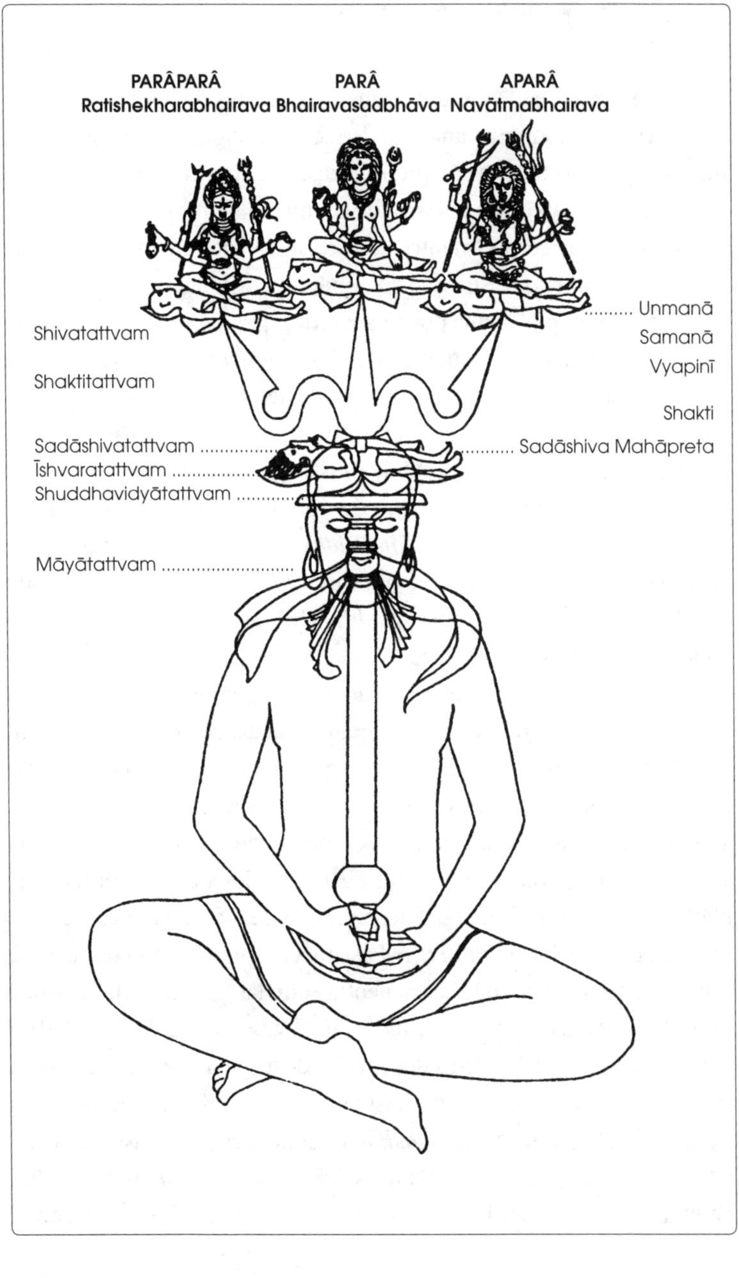
PARÂPARÂ
Ratishekharabhairava
PARÂ
Bhairavasadbhāva
APARÂ
Navātmabhairava
Unmanā
Samanā
Vyapinī
Shakti
Sadāshiva Mahāpreta
Shivatattvam
Shaktitattvam
Sadāshivatattvam
Īshvaratattvam
Shuddhavidyātattvam
Māyātattvam

Como veremos en el capítulo 8, en otros rituales de iniciación puede descubrirse un esquema análogo de identificación cósmica corporal, más simple, donde, mediante *mantras*, se imponen en el cuerpo del postulante diversas divisiones cósmicas. También en ese caso, el adepto, cuyo cuerpo "mantrizado" recibe planos cósmicos, durante la duración del rito trasciende su condición ordinaria.

Mi otro ejemplo de una práctica tántrica que reposa sobre el cuerpo imaginal yóguico se encuentra en el *Yoginîhridaya*, un texto de la tradición Shrîvidyâ, volcado en el culto de la diosa Tripurasundarî. No revela una iniciación, sino un culto, y por tanto otra problemática: la de la unión con la divinidad de un ser que ya es un iniciado.

La veneración ritual, la *pûjâ*, de esta diosa, tal y como aparece descrita en el capítulo 3 del *Yoginîhridaya*, se determina (como viene siendo habitual en todo el culto tántrico) a través de *japa*, el recitado ritual del *mantra* de esa diosa, la *shrîvidyâ*, que está formado por 15 sílabas repartidas en tres grupos, cada uno de ellos acabados con el *bîja HRÎM*. No obstante, en realidad este *japa* no es un sencillo recitado, sino una práctica yóguica vinculada al ascenso de la *kundalinî*. El adepto oficiante debe, en efecto, imaginar que los cinco fonemas del primer grupo de sílabas de la *shrîvidyâ* se encuentran a la altura de su *mûlâdhâra* (donde los concibe como enunciado mental) y que la vibración fónica que prolonga el *HRÎM* se eleva desde ahí hasta el *chakra* del corazón, donde se encuentran los seis fonemas del segundo grupo, cuya vibración del *HRÎM* ascenderá, junto con la del primer grupo, hasta el *chakra* que se encuentra entre las cejas, donde se hallan las cuatro sílabas del tercer grupo. Ahí, la vibración del tercer *HRÎM* continuará, unida a las otras dos, haciéndose cada vez más sutil (con los *kalâ* de *bindu* a *unmanâ*), hasta su punto final, por encima de la cabeza, en el *chakra* del *dvâdashânta*, donde, con la consciencia del adepto (pues el oficiante la siente ascender con el *mantra*), se fundirá en el absoluto divino. El adepto vive así, mentalmente, junto con el empuje ascendente del *mantra* en la *sushumnâ*, un ascenso espiritual liberador.[13]

En la mayoría de las tradiciones de la Kula, así como en textos nâtha y en las *samhitâs* del *Pâñcarâtra*, también pueden hallarse prácticas del mismo género, con un seguimiento mental del trayecto de *mantras* por los *chakras* y los *nâdî* del cuerpo imaginal. Son interesantes y a veces curiosas, y muestran la fecundidad creadora de la imaginación aplicada a la vivencia del cuerpo. Merecen ser descritas, pero hacerlo aquí ocuparía demasiado espacio.

Por el contrario, hay que mencionar dos prácticas que utilizan el cuerpo, divinizado, trascendido, y sobre todo como participante activo del rito o de la ascesis espiritual. Son las *mudrâ* y los *nyâsa*: el cuerpo actor de la ascesis (que aparece en escena para apoyar a la palabra), y el cuerpo transformado por la palabra.

Los *'mudrâ'*

«El gesto es el hombre.»
Marcel Jousse

El significado primigenio de la palabra sánscrita *mudrâ* sería "sello". Un *mudrâ*, pues, sería el "sello" –lo que apoya o confirma–, una palabra (o una acción). Así es en efecto como se conciben y utilizan en muchas ocasiones. Cuando se impone un *mantra* mediante *nyâsa*, se acompaña, como veremos de un *mudrâ*, que es un gesto de la mano en apoyo de la palabra. No obstante, es un gesto convencional, pues un *mudrâ* no es nunca un movimiento ni una actitud. Es un gesto codificado: las posiciones de dedos y mano, u otras actitudes que conforman un *mudrâ* aparecen descritas con mucha precisión en los textos, pues cuentan con un sentido, con un valor simbólico. Es una participación corporal conscientemente vivida de una acción ritual. El papel simbólico de los *mudrâs* (o *hasta*) en la danza india es bien conocido.[14] Se encuentra también en el ámbito tántrico, pero con una eficacia propia: el *mudrâ* no tiene más que una función simbólica. No solo representa, sino que actúa por sí mismo (en el *hathayoga* también hay *mudrâs*; son posturas corporales que de alguna manera "sellan" el *prâna* en ciertos puntos del cuerpo y que, por tanto, cuentan con un papel práctico).

En el culto de las divinidades, los *mudrâs* se "muestran",[15] como se dice en sánscrito, en diversas circunstancias. Algunas veces no hacen sino acompañar el enunciado de un *mantra*, que "sellan", es decir, confirman de alguna manera su eficacia. Así, el oficiante (en un culto shivaíta) atraerá un río mítico con el *mudrâ* del gancho, después lo acompañará con el de la resorción. De esa manera es la acción del cuerpo, es decir, el *mudrâ*, el que actúa. El *lingamudrâ* (en el mismo manual de ritual) se ve de una manera más "tántrica". Se trata de un gesto de las dos manos entrelazadas, pues se considera que "efectúa" la unión de los órganos sexuales de Shiva y de la Diosa: acción simbólica, sí, pero expresada corporalmente.

Mudrâ también designa (en el *Tantrâloka*, por ejemplo) la unión sexual del *yogin* y su compañera,[16] una acción ritual que les conduce a la fusión en el absoluto. Los diez *mudrâs* del *hathayoga* (descritos especialmente en la *Hathayogapradîpikâ*) también son posturas corporales de intención trascendente. Asimismo puede observarse la identificación gesto-divinidad en el caso de los diez *mudrâs* descritos al principio del *Yoginîhridaya*, que son a la vez gestos de las manos que simbolizan a diosas y a esas diosas mismas, que el oficiante manifiesta, que asimila y a quien a continuación rendirá un culto en el transcurso de la *pûjâ*.[17] De ese modo vemos que se convierten en formas, si no de conocimiento, al menos de aproximación a la divinidad.

Las que aparecen en el capítulo 30 del *Tantrâloka* de Abhinavagupta resultan interesantes en cuanto a la naturaleza y la función de los *mudrâs* tántricos. Son actitudes corporales complejas asociadas al enunciado de los *mantras*, a la concentración mental y la visualización de divinidades. Se les describe convirtiendo el cuerpo del *yogin* (que adopta la actitud de la divinidad invocada) en un reflejo de estas, un reflejo que tiene por objeto hacerla aparecer ante la mirada de ese *yogin* y, por ello, conseguir que se identifique con ella. En esos casos, el *mudrâ* deja de ser un mero gesto de las manos o del cuerpo, pasando a convertirse en una postura mística identificadora. Esta manera de ver aparece en un texto como el *Vijñânabhairava*, donde, junto a verdaderos *mudrâs* corporales como el *khecharî* o el *karankinî-mudrâ*, de simples actitudes del cuerpo, o la concentración de la mirada en un mundo, asociadas a la concentración mental, se presentan conformando *mudrâs* que unen al practicante con el absoluto.

El punto más extremo de esta concepción mística del *mudrâ* aparece en el capítulo 4 del *Tantrâloka*, que dice: «Cualquier actitud que adopta el cuerpo del *yogin* sumergido en Kula (es decir, en la energía divina) y titubeando en la embriaguez causada por la esencia de Bhairava, que le penetra por completo, es un *mudrâ*», fórmula que retoma en su himno «Ofrenda de la experiencia íntima».[18] De manera análoga, Kshemarâja, en su comentario de los *Shivasûtras*, afirma: «Solo el sabio perpetuamente sellado por los *mudrâs* que nacen [espontáneamente] de su cuerpo es un "portador de *mudrâs*". Los demás no hacen más que cargar con sus huesos». Podría pensarse que en realidad ahí no hay ningún *mudrâ*: solo una manera en que el liberado en vida puede vivir su cuerpo, "existirse". Hay que reconocer que este rebasamiento del cuerpo por parte del cuerpo es un interesante aspecto de la visión tántrica del ser humano y el mundo.

Los '*nyâsa*'

Los *nyâsa* están más próximos al ámbito de los *mantras*, y por tanto a la palabra. En efecto, es una de las maneras de manipular la palabra, pero esencialmente en su relación con el cuerpo. Por ello podemos considerarlo aquí. Un *nyâsa* es la imposición ritual de una energía, y consiste en colocar sobre el cuerpo un *mantra* enunciándolo oral o mentalmente y representando la forma divina que expresa (o a veces su forma escrita); el *mantra* se impone ahí donde es necesario, junto con un *mudrâ*, que de alguna manera lo sella en su sitio. La fuerza del *mantra* impregnará así al individuo, la substancia o el lugar elegido, revitalizándolo y situando ahí una divinidad, modificando a veces la situación ontológica, la naturaleza. Es un rito muy extendido, utilizado en miles de ocasiones, que se practica en todo el hinduismo. Se remonta a antiguas formas de contacto ritual, pero, cuando aparece como una manipulación de la energía de la palabra, cuando sirve para divinizar el cuerpo, este rito es tántrico: es justo en ese contexto en el que cuenta con los aspectos más característicos.

De todos los usos de los *nyâsa*, el más corriente se encuentra en el culto de las divinidades, la *pûjâ*. Esta (incluso cuando no es tántrica) empieza siempre mediante imposiciones de *mantras* sobre el cuerpo del oficiante, destinadas a purificarlo o divinizarlo. El oficiante no puede, efectivamente, acercarse a la divinidad ni tocar los instrumentos del culto si no está purificado e incluso, en la *pûjâ* tántrica, divinizado, una condición que no se mantiene más que durante el culto. Los manuales de ritual prescriben con este fin imposiciones sobre el cuerpo del oficiante, así como sobre sus manos (este último rito, el *karanyâsa* –también llamado *sakalîkarana*–, transforma su mano convirtiéndola en una "mano de Shiva", cargada con la energía del dios).

Estos *nyâsa* preliminares del culto pueden ser muy numerosos. En un manual contemporáneo de ritual se prescriben 20 series de *nyâsa*, en diversos puntos del cuerpo, todos distintos, algunos conllevando hasta 50 imposiciones distintas. Se impone, pues, el *mantra* principal (*mantrayâsa*) y sus diversos aspectos (*rishyâdinyâsa*),[19] los 50 fonemas del alfabeto sánscrito, esas "madrecitas" cargadas de energía (*mâtrikânyâsa*), la imagen divina (*mûrtinyâsa*), las "extremidades" y los "rostros" de la divinidad (*anganyâsa* y *vaktranyâsa*), los *mantras* de divinidades secundarias (por ejemplo, 38 Rudras, o 51 Ganeshas), así como los de su asiento (*devatâ* y *pîthanyâsa*), etcétera. Son buenos ejemplos de la abundancia ritual propia del tantrismo. También puede imponerse sobre el cuerpo, mediante *nyâsa*, un diagrama ritual, aunque no siempre resulta fácil hacer coincidir, incluso aunque solo sea imaginándolo, un trazado geométrico y un cuerpo humano…

El *nyâsa* puede no ser puntual sino extenderse, mediante un único gesto ritual, a todo el cuerpo: es lo que se denomina una "imposición general" (*vyâpakanyâsa*), etcétera. Recordemos que es mediante *nyâsa* como se colocan divinidades, entidades o divisiones cósmicas sobre los diagramas rituales y sobre el icono de culto. Añadamos, finalmente, que los diversos empleos de los *nyâsa* así como su naturaleza (esencialmente mental, dicen los textos) han sido objeto de cierto número de especulaciones. Se trata de una práctica ritual vinculada con el cuerpo que es muy importante.[20]

Podríamos mencionar, entre las prácticas yóguicas corporales, introducirse en el cuerpo de otro ser (*parasharîrapravesha*), para controlarlo o para escapar a la muerte, una técnica descrita particularmente en el *Netratantra* (capítulo 20), y solo accesible a los *yogin* que han realizado la unión con la divinidad. Reviste un carácter tántrico, sobre todo cuando se practica por la noche en un terreno de cremación, reanimando así el *yogin* un cadáver. Pero la penetración en el cuerpo de otro ser ya aparece mencionada en los *Yogasûtras* (3.37). Así pues, no solo es tántrica. Manifiesta magia, que es tan vieja como la India.

Muchas prácticas de orden mental o espiritual descansan sobre el cuerpo, no realizándose más que con él. En efecto, el cuerpo y la mente (en la India como en otros lugares) no tienen un funcionamiento muy separado. Pero concretamente, en nuestro caso, son muchas las prácticas tántricas, desde la perspectiva de los textos que las percibieron (y por tanto en la experiencia de los practicantes), que son indisolublemente corporales y mentales. *Dhyâna*, que en el contexto tántrico designa ante todo la representación mental de una divinidad,[21] tiene, en su práctica, un lado corporal. El *yogin* se representa meditativamente su cuerpo imaginal y vive la presencia en sí. "Ve" las divinidades presentes en sus *chakras*. Aunque a menudo estas deidades conforman un *mandala* cósmico. Esta inmensidad deberá vivirla, sentirla en sí mismo como todo un cosmos. Es precisamente en esos casos en los que la meditación se intensifica y se convierte en lo que se denomina *bhâvanâ*, una meditación identificadora y creativa, cuyo papel es muy importante, tanto en los cultos como en la vida espiritual, pues no solo hace aparecer (es el sentido del término) en la mente una entidad sobrenatural, sino que identifica al meditador, tornándola presente en su cuerpo imaginal. También a través de *bhâvanâ* el *yogin* percibe y sigue en él el movimiento de *mantras*. Así pues, la emergencia de estados de consciencia alterados (los *altered states of consciousness* –ASC–, como se dice en inglés) significa una labor transformadora sobre la totalidad de la persona.

Nunca se insiste demasiado en la importancia de la acción de la mente en el cuerpo, sobre su interacción, pues no están separados. Lo veremos en el capítulo 9, cuando tratemos los estados místicos. También volveremos a tocar el tema en el transcurso de la iniciación, la *dîkshâ*, cuando el adepto que ha de iniciarse debe representarse mentalmente elementos diversos (divinidades, divisiones cósmicas, *mantras*) representándolos en su cuerpo. Con motivo del culto, la *pûjâ*, también intervienen representaciones mentales. Son formas de "existir" su cuerpo y de realizar a través de él realidades que lo superan.

Tantra y alquimia/medicina

La alquimia –a veces llamada *rasâyana*, el camino de los humores o fluidos, término que también designa el elixir que alarga la vida– ha ocupado un lugar considerable en el pensamiento y en las prácticas mágico-religiosas de la India, desde la antigüedad hasta nuestros días. Como ya señalamos en el capítulo 3, sus orígenes carecen de toda relación con el tantrismo, pero su historia y desarrollos son difícilmente separables.

Los textos alquímicos más antiguos que conocemos son tántricos. Tantra y alquimia comparten la misma concepción del universo y el ser humano; tienen en común el *hathayoga*, con la misma visión del cuerpo, las prácticas mágicas y la misma búsqueda de la inmortalidad en tanto logro y superación de la condición humana, o como una forma de liberación en esta vida (*jîvanmukti*). Los siddhas, con el lugar que ocupan en la búsqueda tántrica de poderes, han desempeñado un papel esencial, pues gracias a los poderes sobrenaturales, los *siddhis*, que actúan a través del cuerpo o en él, los alquimistas a veces realizan sus proezas. Los nâthas también tan ocupado un lugar importante en la alquimia, una de cuyas ramas tiene como maestro a Gorakhnâtha, el mítico fundador del nâthismo. Al igual que los *tantras*, las obras alquímicas mezclan de manera inseparable lo cósmico, lo mental o espiritual y lo yóguico, así como lo corporal. El ámbito tántrico, más amplio, cuenta desde luego con un aspecto ritual, así como con una dimensión humana y espiritual de la que carece la alquimia, que continúa vinculada al tratamiento del cuerpo, al uso de sus fluidos y al empleo de los metales (del mercurio en particular).

Pero, a pesar de estas diferencias, el tantrismo comparte con la alquimia un mismo universo tanto textual como mental y, desde luego, socio-religioso. Había que decirlo.[22] La medicina tradicional índica, que es muy antigua y, de hecho, de base racional está, en algunos aspectos, cerca de la alquimia y puede incluir elementos tántricos. Existe una medicina tántrica, que incluye *yoga* y alquimia. Utilizan *mantras* recitados (*japa*), o inscritos en amuletos y diagramas rituales, invocando, pues, fuerzas sobrenaturales. A veces recurre al exorcismo, sobre todo para luchar contra la posesión por parte de fuerzas maléficas, o incluso a la posesión con fines curativos, mediante divinidades.

A través de estos ejemplos vemos cuál es el papel del cuerpo (y sobre todo de la interacción cuerpo-mente) en el ámbito tántrico. Podríamos haber citado otros casos, menos característicos. Más adelante también repasaremos otras acciones corporales que intervienen en el transcurso de ciertos ritos. En efecto, el cuerpo viviente es aquel a través del que todo ser vivo "se existe": todos vivimos con una imagen del cuerpo.[23] La del *tântrika* es muy compleja y más trabajada. Eso es lo que lo torna interesante. Pero el ser humano, que posee un cuerpo y miembros, también tiene una sexualidad que, como todo el cuerpo, puede desempeñar un papel en la búsqueda de poderes y de la liberación. Para los *tantras* es un hecho central. De ahí todo un conjunto de prácticas de extrema importancia, que merecen un tratamiento especial. A ellas consagramos el siguiente capítulo.

6. La dimensión sexual

> *«Else a great Prince in prison lies.*
> *To'our bodies turne we then...»*
> JOHN DONNE, *The Extasie*

La India siempre ha concedido un lugar importante a la sexualidad, a la división sexual, en su visión cosmogónica, igual que en su concepción del ser humano y su sitio en el universo. Desde la época védica, toda creación tiende a ser descrita como el efecto de una unión sexual. Resulta asombrosa la concepción sexualizada de la divinidad y la creación (con divinidades hindúes a veces sexualmente muy activas). El vínculo de la sexualidad y la potencia (*vîrya*, en sánscrito, que designa la potencia, la fuerza y también el esperma) es constante, y la simbología sexual, omnipresente. Las tradiciones tántricas, partiendo del principio de que *kâma*, *eros*, la pasión amorosa, es el medio de acceso por excelencia para trascender el ser empírico y acceder al divino, no podían más que llevar esta tendencia al extremo, en el ámbito de las representaciones míticas y teológicas, pero también en las prácticas. Al hacerlo, el tantrismo utilizaba una de las pulsiones humanas más potentes, al mismo tiempo que afirmaba su lado transgresor, pues sus prácticas sexuales rituales contravenían las normas hindúes ortodoxas.

Lo cierto es que la referencia sexual se encuentra por todas partes en los panteones, la teología, las construcciones metafísicas, el ascesis y el *yoga*, o en los ritos tántricos.

Las prácticas sexuales rituales y, en general, la transgresión de reglas de pureza brahmánicas han contribuido –ya lo hemos mencionado– a ofrecer una mala imagen de los *tântrikas* en la India: la literatura sánscrita, el teatro, un buen número de textos históricos, religiosos o literarios antiguos así lo testimonian. Ya los hemos citado en el capítulo 3. Más cercanos en el tiempo, los reformadores hindúes, influidos por el puritanismo británico de la época, lanzaron una condena moral sobre estos comportamientos, considerados escandalosos y orgíacos. En Occidente, tras el rechazo indignado de los primeros orientalistas, algunos universitarios han tendido más recientemente a conceder demasiada importancia a la sexualidad en la descripción que hicieran del fenómeno tántrico, mientras que otros autores han tendido a presentarlo bajo el ángulo único de la sexualidad, de una "sexualidad trascendida", lo cual no es exacto.

Efectivamente, aunque la dimensión sexual, tanto si es simbólica como si constituye la base y la estructura de ciertas prácticas, y constituye a muchos efectos el núcleo de la visión tántrica del ser humano y del mundo, lo cierto es que jamás ha ocupado, en su realidad religiosa y en las prácticas, más que un lugar limitado. En el centro de la visión tántrica está *kâma*, en el sentido de aceptación y disfrute de la diversidad del mundo y de sus placeres, y no solamente la sexualidad. Los usos rituales de la sexualidad descritos en los *tantras* están, además, generalmente presentados como secretos, como si estuviesen reservados a un reducido número de adeptos iniciados y cualificados. Su práctica está sometida a reglas precisas y a menudo complejas que tienen por objeto convertir el acto sexual en un medio de superación de los límites del ser, de fusión en la divinidad, donde lo que importa es la aspiración trascendente y no la búsqueda del disfrute. También está presente, para el practicante masculino, una búsqueda de la potencia o de una vitalidad reforzada extraída de la mujer, pues la fuerza, la energía, la *shakti*, es femenina, y por ello ejercida por la compañera femenina del rito. Así lo testimonian numerosas prácticas.

Esta visión de la mujer, digámoslo, no es solo tántrica, sino generalmente india: la mujer posee la potencia, la energía, que el hombre puede extraer de ella, pero que se arriesga a perder al dejar escapar su semen. De ahí un enfoque ambiguo de la mujer: fuente de energía, madre y protectora, aunque también peligrosa, debilitadora o aterradora. Así lo testimonian numerosos aspectos de las tradiciones (y de los comportamientos) índicos, desde la época postvédica a nuestros días.[1] Habría que añadir, finalmente, que los prejuicios cristianos respecto a la sexualidad, considerada como un antiguo resto de la animalidad en un ser creado a imagen y semejanza de un dios, principio asexuado, son ajenos a la India hindú o budista (o jainista).

La sexualidad, en la India, no es un pecado. Se la considera en general como una actividad normal cuya práctica, no obstante, vincula al ser humano al mundo, a sus alegrías y sus penas al malgastar una fuerza que más valiera conservar a fin de mantener o aumentar su potencia, utilizándola, trasmutándola o trascendiéndola para franquear los límites de la vida en la Tierra. Las concepciones tántricas se sitúan en el marco general de esta percepción (que yo consideraría bastante normal) de la actividad sexual. No hay que perderlo de vista.

Pero regresemos a los *tantras*. Como ya dijimos anteriormente, a veces se ha querido ver en los textos que conceden un lugar importante a las prácticas sexuales el "núcleo duro" del fenómeno tántrico. Efectivamente, son los más "tántricos" porque son los más cargados de ritos complicados, de extrañas deidades y de transgresión. Pero no son los más numerosos. Por otra parte, un núcleo, si está en el centro, no ocupa más que un lugar reducido. Reconozcámosles pues su lugar, en ciertos aspectos esencial, pero no les concedamos excesiva importancia (teniendo en cuenta, desde luego, lo que acabamos de decir respecto a la sexualidad en la India).

A propósito de este tema, también habría que distinguir entre las tradiciones. El vishnuismo del Pâñcarâtra ignora los ritos sexuales, e incluso los condena. Solo es posible encontrarlos, recientemente, en Bengala, entre los vaishnava sahajiyâs. En el shivaísmo, la unión sexual del *yogin* con una "mensajera", una *dûtî*, solo se considera como un rasgo característico de las tradiciones de la Kula, que difieren en este punto de otras, y no como una regla general. Las tradiciones de la Kula son, es cierto, las más "tántricas", pero no conforman el total del shivaísmo tántrico, y en estas tradiciones, y aunque el simbolismo sexual esté casi omnipresente, las prácticas y ritos sexuales están lejos de ocupar todo el espacio. Añadamos para finalizar que no se suelen encontrar en los *âgamas* del Shaivasiddhânta, cuyas doctrinas son, en muchos aspectos, la base de la enseñanza shivaíta.

Una teología sexuada: sexualidad y metafísica

Ya hemos apuntado que un rasgo característico de los panteones tántricos es que las divinidades aparecen en pareja: cada dios o diosa está asociado a una deidad de sexo opuesto: Shiva con Pârvatî, Durgâ o Umâ, Vishnu con Lakshmî, Tripurasundarî con Bhairava..., o bien (de manera un tanto distinta, es verdad), entre los sahajiyâs, Krishna con Râdhâ, etcétera. En los *tantras Yâmala* de la Kula, las distintas formas de la Diosa dominan al dios que llevan asociado, apareciendo a menudo representadas sobre sus hombros. Cuando un dios tiene una forma tántrica y otra que no lo es, la tántrica va acompañada por una compañera. Es el caso, por ejemplo, del dios Ganesha (o de los Ganeshas, pues a veces pueden contarse hasta 51)[2] que, cuando es tántrico, es además y por lo general itifálico: una diosa sentada sobre su muslo sosteniéndole el falo.

También se sabe que, metafísicamente, en las tradiciones tántricas, se considera que la divinidad suprema está polarizada en masculino y femenino, siendo lo masculino dominante en principio, mientras que lo femenino es el polo de la energía, la *shakti*. Una muestra visible de lo anterior son las representaciones bisexuadas de ciertas divinidades, como Shiva *Ardhanarîshvara* ("El Señor hombre y mujer"). En el Trika, la divinidad concebida metafísicamente como Consciencia suprema, tiene en su unidad dos aspectos: luz, *prakâsha*, masculino, y toma de consciencia de ella misma, *vimarsha*, que es el aspecto de vida, de energía, palabra y, como tal, femenino. La unión de los dos polos de la divinidad, Shiva y Shakti, de la que nace el universo, en las cosmogonías del shivaísmo no dualista, suele presentarse como resultado de su fricción unitiva (*samghatta*), es decir, de una unión de naturaleza sexual. Podríamos citar otros casos, siempre demostrando la preñez de las representaciones y de las metáforas sexuales.

Señalemos, en cuanto a la simbología sexual, que el icono de culto normal de Shiva es, en todas las tradiciones, el *linga*, que es un falo erecto cuya porción inferior está metida en un pedestal concebido como una *yoni*, el órgano sexual femenino: el simbolismo sexual no puede ser más evidente (aunque algunos en la India se empeñen, por puritanismo, en negarlo).

El rito sexual

Parecería normal que, en un contexto teológico y metafísico tal, las prácticas rituales hiciesen un lugar a la sexualidad. Pero la acción es siempre y en todas partes la primera: precede a la formulación teórica, las especulaciones. Estas prácticas se remontan sin duda en el tiempo.[3] Debieron existir antes de cualquier expresión de principio en los antiguos cultos de las Yoginîs, rituales extáticos en los que la unión sexual entre participantes de ambos sexos los identificaban a través del orgasmo, con esas deidades, suministrando las secreciones que se les ofrecían como oblación antes de ser consumidas. De hecho no sabemos en qué consistían esos antiguos cultos, pues las referencias textuales de las que disponemos (el *Jayadrathayâmala* o *Brahmayâmala-tantra*, por ejemplo; *yâmala* significa "pareja") no son anteriores, parece ser, al siglo VIII, época donde, al menos en Cachemira, estas uniones rituales tendían sin duda ya a evolucionar de la participación de pequeños grupos de ascetas marginales de un culto trasgresor, a una práctica ritual secreta con un objeto liberador para hindúes externamente ortodoxos. Esta "domesticación", si es que puede denominarse así, de esos cultos en ciertos círculos, que refleja sobre todo la exégesis shivaíta cachemira, no les impidió claro está seguir persistiendo en su forma primigenia, secretamente o no: la literatura y el teatro sánscritos así lo testimonian, al igual que diversos *tantras*, como el *Kulârnavatantra*, por ejemplo. En el siglo X, el rey de Cachemira hizo condenar a ascetas nîlâmbara que se desplazaban en parejas, desnudos y envueltos en una tela negra.

En el universo tántrico es posible encontrar numerosos casos en que la simbología o las representaciones sexuales desempeñan un papel. Están muy claramente presentes y aparecen explícitas o implícitas en el culto de las divinidades femeninas. A este respecto habría que señalar que ya que en el mundo hindú, y por principio, el actor ritual siempre es un hombre, la actitud que se expresa en ese ámbito es necesariamente la de un ser del sexo contrario al de la diosa al que se dirige un culto, algo que no puede ser indiferente. En la India, la exaltación de la mujer siempre ha sido labor de los hombres, lo cual explica ciertas cosas.[4]

Acerca de esta preñez de la sexualidad podríamos recordar que la *kundalinî* presente en el ser humano es una energía femenina, es la Shakti, que asciende por el cuerpo para reunirse con Shiva en la coronilla de la cabeza (y, metafísicamente, en el plano supremo) y unirse con él: unión de lo masculino y femenino que restablece la androgineidad divina original. Ya hemos visto que, según el *Tantrasadbhâva*, citado anteriormente, la *kundalinî* se eleva "fuera del *pîtha* triangular", es decir, fuera de un sexo femenino, y que asciende porque es frotada o "batida" (*samghattâd*, término de connotación sexual). El triángulo, *trikona*, con la punta hacia abajo, es en la India el símbolo habitual del sexo femenino. Utilizado en contexto tántrico, el término del triángulo evoca la sexualidad. El comentario del *Tantrâloka* (3.94) dice así, a propósito del fonema /*e*/, llamado *trikona*, triángulo (porque se conjugan tres energías), que es «el receptáculo del nacimiento, la boca de la *yoginî*». Los textos Kaula, que provienen de la enseñanza secreta más elevada, dicen que aunque es la boca de la Yoginî, *yoginîvaktra*, esta "boca" es la "boca inferior", *adhovaktra*, el sexo femenino. Más adelante veremos que mediante la unión sexual con su compañera, por la "boca de la Yoginî", durante el "Gran sacrificio de Kula", rito sexual considerable, el *yogin* realiza la fusión en el absoluto.

La *kâmakalâ*[5] es una importante figuración diagramática de la unión sexual de Shiva y Shakti, que se encuentra en particular en la tradición de Tripurasundarî o Shrîvidyâ. Es, bajo la forma de dos triángulos invertidos superpuestos, una figura de seis puntas donde el triángulo que señala hacia arriba es Shiva y el otro, señalando hacia abajo, es Shakti, y cuya punta es su sexo. En los dos extremos de la línea de base se encuentran los senos de esta figura que es, en suma, una representación esquemática de la Diosa unida sexualmente a Shiva. En el centro del diagrama, en la zona central de los dos triángulos, la *kundalinî* levantada se sigue verticalmente bajo la forma serpentina de la letra *Î* (o más exactamente del *bîjamantra ÎM*), yendo de la base a la cumbre

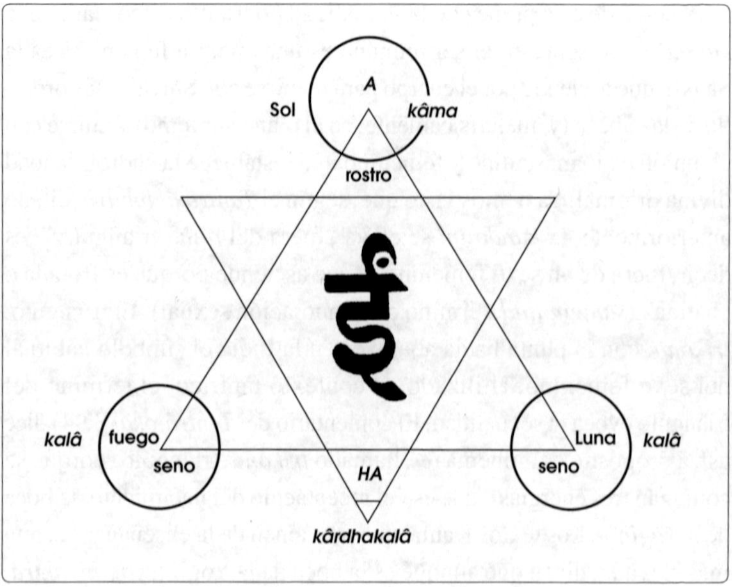

Diagrama de la *kâmakalâ* que representa la unión de Shiva y Shakti, con el ascenso de la *kundalinî*.

del trazado, del *mûlâdhâra* abajo, al *brahmarandhra* arriba, siendo, de alguna manera, la punta del triángulo superior, el rostro de la Diosa.[6] El *Kâmakalâvilâsa* presenta las nociones teológicas y metafísicas que simbolizan este diagrama, con las deidades y las supuestas potencias presentes. Según algunas opiniones, este diagrama serviría de estructura de base a representaciones eróticas esculpidas en templos hindúes.

Una práctica ritual, frecuente en el ámbito que tratamos, es el culto del sexo femenino, el (o la) *yoni*.[7] Convertirlo en culto es adorar la fuente de la vida, "el origen del mundo", la boca de la revelación, el lugar de éxtasis y de fusión en el absoluto. Veremos algunos aspectos. En un texto corto, el *Yonitantra*,[8] se encuentra una breve descripción de la forma de hacer la *yonipûjâ*, el culto del sexo femenino. Debe ser el de una mujer ligera, eventualmente la amada del *yogin*. No se la describe en detalle, y el texto solo precisa que su *yoni* no debe estar desprovisto de pelo… El *yogin* adorna a esta mujer, que está sobre un *mandala*, y luego él la sienta sobre su muslo izquierdo, le unta el *yoni* con pasta de sándalo, le da a beber alcohol, adorna su frente con un creciente rojo, recita 108 veces un *mantra*, la abraza, la acaricia y luego se une a ella. Las secreciones así producidas o eyaculadas conforman el *yonitattva*, la "esencia sublime" (*uttamatattva*), que debe ser ofrecida como oblación a la Diosa, pues ella es la adorada mediante este rito. Este producto también debe ser consumido por el adepto, que extraerá de ello fuerza y perfección.

Según el tantra, el adepto iniciado, el *sâdhaka* que repite sin cesar «*yoni, yoni*», conseguirá que el *yoni* de la Diosa le sea favorable y obtendrá disfrutes sobrenaturales, así como la liberación. Otros textos ofrecen más detalles acerca tanto del proceso ritual de la *yonipûjâ* como del aspecto corporal de este culto (existe toda una "cartografía" vaginal de valor ritual), pero la estructura y el sentido del rito son siempre los mismos.

Hay que señalar que el *Yonitantra* es, al parecer, un texto vishnuita más que shivaíta. Procede de Bengala, región donde el culto tántrico, shivaíta, de la Diosa, sigue estando muy presente. No lejos de ahí está Assam (Kâmarûpa, en sánscrito; *kâma* es el *eros*) donde cerca de Gauhati, en Kâmâkhya, hay un templo erigido en el lugar en que según la leyenda cayó el *yoni* de Parvati,[9] la diosa esposa de Shiva, que "sangra" todos los meses.

Una forma de unión sexual, especialmente transgresora a causa de sus elementos y su marco, prescrita por ciertos textos, debería realizarse por la noche, en un terreno de cremación, con los participantes sentados sobre un cadáver.[10]

La producción y el uso ritual –como ofrenda a la divinidad para a continuación ser consumidos– de las secreciones sexuales aparecen descritos en cierto número de textos shivaítas. Son prácticas reservadas a iniciados, *yogin* o *siddha*, pero importantes por su valor simbólico, pues siempre se trata de participar en una energía cuyo origen físico es femenino, pero cuya potencia es especialmente grande porque en el *yonitattva* femenino se mezcla esperma, encontrándose pues presente la energía creadora de la unión sexual: vitalidad al mismo tiempo que rebasamiento de los límites. Ese tipo de oblaciones rituales se prescriben tanto en el culto de las divinidades femeninas, grandes diosas o Yoginîs, como en el de las diversas formas de Shiva, así como en algunas iniciaciones. Además, estos dos productos sexuales deben, por lo general, mezclarse con otras sustancias, especialmente alcohol o carne, pero también (según los *tantras* más transgresores) con otras excreciones (o excrementos) que sirvan de excipiente, pero que sobre todo acentúen el aspecto de participación corporal, la naturaleza intensamente vital de la operación, al mismo tiempo que su carácter trasgresor. La oblación puede realizarse en un cáliz (lo mejor, para los kaulas, era un *tûra*, un cráneo humano ornado de incisiones). También puede realizarse adoptando la forma de una especie de albóndiga que incorpore todos estos elementos, llamada *kundagola* o *kundagolaka*. Es decir, la albóndiga, *gola*, procedente de la fosa sacrificial, el *kunda*, que es el *yoni*.

Las uniones sexuales rituales pueden asimismo tener un carácter colectivo, que es lo que, por otra parte y sobre todo en la época moderna, le han valido a los ritos tántricos la reputación de ritos orgiásticos. Lo cierto es que las sesiones colectivas y secretas, de carácter distinto, se llevaban a cabo con motivo de ocasiones diversas. Llamadas *melapa, melaka* o *yoginîmelapa*, o bien *cakrapûjâ*, reunían a adeptos iniciados, *yogin*, acompañados cada uno de una compañera, una *yoginî*, que se identificaba con una forma de la Diosa (que podía ser su esposa, otra mujer o una prostituta).[11] Ese tipo de ritos se celebraban en fechas especiales del calendario ritual, sobre todo con motivo de cultos prescritos (en todo el mundo hindú) en ciertos momentos del ciclo lunar o solar, llamados *parvan*. Según la descripción que ofrece Abhinavagupta en el capítulo 28 del *Tantrâloka*, los adeptos debían reunirse por parejas, de noche, en círculos concéntricos alrededor del *guru* que, rodeado de su familia, dirigía la ceremonia. Los participantes (en tanto estén habitados por las "ruedas de la energía", es decir, fuerzas divinas) se adoran mutuamente con flores, incienso y ornamentos. Las parejas podían entonces unirse sexualmente. El objeto era suscitar mediante la acción recíproca de los ardores generales –como mediante un juego de reflejos en espejos, diría Abhinavagupta (hay que señalar la imagen luminosa)– una presencia intensa, efervescente, compartida por todos, de la energía divina. En los templos circulares de las *yoginîs* también se habrían celebrado *cakrapûjâs*.

En el *Tantrâloka* es donde puede encontrarse la exposición más completa, basada en antiguos *tantras*, de un rito sexual: el "Gran sacrificio de la Kula", rito secreto «reservado a maestros y discípulos que alcanzaron la cima», es decir, a un pequeñísimo número de iniciados. La descripción ocupa cerca de 200 de las 300 estrofas del capítulo 29 de este tratado.[12] Su práctica implica totalmente de pensamiento, palabra y cuerpo a quien lo lleva a cabo, que debe ser un ser realizado (*siddha*), un "héroe" (*vîra*) dueño de su *kundalinî* y de sus sentidos, sabiendo dominar su virilidad, que debe ser potente, pero solo utilizada con fines trascendentes.[13] La compañera femenina del rito, la *dûtî* ("mensajera"), debe contar con cualidades espirituales del mismo orden que el *yogin* a fin de que su unión alcance su objeto, que es dominar energías divinas que animan cuerpo y espíritu, con la idea de realizar finalmente la experiencia del absoluto. «Para este sacrificio –dice el comentario del *Tantrâloka*–, la *dûtî* debe elegirse sin dejar que nos despiste el deseo sexual.» Los practicantes del rito buscan la liberación y no el placer. La pareja debe, en primer lugar, venerarse mutuamente, despertar sus "ruedas de energía", es decir, sus *chakras*, centro de todo lo que en ellos es vibrante y sensible a los sentidos y el gozo, a fin de crear un estado totalmente compartido de exaltación a la vez sensorial y espiritual, pues como cuerpo y espíritu son inseparables, la mente y la consciencia no se viven más que con y a través del cuerpo. A los besos, caricias y tocamientos preliminares deben añadirse, para aumentar esta intensidad afectiva, la belleza de las flores, el atractivo de los perfumes, el incienso, los alimentos; el lado estético de los ritos tántricos es importante, la experiencia vivida de la belleza es una apertura hacia el más allá.[14] El *yogin* y su compañera son empujados de ese modo a tornarse muy conscientes de su esencia «que se desarrolla gracias a la variedad de los disfrutes», llegando la pareja a un estado de felicidad vibrante (*spanda*) donde el sentimiento de su identidad corporal se pierde, dejando lugar al "descubrimiento maravillado del Ser": es la "gran felicidad" de la unión, que es a la vez intensidad sensual y rebasamiento de toda sensación.

El *yogin* debe entonces adorar la "rueda principal" de su compañera: la "boca de la Yoginî" –su sexo– de donde proviene una "emisión" que es conocimiento supremo y que «debe pasar mutuamente de boca en boca». El comentario precisa acerca de esta cuestión que, tras haber "agitado" a su compañera, el *yogin* debe ofrecer a las divinidades y consumir con ella las substancias excretadas o eyaculadas, y a continuación celebrar un culto dedicado a diversas divinidades ante la "boca" de la Yoginî, y después sobre su propio cuerpo. Alcanza entonces un estado de absorción y una felicidad apacible, siempre dirigida hacia la unión divina. Después llega, tras un *japa*, y junto con otro culto a la "boca" de la Yoginî, una tercera unión donde ambos hacen que se interpenetren todas sus energías, que acabará con la fusión de la consciencia del *yogin* en el absoluto.

No hemos mencionado la superabundancia de detalles que acompaña a los actos rituales, ni tampoco los *mantras* que se enuncian, ni mucho menos las representaciones mentales que las acompañan y que no obstante son esenciales para la ejecución del rito, que no puede efectuarse más que en presencia de divinidades que el *yogin* debe representarse para adorarlas y tornarlas favorables, todo lo cual crea un intenso clima donde se mezclan y refuerzan mutuamente la exaltación sexual y la tensión hacia el absoluto. Este rito es, por supuesto, descrito desde el punto de vista del agente masculino del rito. Su *dûtî*, aunque sea de su "boca" de donde proceda el conocimiento supremo, no deja de ser más que un medio, un instrumento: se puede exaltar a la mujer sin ser feminista.

Tal vez el agente femenino del culto aparecería algo menos instrumentalizado en el caso de otra tradición, vishnuita: el del culto erótico de Râdhâ y Krishna, de la secta de los vaishnava sahajiyâs de Bengala, cuya atmósfera, donde impera *bhakti*, es totalmente distinta. El devoto de Krishna se identifica con este dios famoso por sus proezas sexuales con las *gopîs*, las vaqueras, uniéndose a una compañera identificada con Râdhâ, a su vez la compañera favorita del dios, sumergiéndose así en la atmósfera (*bhâva*), el "sabor" (*rasa*) de la tradición krisnaíta. Pero el amor total por Krishna es el de Râdhâ. Por tanto, el devoto puede querer identificarse con esta convirtiéndose, o más bien comportándose como una mujer loca de amor. Tenemos ahí un aspecto totalmente distinto del papel del sexo en el terreno religioso: el erotismo místico, cuyo terreno, muy extenso, no coincide con el del tantrismo. En cuanto al travestismo, aparece mencionado en diversos textos tántricos, que prescriben con cierta frecuencia al oficiante del culto o al devoto que se vista como la divinidad que adora a fin de identificarse mejor con ella. De ahí a veces la necesidad de que el hombre adopte una apariencia femenina. La parte de erotismo en tales casos es evidentemente variable, pero es uno de los aspectos ambiguos importantes de los cultos tántricos.

Añadamos en último lugar que las uniones sexuales rituales prescritas en los *tantras*, en particular shivaítas, no siempre incluyen las prácticas especialmente transgresoras que acabamos de ver. Existen, en efecto, casos en que el coito debe realizarse sin eyaculación. Entramos así en otra perspectiva, tan profundamente india como la precedente, igualmente típica de la ambigüedad de la relación india con la sexualidad y la mujer: esa que ya no trata de la conquista de la energía y del acceso a lo trascendente a través de la exaltación y la captación de todas las fuerzas inherentes al cuerpo y nacidas de la intensidad de la pulsión sexual (y del consumo de sus productos), sino del uso, controlado pero igualmente creador de la energía, de la fuerza de la sexualidad. Evitar toda pérdida seminal es mantener la fuerza; se trata de una antigua noción, de una obsesión permanente india. Hay que utilizar a la mujer, pero para extraer energía, evitando cuidadosamente perder nada de la que se posee. El *yogin* alcanzará la intensidad del orgasmo y se sentirá entonces unido a la divinidad sin perder nada de su sustancia (incluso podrá reforzar las secreciones de su compañera aspirándolas).[15] Pueden encontrarse prescripciones acerca de este tipo de prácticas sexuales en numerosos textos, en los *tantras* más antiguos (*Jayadrathayâmala* o *Nihshvâsatattvasamhitâ*), o incluso en ciertos *âgamas*, en las obras modernas, eso sin mencionar lo que todavía puede verse en la India actual, sobre todo en el caso de ciertos *yogin*.[16]

Tanto si son de un tipo o de otro, todas estas prácticas –hay que repetirlo– tienen por objeto sobre todo la obtención de poderes sobrenaturales, los *siddhis*: el dominio mágico del universo (ya lo he dicho) es en realidad lo que busca el *tântrika*, más que la liberación del mundo. Eso es lo que se desprende de la lectura de numerosos *tantras*.[17]

Sexualidad y mística

La unión sexual, en el contexto en que lo hemos observado aquí, tiene siempre por objeto la superación de la sexualidad. «No se hace todo esto para hallar placer», recordaba un texto budista, el *Hevajra-tantra*. Los tantras hindúes no llegan a ser tan explícitos, aunque lo admiten hasta cierto punto. Saben que existe un más allá del placer, que este se abre a otra cosa, que lo trasciende y que hace que se viva superándolo.

La sexualidad es, efectivamente, una de las formas de la efervescencia de la energía, *shaktikshobha*. O *kshobha*, que en los *âgamas* y los *tantras* es el estado de efervescencia de la divinidad que hace aparecer el universo. Para el *yogin*, la unión sexual, donde vive esta efervescencia, significa pues participar en el juego de la Energía divina. Puede, de manera natural –si saben poner en juego y dominar las energías, sea o no en el marco de un rito–, conducir a la unión mística. Lo que el *yogin* y su compañera conocen entonces, no es ya el placer (*sukha*), sino la felicidad (*ânanda*), que es, como se sabe, una característica del *brahman*. Tenemos ahí un aspecto de la sexualidad que es necesario recordar, ya que es importante, e incluso (por ejemplo en el Trika) esencial.

No tomaré en esta ocasión un ejemplo de Abhinavagupta, sino de una obra más antigua, el *Vijñânabhairava*,[18] de su estrofa 68:

> «[El *yogin*] debe concentrar su pensamiento penetrado de placer en el punto central, entre fuego y veneno, bien totalmente solo o repleto de hálito vital. Entonces se funde en la felicidad del amor».

Este texto resulta oscuro. Se ilumina cuando se sabe que "fuego" y "veneno" designan el inicio y el final del acto sexual, y que el "punto central" en el que el *yogin* deben concentrar su pensamiento es la *kundalinî*, que es la presencia de la divinidad en el ser humano. Al elevarse esta, en el transcurso de la unión, alcanza su punto superior donde, con el orgasmo, el *yogin* se funde en el absoluto. Abhinavagupta, en su comentario de la *Parâtrimshikâ*, lo dice con más claridad.[19] Regresaremos al *Vijñanabhairava*, desde el punto de vista de la experiencia mística, en el capítulo 8.

Tal vez podríamos, para acabar, insistir en el hecho de que la sexualidad, en todos los casos que hemos observado, se utiliza como medio de acceso a la trascendencia (o al menos a "estados alterados de consciencia"), o a poderes sobrenaturales. No es una pulsión a la que se ceda, sino una fuerza que se controla. Es una técnica de control y no hedonismo. La vida tántrica no es búsqueda del placer.

7. La palabra tántrica
Los 'mantras'

«La Palabra no tiene fin, más allá de toda creación, inmensa…
La palabra y la primera sílaba, nacida del Orden,
madre de los *Vedas*, ombligo de la inmortalidad.»
Taittirîya Brâhmana, 2.8, 4-5

Desde la época védica, la India ha atribuido a la palabra un valor fundamental. Las especulaciones acerca de su naturaleza y energías forman parte del núcleo no solo de la religión, sino del pensamiento de la India. El tantrismo se inscribe en esta tradición que todavía desarrolla, llevándolos al extremo, el papel y los poderes de la palabra –esencialmente bajo la forma de los *mantras*–, y, todavía más, multiplicando los ritos y prácticas que la ponen en juego, elaborando al mismo tiempo una vasta literatura sobre el tema. Estas prácticas y especulaciones conforman lo que se ha dado en llamar el *mantrashâstra*, la enseñanza de los *mantras*, cuyo lugar en el universo tántrico es tal que este término, junto con el de *tantrashâstra*, la enseñanza tántrica, han pasado a considerarse en muchos casos como sinónimos.

Todo lo que tiene que ver con la palabra, su naturaleza, su energía y sus usos, puede encontrarse en el núcleo de la realidad tántrica.[1] El tema es inmenso: no bastaría un volumen. Por ello, aquí no podemos más que tratarlo superficialmente. Así lo haremos, repasando en primer lugar las cosmogonías de la palabra, los aspectos que esta asume en el universo y en el cuerpo humano, y finalmente ciertas prácticas rituales donde desempeña un papel, sobre todo a través de los *mantras*, cuya importancia es extrema y a los que se consagrará la segunda parte de este capítulo. Antes de abordar el tema hay que precisar que la palabra, en todos los casos que abordaremos, es la palabra hablada, oral: solo esta es divina y eficaz. Las formas escritas que pueden existir no son más que rastros concretos, útiles en su orden, pero consideradas inferiores y solo de valor o con efecto en la medida en que permiten vislumbrar una realidad que por naturaleza es inmaterial.

La palabra cósmica

La energía y el papel cósmico de la Palabra, proclamados desde el *Veda* (el himno I.124 del *Rigveda* la divide en cuatro), son objeto en los textos tántricos de una sistematización que precisa los aspectos y la función, siendo estos puntos especialmente desarrollados en el shivaísmo no dualista cachemir. Sea cual fuere su base textual, esta especulación casi siempre ha presentado una particularidad que pudiera desconcertar a los occidentales: la de considerar la palabra no solo como una fuerza de una naturaleza generalmente fónica, sonora o verbal, sino de manera más especial, expresándose a través del alfabeto sánscrito o mediante formas de la lengua sánscrita, vinculada a la palabra hablada erudita y, más concretamente, a nociones de fonética o de gramática, lo cual no podría ser más indio: «Adherirse al pensamiento índico –decía Louis Renou–, es en primer lugar pensar como un gramático», pero un gramático –añadiría– que es al mismo tiempo teólogo, metafísico y místico.

Los aspectos cósmicos de la palabra tántrica son muy numerosos. Pueden observarse invocados en diferentes circunstancias. Uno de los más interesantes es aquel en que la palabra ocupa un papel de creador cósmico bajo la forma de la lengua sánscrita. Aparece descrito en las tradiciones vishnuitas, así como en las shivaítas. La exposición más compleja a causa de la imbricación metafísico-gramatical es la del shivaísmo no dualista: es el sistema de la emanación fonemática, presentado por Abhinavagupta, que se basa en antiguos *tantras*, sobre todo en el capítulo 3 del *Tantrâloka*. Es demasiado complejo para poder resumirlo. Digamos solamente que se considera que la divinidad tiene por esencia la Palabra, que es su aspecto de energía, de *shakti*, y que esta energía-palabra tiene como naturaleza y forma la lengua sánscrita. Así pues, la Palabra bajo la forma sánscrita es la que conducirá al mundo a la existencia y le mantendrá con su omnipotencia. Por ello, la divinidad suprema, Paramashiva,[2] que es Consciencia absoluta, a la vez Luz y Consciencia (*prakâsha* y *vimarsha*) –siendo su aspecto de consciencia el de su energía, de palabra–, se hará consciente de la presencia en ella de los 50 fonemas del alfabeto sánscrito, en el orden de la gramática tradicional, de *A* a *KSHA*.[3] Cada fonema corresponde a un aspecto diferente de la energía creativa de la divinidad y hace nacer en ella uno de los planos o aspectos constituyentes de la manifestación cósmica. Este proceso no es temporal, sino que está fuera del tiempo. No deja de producirse, formando la fuente y el substrato omnipresentes y eternos, hechos de palabra, del universo. La divinidad, en efecto, no sabría dejar de crear y de animar el universo que, sin ello, desaparecería.

Shiva, que de este modo guarda en sí bajo forma arquetípica el alfabeto sánscrito y la manifestación cósmica que este hace aparecer, conseguirá manifestar, mediante una serie de tomas de consciencia gramaticalmente ordenadas,[4] de proyecciones luminosas y de reflejos de los fonemas del sánscrito a distintos niveles de la energía cósmica –del más elevado, infinitamente sutil y supremo, al más bajo, concreto y manifiesto–, todos los niveles y todos los aspectos de la manifestación cósmica, que se despliega por etapas según el sistema clasificador, que ya hemos visto, de los *tattvas*.[5]

Se puede ver una misma imbricación de lo lingüístico y de lo cósmico, de manera intelectualmente menos sutil pero más integrada en la visión "teo-antropocósmica" tántrica del cuerpo y de la palabra, en otras descripciones del nacimiento, a la vez divino-cósmico y corporal, de esa palabra donde lo divino, lo cósmico y lo humano son siempre inseparables. Citaré la siguiente extraída de un antiguo *tantra* shivaíta, el *Tantrasadbhâva*,[6] donde pueden verse entidades divinas naciendo en el cuerpo humano:

> «Esta Energía suprema, sutil, cantada como trascendiendo toda práctica, se enrosca alrededor del *bindu* del corazón como una serpiente dormida. Ahí permanece, adormecida, sin pensamiento, ¡Oh, Umâ! Esta Diosa encierra en ella los 14 mundos, con la Luna, el fuego, el Sol y los astros, permaneciendo inconsciente, como narcotizada por un veneno. Se despierta con un sonido (*nâda*) muy puro hecho de conocimiento, siendo batida por el *bindu* (Shiva) presente en su seno, ¡ah, la muy Bella! De este batir que tiene lugar en su cuerpo, a base de un movimiento circular y continuo, nacen puntos (*bindu*) luminosos, producto de esta división [sexual]. Así se eleva la Fuerza (*kalâ*) sutil, la Kundalinî. El Señor es el *bindu* que se encuentra en su seno. Es cuádruple, ¡oh, el Bienamado! Gracias a la conjunción de la Batida y del Batidor se produce un movimiento ascendente, y la energía que se produce entre estos dos *bindu* (Shakti y Shiva) se denomina la Derecha (Rekhinî), que tiene los dos *bindu* en sus extremidades. Pasa a ser la fuerza del triple camino, llamándose Raudrî. Pero también se la canta como Rodhinî, pues obstruye el camino de la liberación. Su forma es la de la Luna. Ésta, Ambikâ, tiene el aspecto de una media Luna. Así pues, la suprema Energía adopta tres formas. De la

> unión y de la separación de estas energías proceden los nueve grupos de fonemas, repartidos en nueve categorías. La Diosa entra sucesivamente en los cinco [brama] *mantras*, *sadyojâta* y los otras. Por eso, ¡oh Señora de los Héroes! se la denomina quíntuple. Se la llama duodécupla, pues doce son las vocales. Dividida en 50 partes, reside en los fonemas de la *A* a *KSHA*. En el corazón está, se dice, dotada de un átomo; en la garganta, de dos átomos; de tres en la punta de la lengua. Claro está, de la punta de la lengua nacen todos los fonemas. Tal es el nacimiento del sonido (*shabda*) que penetra todo lo que se mueve o es inmóvil».

En esta visión mítica, la Energía divina nace en el corazón humano, luego se convierte en la *Kundalinî*, divina, que se alza por la unión sexual de dos divinidades, tras lo cual aparecen tres energías divinizadas: es el plano divino. Intervienen entonces cinco *mantras* (que son, a la vez, divinidades y fórmulas rituales enunciables), luego llegan los fonemas constituyentes del alfabeto sánscrito, es decir, la palabra, fuerza cósmica. Pero donde nacen estos fonemas es en los órganos de la fonación, en el cuerpo humano. (Los planos divino, cósmico y humano están inseparablemente mezclados.)

Existen otras descripciones análogas de la manifestación cósmica de la palabra, incluso en textos del *Pâñcarâtra*: en el *Ahirbudhnyasamhitâ* (capítulos 16-17), por ejemplo, o en el *Lakshmîtantra* (capítulos 18-20). Aunque los procesos creadores pudieran diferir en los detalles, el principio es siempre el mismo: se trata de cosmogonías de base fonética, y la energía divina creadora del universo es la de la palabra bajo la forma del alfabeto sánscrito. Tal vez consideremos que se le concede demasiada importancia a constructos míticos o intelectuales arbitrarios y extraños. No obstante, merecen también ser mencionados porque son tan típicamente tántricos por su visión cósmica como típicamente indios por su aspecto fonético y gramatical.

La palabra en el ser humano: palabra y consciencia

Retornemos al plano humano. Los niveles y aspectos de la palabra que acabamos de ver, en tanto bases de los sucesivos planos de la manifestación cósmica, también operan en el ser humano. Y lo hacen de la misma manera: mediante la aparición de niveles de la palabra progresivamente más concretos –según los teóricos shivaítas cachemires (también en este caso)– nace en el ser humano la palabra, la lengua y, con ella, su consciencia y la consciencia que tiene del mundo. Si el mundo nace con y a través de la palabra, la consciencia humana, también. Esta palabra, en estos sistemas, es la vida de la consciencia: la toma de consciencia de sí mismo y la palabra son indisociables. Respecto a esta cuestión, los exégetas shivaítas cachemires retoman la fórmula del filósofo de la gramática, el shivaíta Bhartrihari (siglo V) según la cual, para el ser humano: «No hay en este mundo ideas o experiencias que no vayan acompañadas de palabras».

Desde esta perspectiva, para el ser humano no existe presencia en sí mismo y en el mundo si no está permeada por la palabra: me conozco como existente, como Yo, porque hablo. No obstante, esta palabra no está presente únicamente en el ser humano en el nivel del lenguaje, sino en todos, incluyendo el más elevado, *parâ*, la palabra suprema. La presencia de esta en la consciencia humana es efectivamente necesaria pues, para estos pensadores que ante todo son metafísicos, toda forma de palabra, incluso la más explícita, no puede poseer un estatus ontológico y, por tanto, validez como medio de conocimiento a menos que repose sobre un punto de partida absoluto, un fundamento eterno, por otra parte identificado con la Consciencia suprema, que es Palabra.

Esta necesidad no es únicamente lógica, sino metafísica, ya que (como ya se dijera en el capítulo 4) las teologías índicas, sean o no tántricas, son emanacionistas: para ellas nada puede manifestarse en el mundo si primero no es en la divinidad. En la India no existe la creación *ex nihilo*, nada de *fiat* tras lo cual se da todo. La creación es continua, siguiendo un proceso cíclico, resultando eternamente de la divinidad. El vínculo de la manifestación con la divinidad es ininterrumpido. Lo mismo vale, *mutatis mutandis*, para el ser humano, cuya palabra expresada no puede existir ni ser válida a menos que repose sobre la palabra suprema, receptáculo, *fons et origo*, substrato eterno de toda posible palabra.[7] «¿Cómo podría –dice un texto tántrico–, al hablar, pasarse de una palabra a otra si entre cada una de ellas no se reposase en la Palabra suprema?» Esta palabra haría suceder todo lo que existe, y el universo no podría estar presente (en sí mismo y para el ser humano) más que en la medida en que la palabra le hace nacer, animándolo continuamente.

Así pues, en el fondo de toda consciencia humana se encuentra la palabra suprema, *parâ*, seminal, silenciosa, palabra anterior a toda palabra, fondo de consciencia pura luminosa donde todo reposa en germen. En ella nace una "enunciación interior" que es más bien el apunte de movimiento hacia la expresión («es como una señal de una cabeza interior», dice Abhinavagupta). Con este movimiento aparece la palabra "vidente" (*pashyantî*), que es, hablando con propiedad, la primera etapa de la palabra. Se la denomina "vidente" porque a ese nivel nace en la consciencia como un deseo de ver, el esbozo de una primera visión de lo que será manifiesto en las etapas siguientes, siendo esta visión sintética, no discursiva y totalmente sumergida en la consciencia, en el yo (*aham*) que es la principal y primera afirmación del ser, de un yo trascendental. A continuación vendrá la palabra media o intermedia (*madhyamâ*), donde se forman, siempre sumergidos en la consciencia, los esbozos del lenguaje y de lo que este expresa: el Yo (*aham*) y el "eso" (*idam*), la objetividad, en su estado sutil, están en equilibrio. La percepción y la "nominación" del mundo nacerán ahí: se está en el punto de partida de la consciencia discursiva y de lo que esta crea al pensarla. Este plano se describe a veces como el del lenguaje interior. Luego viene la etapa final, la de la palabra "articulada" (*vaikharî*), así denominada porque todo lo concreto, palabras y cosas, se presenta, se "despliega". Es el plano del lenguaje, del pensamiento discursivo y de toda la objetividad: el mundo en que vivimos y hablamos. Es el mismo proceso que crea la manifestación cósmica.

No estoy exponiendo más que la articulación de una teoría que cuenta con diversos desarrollos y que en realidad es de una riqueza y sutilidad extremas. Puede observarse cómo nace en el ser humano –a partir de un primer fondo de la consciencia– un pensamiento que se dibuja poco a poco convirtiéndose en visión y en expresión hablada (¡Nada de ideas! La India nunca ha creído que se pensase mediante ideas), movimiento interior que, a través de sucesivos escalones, se hace realidad en palabra y en pensamientos explícitos, produciéndose con ellos la lengua (las lenguas) y la percepción de las cosas: la toma de una clara consciencia del ser, la aprehensión del mundo y la presencia en el mundo. También se expone la manera en que se establece la relación de las palabras con las cosas, cómo se produce la adquisición de todo conocimiento, sobre qué reposa y cómo funciona la memoria. Asimismo está presente una teoría del aprendizaje (que se supone que se produce en *madhyamâ*, pues es en ese plano en el que se otorga un nombre a las cosas). La exposición de este sistema en todos sus aspectos, sobre todo a cargo de Utpaladeva y Abhinavagupta, conforma uno de los capítulos más brillantes y cautivadores del pensamiento filosófico tántrico de la India, que he debido resumir horriblemente aquí.[8]

Palabra y hálito vital

La palabra está presente en el ser humano sobre todo de una manera menos metafísica, más yóguica y corporal. Una palabra que, por su naturaleza y movimiento, no se distingue casi del hálito vital, el *prâna*, que, al igual que ella, es una fuerza vibratoria que anima al ser humano a la vez que lo sobrepasa.[9] Ya en las *Upanishads* védicas[10] pueden descubrirse especulaciones de este tipo, acerca de la presencia y el papel de la palabra en el cuerpo humano. A ellas se remontan los desarrollos tántricos al respecto, que no obstante son infinitamente más detallados, distinguiendo en especial entre planos y aspectos distintos del hálito vital, desde su forma sensible de hálito respiratorio hasta su plano más elevado, identificado al sonido eterno, el *shabdabrahman*; la característica más notable de la visión tántrica de la palabra es que sus aspectos corporales son inseparables de su naturaleza y de su papel como energía cósmica. Esta energía actúa en el cuerpo tanto físico como imaginal, animándolo, divinizándolo y trascendiéndolo. Hemos visto un caso algo extraño pero ejemplar en el fragmento del *Tantrasadbhâva* citado anteriormente.

Para los textos tántricos no solo existen los tres aspectos generalmente reconocidos del hálito vital: *prâna, apâna* y *udâna*. Existen por lo menos cinco, a veces diez, o incluso más, circulando en el cuerpo yóguico (desbordando por ello el cuerpo físico), que corresponden a veces a distintos planos de la palabra y que cumplen funciones concretas. Es una de las formas en que el cuerpo es habitado por la palabra.

Esta aparece sobre todo bajo el aspecto de una vibración fónica sutil, el *nâda*. En cuanto a este, los *tantras* distinguen aspectos y planos diversos, de mayor o menor sutileza, que desempeñan un papel en el funcionamiento del cuerpo yóguico (e incluso en algunos cultos;[11] las especulaciones teóricas, en especial a propósito de la palabra, y los ritos, no se separan). El *nâda* es tanto la condensación de la vibración fónica original (la de la Palabra suprema) como un sonido que va desde lo inaudible a lo audible, o de lo audible a la disolución de todo sonido en el silencio del absoluto, si se considera el movimiento en sentido inverso. Están presentes nociones cosmogónicas, pero vuelven a encontrarse en el plano humano, en el cuerpo-espíritu, donde se viven.

Mencionemos también otra forma sutil de sonido, el *bindu*, la "gota" o el punto, que nace del *nâda* y que es la concentración en ella misma de la energía de la palabra, punto por donde pasa necesariamente antes de eclosionar y dirigirse hacia el sonido audible y la palabra hablada, o antes de resorberse en el sonido *brahman*. En la estructura del cuerpo imaginal, *bindu* suele designar el *chakra* del centro de la frente, punto por el que pasa la *kundalinî* antes de alcanzar el *brahmarandhra*, el punto límite superior del cuerpo. Pero también hay un *bindu* del corazón, desde donde aquella puede elevarse.[12]

En el cuerpo, todavía más que bajo la forma de elementos fonético-lingüísticos, la palabra está presente sobre todo en la forma de los *mantras*, impuestos por *nyâsas*, presentes en los *chakras*, o circulando con el *prâna* (a veces como la vibración fónica del *nâda*). Veamos pues los *mantras*, con los que entraremos en un aspecto fundamental del mundo tántrico.

Los 'mantras'

«El medio es el mensaje.»
MARSHALL MCLUHAN

En el contexto tántrico, los *mantras* merecen en sí mismos un capítulo, pues su importancia es enorme. Así es, los *mantras* existen desde el *Veda*, donde el término posee de hecho un sentido particular, pues designa los himnos. La forma y usos de los *mantras* han evolucionado desde entonces, y la palabra "*mantra*" ha adoptado el sentido que conocemos en la actualidad: una fórmula ritual estereotipada, generalmente breve, cargada de eficacia, que ante todo sirve para evocar o invocar a una divinidad, pero que también tiene usos diversos, utilitarios y mágicos. Sobre todo han proliferado en el hinduismo (y el budismo) tántrico, donde esos cortos enunciados, en la mayoría de las ocasiones carentes de sentido pero cargados de energía, ocupan el espacio ritual de tal modo que podría decirse que este ya no es más que el lugar donde solo actúan los *mantras*. De un tema tan inmenso no podemos más que –también en esta ocasión– ofrecer un breve apunte.[13] Por ello, en primer lugar veremos la forma de los *mantras* tántricos, para pasar luego a su naturaleza y, finalmente, a sus usos.

La forma de los 'mantras'

Señalemos en primer lugar que los *mantras* son en sánscrito y jamás en otra lengua.[14] Son fórmulas convencionales, fijas y transmitidas por la tradición: un *mantra* se recibe, no se improvisa. Dicho lo cual, apuntemos también que los *mantras* tántricos son de formas diversas. A menudo (sobre todo cuando evocan o invocan una divinidad) tienen una forma corriente en el hinduismo ortodoxo: *OM*, seguido del nombre del ser invocado, en dativo, y a continuación una exclamación final, la *jâti*, de la que existen seis formas: *namah, svâhâ, vashat* o *vaushat, HÛM* y *PHAT* (terminaciones de origen védico). Eso nos da *mantras* como *OM Shivâya namah*, u *OM HAUM Shîvaya namah*, para invocar a Shiva. Las fórmulas de este tipo tienen un sentido: *Shivâya namah* significa "veneración por Shiva".

Algunos *mantras* –sobre todo si son de origen védico– pueden incluir, o consistir en, una frase, breve o larga, dotada de sentido. Pero los monosílabos o grupos de sílabas han tendido no solo a enmarcar la fórmula central, sino incluso a sustituirla, conformando pues todo el *mantra*. Así pues, *Om* se utilizará solo; pero es posible encontrarlo en el inicio de casi todos los *mantras* e incluso antes de un *bîja*, antes de *SAUH*, el *mantra* de la diosa suprema de la Trika, por ejemplo. Monosílabos como *HRÎM, KLÎM, SHRÎM, HAIM*, etcétera, se utilizan aisladamente o en grupo. El *mantra* del "ojo" de Shiva, el *netramantra*, es *OM JUM SAH*; el de la diosa Tripurasundarî, la *shrîvidyâ*,[15] aparece en su forma más corriente constituido por 15 sílabas repartidas en tres grupos *HA SA KA LA HRÏM HA SA KA HA LA HRÏM SA KA LA HRÏM*. El *mantra* llamado *vidyarâja* es un conjunto de nueve grupos de nueve sílabas, lo que suma 81 (repartidas en un diagrama). Estos grupos silábicos no tienen en sí mismos ningún sentido, desde luego. El grupo de fonemas que constituye un *mantra* también puede ser incluso impronunciable. Es el caso, por ejemplo, del *pindanâtha*, el *mantra* shivaíta de la resorción cósmica *KHPHREM* o *HSHPHREM*, o el del *navâtmamantra*, una de cuyas formas es *HSKSMLRYÛM*, etcétera. El conjunto del alfabeto sánscrito (que entonces pasa a denominarse *mâtrikâ*), así como cada uno de sus 50 fonemas, también pueden considerarse y utilizarse como un *mantra* (sobre todo en los *nyâsa*), correspondiendo cada fonema a una divinidad. El *bhûtalipimantra*, *mantra* de "la escritura de los elementos", es un *mantra* alfabético de 42 fonemas, de *A* a *SA*, repartidos en nueve grupos. Hay "divinidades alfabéticas" (*varnadevatâ*), con el cuerpo constituido por letras. Es el caso, por ejemplo, de la diosa Sarasvati-Vâgîshî.

Podríamos citar miles de ejemplos. Pero sea cual fuere la forma fonético-lingüística de los *mantras*, es esencial y debe ser estrictamente respetada. Un *mantra* puede no tener sentido, pero siempre tiene una función que no puede llevar a cabo más que si es bien enunciado y en las condiciones autorizadas. La acción se realiza gracias a la energía de las sílabas que lo componen.[16] Si un *mantra* no se enuncia de manera exacta y adecuada, es ineficaz y puede ser peligroso para quien lo utiliza. Aunque sea impronunciable, funciona porque está formado por sonidos (vocales o mentalmente evocados). Un *mantra* escrito es letra muerta: es ineficaz… al menos en principio.[17]

¿Pero en qué se reconoce un *mantra*? ¿Existe un criterio generalmente válido de "mantricidad"? En realidad, no. A veces se dice que se reconoce por ciertos rasgos fonéticos o lingüísticos, por su terminación en *M*, por ejemplo. Pero no es el caso: existen *mantras* de forma y terminación diversas. En realidad, en una tradición, un *mantra* lo es porque esta lo presenta y trata como tal. Cada tradición cuenta con los suyos. También existen *mantras* –pocos– de uso universal, utilizados en todas las tradiciones, siendo el más conocido *OM*. Tradicionalmente se dice que existen 70 millones de *mantras*, pero nunca los ha contado nadie. Aunque no se acercan a esa cifra, ni de lejos, lo cierto es que son muy numerosos.

Señalemos en último término que existen clasificaciones de *mantras*. Se reparten así en masculinos si se refieren a dioses o entidades masculinas, y en femeninos si lo hacen a su vez a diosas o entidades femeninas. Los femeninos se llaman *vidyâ* ("sabiduría"). Los monosilábicos se denominan *bîja* (o *bîjamantra*), es decir, gérmenes o semillas: una divinidad puede ser invocada mediante un *mantra* entero, más o menos largo, o más brevemente, con su *bîja*. También se clasifica atendiendo a su longitud.

Los *mantras* otorgados en la iniciación y los que se utilizan en el culto de una divinidad o en cualquier acción ritual o mágica y que deben ser controlados mediante una práctica ritual particular son en principio secretos y se transmiten de boca a oreja: un *mantra* así, si se lee, se escucha por casualidad o se encuentra en un libro, es ineficaz. Esta regla no siempre es aplicable a los de uso corriente en los ritos.

Acerca de la naturaleza de los 'mantras'

La naturaleza de esta forma y de este empleo particular del material de la lengua que es el *mantra* ha sido objeto de diversas teorías y de numerosas discusiones tanto en la India tradicional como en Occidente.

Para nosotros, los *mantras* son simples abracadabras, ejemplos especialmente sorprendentes a causa de su número y sistematización, acerca de la creencia universal y supersticiosa sobre la eficacia mágica de la palabra. Pero desde el punto de vista indio –y en especial del de los textos tántricos–, la naturaleza de los *mantras* plantea un problema por el hecho de que se les considera esencialmente formas de la *vâc*, de la primera Palabra, fuerza trascendente, inmortal, omnipresente y omnipotente, a la vez que también son enunciados lingüísticos perceptibles, de usos concretos y de una eficacia enmarcada mediante reglas precisas *–rule-governed utterances* que existen en el plano de la vida cotidiana de los seres humanos–, y por tanto muy alejados de la potencia absoluta e ilimitada de la *vâc*. Este problema apareció en la India ya desde la época postvédica, y no solo en la literatura tántrica.

En este ámbito, los *mantras* son, se dice, la forma fónica, la naturaleza esencial, de las divinidades. Las representan en el uso práctico pues se las invoca –o situándolas sobre uno mismo o un soporte– a través de ellos, manipulándolas con fines diversos.

Cuando se utiliza un *mantra* de forma ritual, por lo general hay que representárselo mentalmente. Lo que así se "visualiza" es la divinidad de quien es esencia. *Mantra* y divinidad son pues idénticos: los *tantras* lo afirman así explícitamente en ocasiones, sobre todo cuando presentan a las divinidades solo mediante su *mantra*. Los versículos que describen el aspecto de las divinidades que es necesario representarse (*dhyânashlokas*) suelen ofrecerse en repertorios de *mantras*. Por tanto, podría decirse (lo he hecho ya anteriormente en esta obra) que en realidad los panteones tántricos son panteones de *mantras*.

La existencia de estas estrofas y la de repertorios de *mantras* que cualquiera puede consultar parece contradecir el carácter secreto que se acostumbra a atribuir a los *mantras*. Pero, como ya hemos dicho, solo son secretos y reservados a quienes son dignos de recibirlos aquellos *mantras* que permiten evocar eficazmente a las divinidades y actuar en ellas o con ellas. Estos últimos, o los que cuentan con un uso mágico, deben ser controlados por el adepto iniciado llevando a cabo un conjunto de ritos, un *mantrasâdhana*, largo y complicado, antes de poder utilizarlos. Los textos presentan los *mantras* salvaguardando también el secreto, ofreciendo su composición silábica de manera indirecta y convenida (a veces utilizando diagramas donde se presentan las letras del sánscrito entre las que hay que hallar, ritualmente, las que componen el *mantra*), diagramas que solo los iniciados pueden descifrar.

Finalmente, los *mantras* no son únicamente los de las divinidades: los miembros, rostros o atributos de las mismas tienen (o son) también *mantras*, igualmente presentes en diversas entidades sobrenaturales, o en aspectos o divisiones del cosmos, elementos con los que no se les puede identificar con exactitud (aunque los representen en el uso ritual). En cuanto a su naturaleza, son (por lo general, en la práctica) enunciados "activos",[18] que "hacen lo que dicen": que, en los ritos, ejecutan ciertas acciones. Por ello, con el *mantra astra* ("espada"), se corta o se separa ritualmente dos elementos; con el *mantra kavaca* ("coraza") se protege o rodea un área ritual. Los *mantras* se hallan constantemente presentes en los ritos (y la magia) bajo este aspecto. Entonces no son exactamente divinidades, sino que no dejan de ser divinos en su naturaleza; por ello son ritualmente –y podríamos decir que simbólicamente– eficaces. Además cuentan con una forma humana o escrita que puede representarse.

Uso de los 'mantras': prácticas mántricas

Mediante sus usos y la forma en que se ponen en práctica podremos apreciar mejor la omnipresencia (en la visión de un universo nacido de la palabra) de los *mantras*, tanto en el cuerpo como en la vida espiritual del ser humano y, finalmente (tal vez sobre todo), en los ritos.

Al ser en esencia entidades de naturaleza fónica, los *mantras* están vinculados de manera natural con el hálito, sobre todo el vital (*prâna*), pero también respiratorio, deduciéndose una presencia natural en el cuerpo. Un cuerpo vivo es un cuerpo que respira, y esta respiración puede estar habitada por *mantras*. El enunciado de un *mantra* se llama *uccâra* en sánscrito, que significa "enunciación", pero también "ascenso, empuje ascensional". El *uccâra*, el enunciado mental interior, vivido, de un *mantra*, se concibe como un ascenso interiorizado de este en el cuerpo imaginal del practicante, siguiendo el trayecto de la *sushumnâ*, que es el mismo de la *kundalinî* en su movimiento ascendente que, como hemos visto, finaliza más allá del cuerpo. Los *mantras* se orientan por naturaleza hacia el más allá.

Una práctica tántrica shivaíta que muestra perfectamente esta naturaleza y este funcionamiento de los *mantras* (relacionada en este caso con la espiración) es la del *ajapâjapa*, la "recitación de la inrecitada", donde la propia respiración es recitada o más bien "inrecitada", pues no se enuncia palabra alguna. Se menciona en numerosos textos, sobre todo en algunas *Upanishads* tántricas (*Dhyânabindu, Hamsa, Yogashikhâ*, etcétera). En efecto, se considera que con la respiración se formula el *mantra hamsa*, formado por dos sonidos, *ha* y *sa*, que se considera produce la respiración de manera natural, y es comprendido como *aham sah*, "yo soy Él", e inversamente, *so'ham*, "Él soy yo", dos sílabas asociadas respectivamente a la inspiración y la espiración. Cada respiración se convierte, de este modo, en la repetición de una fórmula de identificación con Shiva, repetida 21.000 veces cada 24 horas.[19] Así pues, un movimiento corporal, una función fisiológica, se siente como un movimiento liberador de la palabra. Con solo respirar y concentrarse en la respiración, el adepto se siente como animado por un movimiento de unión fusional con la divinidad. No es necesario decir que esta sencilla práctica, que es tántrica, se acompaña a veces de especulaciones teológicas y de intensas y complejas visualizaciones.

Existen otras formas de presencia de los *mantras* en el cuerpo, por ejemplo en los *chakras*, que se despertarán y activarán cuando la *kundalinî* atraviese esos centros. Pero también se les ve circular, por ejemplo, ascendiendo del *mûlâdhâra* hasta el *brahmarandhra* o al *dvâdashânta*, arrastrando en el mismo movimiento el espíritu del adepto hacia la divinidad. Ya lo hemos observado en el capítulo precedente con el *japa* de la *shrîvidyâ*. Pero es algo que también se produce, de manera más general, con el *mantra OM*, que en ese caso se considera subdividido en sus elementos constituyentes. Se compone pues de *A, U* y *M*, letra cuya pronunciación se prolonga bajo la forma más sutil del *bindu* (el *anusvara*, la nasalización que sigue a la vocal), que continúa en ocho estados sucesivos (llamados *kalâ*, porción) cada vez más inmateriales de la vibración fónica: *ardhachandra* ("media luna"), *nâda, nâdânta*,[20] etcétera, hasta la *unmanâ*, la "transmental", donde la vibración, ya imperceptible, se disuelve en el origen de la palabra, el silencio del absoluto. Esta ascensión mántrica cada vez más sutil puede vivirse de forma puramente mental o ser imaginada (es el caso de la *shrîvidyâ*) como sucede al seguir el movimiento ascensional de la *kundalinî* en el cuerpo. Este enunciado ascensional de *OM*, vivido mental y corporalmente, es una práctica muy general e importante.

Los *mantras* también pueden circular por los canales del cuerpo imaginal, los *nâdî*, como una especie de fluido, extendiendo su energía por todas partes. Así pues, en el *Netratantra* (capítulo 7), el *mantra* del «ojo de Shiva» sube con el hálito vital ascendente, empieza a vibrar, atraviesa los *chakras* escalonados a lo largo de la *sushumnâ*, después los centros secundarios, hasta alcanzar el *dvâdashânta*, desde donde desciende hasta el *chakra* del corazón del adepto, que se llena entonces de elixir de vida (*amrita*) que, al difundirse por todo el cuerpo, le tornará inmortal.

'Japa'

Los *mantras* empiezan a operar sobre todo a través de la repetición ritual, el *japa*. A veces es necesario repetirlos millones de veces. Esta recitación repetitiva, muy corriente y que se lleva a cabo generalmente con un rosario (*akshamâla*), se remonta a la época védica y no es propia del tantrismo, pero este le ha influido añadiendo a la repetición del *mantra* elementos suplementarios, como *mudrâs*, vinculándolo a la respiración (acabamos de verlo con el *ajapâjapa*), así como visualizaciones y ritos destinados a proporcionarle mayor eficacia religiosa o espiritual.[21] El rosario tiende a ser considerado como un icono (cuenta con su propio *mantra*) cargado de energía. Su confección y posterior consagración, sin la cual resulta ineficaz, se lleva a cabo ritualmente.

El *japa* se practica en numerosas ocasiones: en el culto (donde normalmente conforma la parte final de la *pûjâ*), en la iniciación, etcétera. El *japa* interviene también en los ritos mágicos, cuya eficacia se sustenta evidentemente en la palabra. Pero es asimismo o puede ser, un acto puro de devoción a la divinidad, una "oración del corazón". Así lo utilizan generalmente los hindúes, en ritos donde se apoya en un contexto tántrico, añadiendo su efectividad propia al movimiento (siempre incierto...) de la oración hacia Dios. Traducir *japa* por "oración", como suele hacerse, resulta poco exacto.

También puede suceder algo que pertenece al ámbito tántrico, que un *mantra* no se utilice de la forma más corriente (es decir, como un enunciado eficaz por sí mismo, actuando de una manera un poco mágica, utilizando únicamente la energía de la palabra), sino como conducente a la liberación a través de una especie de penetración intuitiva en los planos metafísicos que simbolizan los fonemas que lo constituyen. Esos fenómenos son ciertamente potentes en sí mismos, pero en este caso lo son porque se les concibe como portadores de una realidad de orden metafísico, cuya realización (intelectual y mística a la vez) conduce a la salvación.

Tomemos por ejemplo el caso de la meditación del *bîjamantra SAUH*, el "germen del corazón" (*hridayabîja*), símbolo de la energía emisora femenina en su origen, semilla del universo que contiene en ella, tal y como la describe un antiguo texto shivaíta, el *Parâtrimshikâ*, o bien el *Tantrâloka*. *SAUH* está compuesto de tres fonemas: *S, AU* y *H*. *S* se entiende como *sat*, el ser (es el sentido de *sat* en sánscrito), el ser absoluto, el *brahman*, que contiene en él, en germen, toda la manifestación. *AU* es, en el sistema (que hemos visto) de la emanación fonemática, la conjunción de las tres energías básicas de Shiva. Así pues, aquí simboliza la energía cósmica que anima la manifestación. En cuanto a *H*, es el *visarga* ("emisión"), símbolo de la potencia emisora cósmica de Shiva. Con *SAUH*, según Abhinavagupta, tenemos la fórmula: «El universo (*S*), que gracias a la toma de consciencia de las tres energías (*AU*), deviene en germen y será emitido (*H*) en el seno de Bhairava». *SAUH* simboliza así la manifestación presente en Shiva, al igual que la total inherencia de Shiva respecto al mundo. Dios llena el Universo, el universo *in statu nascendi* en Dios. En ese sentido *SAUH* es el "germen del Corazón": el *bîjamantra* de Shiva, Corazón, centro y origen de todo.

Pero todavía hace falta que el adepto "realice", haga suya, viva espiritualmente, la verdad metafísica simbolizada por *SAUH* –pues esa es la razón de ser de este *mantra*–, lo que supone una experiencia vivida del ascenso en él de la energía (*kundalinî*), asociando el movimiento al de los fonemas de *SAUH*. Los textos varían en los detalles acerca del procedimiento que hay que seguir. De todas formas, este siempre consiste en una práctica de *kundalinî-yoga* en la que el *yogin*, mientras enuncia los tres fonemas del *mantra*, asocia dicha enunciación –que es un *uccâra*, un tirón ascensional– al trayecto ascendente de la energía de su hálito vital, que se eleva hasta el *dvâdashânta*, punto de fusión con la divinidad suprema que guarda en ella toda la manifestación. De ahí una experiencia cósmica salvadora en la que se combinan, de forma más tántrica, la identificación vivida de la palabra en su energía corporal y cósmica, y la comprensión intelectual, si no de una realidad, al menos de un constructo metafísico.

Antes de acabar con los *mantras* tántricos es necesario mencionar una cuestión, en realidad preliminar, que es la de la elección, de la constitución fonética, y luego de la eficacia de un *mantra*, que son objeto de actos rituales acerca de los que habría que decir algunas palabras, pues se trata de operaciones que subrayan el carácter particular de los *mantras* tántricos. En efecto, cuando un *mantra* debe ser útil a un adepto iniciado, a un *sâdhaka*, a fin de alcanzar una meta en particular de orden mundano o espiritual, hace falta que esté perfectamente adaptado. De ahí los ritos que utilizan diagramas alfabéticos para comparar las letras del *mantra* con las del nombre del adepto, que deben ser compatibles. En caso de no serlo puede ser de ayuda ejecutar ritos complementarios (culto de la divinidad, ofrendas, como la de carne humana en los casos más difíciles…). Pero no basta con poseer el *mantra* una vez fijado y conferido ritualmente: falta que el adepto se adueñe de él, pues es una energía, una fuerza de naturaleza sobrenatural poco dispuesta a ser controlada. De ahí que se haga necesaria una ascesis particular, el *mantrasâdhana*, absorbente y difícil, que hemos mencionado antes, y que puede durar meses. Los *mantras* tántricos, observamos de nuevo, son energías divinas que hay que saber controlar.

Los *mantras* están presentes, incluso omnipresentes, en los ritos, más que en el *yoga*, la meditación o la ascesis. Lo están en el culto de las divinidades, en los ritos iniciáticos, de calendario, funerarios o mágicos, en la entronización de los templos y la animación de las imágenes, etcétera. En lugar de tratar de ello aquí vamos a ver los ritos en acción, a lo largo de los capítulos siguientes.

8. El universo ritual

El universo tántrico, ya lo hemos dicho, es hiper-ritualista. Los ritos, numerosos y complejos, se repiten y multiplican infinitamente. No podemos dar cuenta de una masa tan compleja. Podemos, eso sí, poner de manifiesto algunos rasgos para que pueda percibirse su extensión y variedad. Tal vez también para que resulte patente su interés. En efecto, en los ritos tántricos radica una inventiva, un sentido del papel del cuerpo, de los sentidos y de la reflexión, así como de la imaginación visual, excepcionales en muchos sentidos. El rito, en la medida en que es escenificación, creación de imágenes y participación físico-mental del oficiante –tanto si es un simple devoto, como un sacerdote de templo, maestro espiritual/*guru, siddha* o mago–, siempre resulta interesante y a veces sorprendente. El ser humano es un ser ritualista. Para la India, el ser humano se diferencia de las otras criaturas vivas por que realiza ritos.

El extremado ritualismo tántrico se inscribe en una evolución histórica que se remonta a la época védica, cuyos ritos solemnes eran muy complejos. Los del universo tántrico nacen en los márgenes del vedismo y les anima un espíritu muy diferente. En sus inicios, estos cultos visionarios, transgresores, fueron sin duda bastante simples. Luego se ampliaron creando un mundo ritual extremadamente diverso y muy particular que, en los textos (obras de brahmanes, y por tanto de conocedores de los *Vedas* y de sus ritos), aparecía ya bien documentado en el siglo VIII y que ha durado casi hasta nuestros días.

En los ritos que han existido (y que sobreviven) resulta difícil distinguir lo que es propiamente tántrico, porque se basan en el texto sánscrito de los *âgamas* y *tantras* y de sus exégesis, de lo que revela la influencia de la religión popular. Volveremos a tratar de esta cuestión más adelante. Aquí nos basta con señalar como rasgos fundamentalmente tántricos el papel esencial de la imaginación creativa de imágenes, la intención identificadora mental y corporalmente vivida y, sobre todo, el papel de los *mantras*, pues aunque es posible utilizar un *mantra* aparte de todo ritual, lo cierto es que no existe rito sin *mantra*. Podrá decirse que nos hallamos frente a la tríada budista (pero también índica y tántrica): palabra, cuerpo, consciencia (*vâk-kaya-citta*). En suma, el ser humano total.

Es necesario precisar que los ritos que veremos en este capítulo son ante todo ritos privados o domésticos, que cada uno lleva a cabo para sí o para los suyos en su casa o en otros lugares propicios. No son los cultos de los templos, que son los más visibles para el viajero que va a la India, tal vez más impresionantes (cuando se piensa, por ejemplo, en el culto de Jagannath en Puri), pero que no por ello son los más importantes. Así es, los ritos particulares, cotidianos u ocasionales, son obligatorios. No celebrarlos es una falta, aunque no se está obligado a acudir al templo, que no suele frecuentarse más que con motivo de fiestas, por otra parte numerosas. El templo –del que hablaremos en el capítulo 10– no es, pues, el marco normal de los ritos que vamos a describir. Dicho marco es una zona consagrada que puede ser un altar doméstico en la habitación de un hogar, un pabellón erigido para la ocasión, o un lugar de un carácter especial o sagrado: un santuario, un terreno de cremación, la orilla de un río, un cruce de caminos, etcétera. Las reglas que los encuadran suelen ser válidas en el mundo hindú, y no solamente en el ámbito tántrico.

Como no podemos describir aquí todos los ritos tántricos, ni siquiera los principales, daré cuenta más bien de su espíritu, de los principios que los estructuran y de la ideología que los orienta y les confiere un sentido, mostrando al mismo tiempo, mediante algunos ejemplos, lo que pueden ser algunas de esas prácticas o escenificaciones rituales.

El espíritu de los ritos

El universo tántrico, ya lo hemos dicho, es el de la omnipresencia de la energía divina animadora del universo, de la identificación con dicha energía, de su captación y manipulación mediante los ritos. Estos son eficaces porque ponen en práctica esta fuerza. Esta eficacia no deja de acercarlos a la magia, algo esencial en la India: ¿acaso la *mâyâ* no es (también) magia? En principio prescritos por la divinidad, pues los *tantras* son textos revelados, se trata de actos realizados por los seres humanos, pero que permea y anima la energía divina, la *shakti*. Los antiguos kâpâlikas celebraban cultos transgresores, con ritos sexuales para participar de los poderes de las Yoginîs, y siempre, al menos en ciertos casos, los *tântrikas* esperan obtener ritualmente una participación en las potentes fuerzas oscuras de la naturaleza. De ahí ciertos ritos realizados por la noche en terrenos de cremación frecuentados por espíritus y vampiros, y en los que en ocasiones se utiliza un cadáver. De ahí también la posesión (*âvesha*) de los actores rituales por parte de las fuerzas o deidades invocadas: fue un rasgo de los antiguos cultos tántricos visionarios. Es un rasgo, constante, del hinduismo popular. Se observa frecuentemente su ocurrencia en el transcurso de ritos tántricos, pudiendo ser un momento o el objeto, tanto si se trata del culto de deidades temibles, o de iniciación.

Aunque la manipulación de la energía es esencial en los ritos tántricos, ello no ocurre libremente. En todo el hinduismo, la eficacia de los ritos reposa en su ejecución exacta según las reglas prescritas. Todo error puede resultar nefasto y debe repararse, y para ello existen ritos de expiación (*prayashchitta*), que componen una categoría ritual muy importante, sobre todo porque la complejidad de los ritos tántricos aumenta los riesgos de error. Pero a partir de cierto momento (¿siglo XII?) aparece una tendencia a la simplificación, animada por el desarrollo de la devoción, la *bhakti*, para la cual lo que importa es el amor de Dios, el espíritu con el que se actúa, más que la exactitud ritual. De hecho, la exhortación a ejecutar ciertos ritos con devoción puede encontrarse incluso en textos antiguos. Exactitud ritual y devoción no son incompatibles.

Otro rasgo característico: los *tantras* suelen precisar que los ritos deben ejecutarse con generosidad, sin tener en cuenta la economía. De hecho, algunos ritos son costosos, ya que implican la edificación de estructuras temporales a veces importante, la utilización de instrumentos de oro, o el uso de piedras preciosas. A lo cual no solo habría que añadir la entrega del "salario" ritual al oficiante *brahmán* (*dakshina*), sino también otras retribuciones (dones de alimentos, indumentaria, etcétera), así como ofrendas a la divinidad (o al templo) que pueden ser más o menos suntuosas. No todo el mundo dispone de los medios para ejecutar o hacer ejecutar tales ritos, y con ello tener acceso a ciertas ventajas espirituales, cuando no a la salvación. Todo ello pudiera parecernos injusto, pero la India nunca ha sido igualitaria y, aunque sitúa en gran estima a quienes han renunciado a las riquezas y los disfrutes del mundo, nunca ha creído que ser pobre pudiera ser religiosamente meritorio,[1] siendo el estado en que uno se encuentra un efecto del *karma*. En cuanto al lujo del rito, se trata en primer lugar de un homenaje destinado a la divinidad, pero también de una alegría para el oficiante que, exaltado por la belleza del lugar y los elementos del culto, se abre mejor a lo divino.[2]

Cuando se leen las prescripciones rituales de las obras tántricas sorprende el lugar que se concede a la actividad mental –y sobre todo a las representaciones visuales– del oficiante.[3] En efecto, no basta con recitar *mantras* y realizar ciertos actos: es necesario acompañarlos constantemente de imágenes mentales, sean interiorizadas o proyectadas con la imaginación sobre un soporte. En cierto número de ritos el oficiante debe librarse (al menos en principio) a una verdadera fantasmagoría visual mental. Así pues, cuando un rito se realiza con un diagrama (*yantra* o *mandala*), las divinidades situadas mediante sus *mantras* en este trazado no son figuritas: el oficiante debe imaginarlas presentes y, en teoría, ver mentalmente la apariencia tal y como la describen los textos en fragmentos llamados precisamente *dhyânashloka*, "estrofas de meditación [visual]". Cuando se representa a las divinidades –para un culto– mediante jarrones ornados y floridos situados sobre un diagrama para conformar un panteón, también hay que imaginarlas presentes. Incluso sobre un icono, como veremos, existen elementos que hay que colocar mentalmente. Además, bastantes ritos tántricos, y en especial la *pûjâ*, son operaciones corporales mentales vividas, y las imágenes mentalmente evocadas en estos casos hay que "verlas" en ciertos puntos del cuerpo imaginal yóguico del ejecutante. La acción ritual es, en estos casos, un trabajo sobre la imagen del cuerpo.

El culto: la '*pûjâ*'

Tomemos por ejemplo el culto de veneración de una divinidad, la *pûjâ*, de la que recordaremos que, cuando es tántrica, tiende a la identificación del oficiante con la divinidad. Este rito comprende dos partes, la primera, "interior" o mental, reposa totalmente en la imagen del cuerpo; la segunda, "exterior", se efectúa materialmente con un icono o un diagrama, utilizando gestos y ofrendas.[4]

Esta primera parte, que algunos autores consideran la principal pues es una labor de divinización, es totalmente un ejercicio de imaginación creativa (o más bien evocadora porque lo que se evoca son imágenes prescritas) vivido corporalmente. Este culto comienza con una purificación del cuerpo del devoto con vistas a construirle un cuerpo divino que sustituirá, durante la duración del culto, a su cuerpo impuro y perecedero. Es algo necesario ya que, según el adagio: «Quien no es dios no puede adorar a Dios». Solo un ser puro y divino puede acercarse a la divinidad.[5] Con este fin (por el culto de Shiva, pero también de Vishnu, dado que se realiza de manera análoga), el oficiante, que ya ha pasado por siete tipos de baños –de agua, de fuego, de *mantras*, etcétera–, penetrará en el espacio reservado al culto, incinerando mentalmente su cuerpo con el fuego del *mantra astra*, para después dispersar la ceniza soplando «un viento hecho de *shakti*». Así pues, ya sin cuerpo, lo sustituye mediante *mantras* con las diferentes partes del cuerpo del Shiva Eterno, Sadâshiva, dios resplandeciente, con sus cinco cabezas, sus miembros y atributos, a quien construye un trono en su corazón y a quien ofrecerá un baño, ropa, ornamentos, etcétera, y todo ello mediante representaciones mentales y pronunciación de *mantras* que representan y simbolizan todo lo que debe "ver". Puede apreciarse la complejidad del ejercicio, si es que no se limita al simple enunciado de los *mantras*, lo que suele ser el caso. Pero, incluso sin visualizaciones claras y exactas, el devoto se ve ya de forma distinta pues siente presente en él al dios que va a venerar, sustituyéndose en cierta manera por él.

He resumido la descripción que hace el *Mrigendrâgama* de este rito. En otros textos pueden hallarse diferentes ritos. Hay otras *pûjâs*, como una igualmente shivaíta, muy alegre e imaginativa, en la que el adepto imagina su cuerpo como un baniano que planta, hace crecer, florecer y fructificar, marchitándose a continuación, quemándolo y dispersando las cenizas en el viento de la energía. En el *Yoginîhridaya*, la divinización del cuerpo se lleva a cabo a través de seis series de imposiciones (*nyâsa*) de deidades –51 Ganeshas con sus divinidades femeninas asociadas, 64 Yoginîs, 16 Vidyâs, etcétera–, después del *shrîchakra*.

Tras la forma que adopta este primer procedimiento imaginativo, el adepto divinizado celebrará a continuación el culto interior, que consiste en ejecutar de pensamiento todas las operaciones del culto exterior. El devoto, representándose la divinidad que adora en el loto de su corazón, le ofrece un trono, la hace llegar, la entroniza y la retiene (todo ello mediante *mantras* y con *mudrâs*), para luego ofrecerle, imaginariamente, los servicios de veneración (*upachâra*) habituales del culto (son de 5 a 16): baño, ropa, cordón sagrado, ungüentos, betel, incienso, luces, alimentos, etcétera: todo lo que tradicionalmente se ofrece a un huésped venerado. Tras lo cual crea mentalmente la imagen de los "rostros" y de los "miembros" del dios, y luego de las divinidades de su séquito (que imagina, dice el *Mrigendrâgama*, «bajo un aspecto conforme al objeto pretendido».[6] Luego vierte mentalmente la oblación en el fuego (*arghya*), y realiza el *japa* del *mûlamantra* (el *mantra* de base) de la divinidad (dos ritos que finalizan toda *pûjâ*) deseando obtener bien la liberación o la realización de lo que desee.

Solo entonces se realizará el culto "externo", en el que el oficiante realizará materialmente los mismos ritos de recepción y veneración de la divinidad, pero donde también deberá poner a trabajar su imaginación. En el caso del culto shivaíta, si lo realiza con un *linga*, que deberá "ver" ante sí, no se tratará simplemente de un objeto cilíndrico que simbolizará a Shiva y recibirá el culto. Debe contar con una visión más compleja, considerándolo como el trono del dios que quiere adorar, un trono que debe construir apilando mentalmente sobre dicho *linga* los elementos que lo constituyen, que son lo que conforma el conjunto de la manifestación cósmica. Por ello comienza por "visualizar" en la parte inferior del *linga* la Tortuga que lo soporta todo, «enrollada como la semilla en el grano, blanca como el Océano de Leche», a la que hay que adorar. Después, por encima de esta, hay que ver el "Asiento eterno" donde se encuentra «la causa eficiente del despliegue de la manifestación impura», es decir, del mundo manifestado y que «resplandece como la Luna y parece una yema de loto erigida sobre su tallo». La venera; luego "viéndolos", venera los ocho pétalos de esta yema de loto; a continuación adorará diversas *shaktis* y, finalmente, todos los *tattvas* constituyentes del mundo, luego a la Tierra hasta *shuddhavidya*.[7] Así pues, el oficiante debe ver con la imaginación todo el universo, con las divinidades que lo habitan, y no solo un simple objeto frente a sí. De la misma manera, luego deberá entronizar en este trono el "cuerpo de conocimiento" (*vidyâdeha*) del dios, «transparente como un cristal, con diez brazos, tres ojos en cada uno de sus cinco rostros, la cabellera recogida en la coronilla, con un creciente lunar resplandeciendo en lo alto». Los manuales (cito aquí la *Somashambhupaddhati*) ofrecen una minuciosa descripción.

A este dios imaginado (aunque, de hecho, en el caso de una imagen preexistente, todo lo que constituye la divinidad ya ha sido colocado en el icono en el momento en que ha sido entronizado) hay que honrarlo ahora mediante *mantras*, invocarlo y luego sentirlo como constituido a partir de un *mantra* que el oficiante hará llegar al centro de su frente, donde adoptará la forma de un punto, un *bindu*, que «relumbra como la Luna en medio de la frente, con sus seis brazos», y que luego imagina «descendido en la copa florida de sus manos para unirse a la imagen del culto donde esté». Shiva estará desde entonces presente en el *linga* pasando por el oficiante, que a continuación ejecutará las operaciones concretas del culto: bañar y secar el *linga*, ofrecerle flores, inciensos, luces,[8] ornamentos, las diversas sustancias que componen el *arghya*, etcétera. La *pûjâ* finaliza con una oblación en el fuego (*homa*), el *japa* terminal y la "despedida" ritual del dios.[9] Así es el culto tal y como lo describen los textos del Shaivasiddhânta.

En el culto de la diosa Tripurasundarî, de la Shrîvidyâ, que no se celebra con una imagen sino sobre el *shrîchakra*, tras el culto "interior" que hemos visto antes, el culto "externo" consiste en venerar, sobre el diagrama, primero a la Diosa, y luego al resto de las divinidades presentes en las nueve series de triángulos que rodean el punto central, que, mentalmente situados mediante *nyâsa* sobre el *Shrîchakra*, deben imaginarse con precisión antes de convertir en objeto de culto a cada una de ellas (o en grupo). Encontramos presente una fantasmagoría ritual similar a la anterior. Este culto finaliza con el *japa* particular de la *shrîvidyâ* que hemos descrito en el capítulo precedente y que en realidad es un ascenso corporal de dicho *mantra* con la *kundalinî* (que el oficiante debe, por otra parte, hacer elevarse también en dos momentos del culto). Los textos del *Pâncarâtra* vishnuita ofrecen descripciones análogas.

Ese es el esquema básico de la *pûjâ* tántrica, en el que puede apreciarse que de realizarse conforme a las prescripciones, se trata de un intenso ejercicio de imaginación visual proyectada tanto exteriormente sobre el icono, como interiorizada, mental y corporalmente vivida por el oficiante. Si se considera que todo este proceso ritual, en sus operaciones y en su espíritu, hace que el celebrante viva una experiencia de identificación, realizada mediante un intenso esfuerzo mental, que vuelve a iniciarse cada día, uno puede preguntarse cómo, y con qué imagen de su cuerpo, alcanza a vivirse.[10] Toda práctica tántrica tiende a ser transformadora, pero esta debe serlo de una manera especialmente intensa.

Podrían mencionarse otros aspectos, tal vez curiosos, del culto tántrico, extraídos sobre todo de los *tantras* de Bhairava, si no temiese extenderme demasiado. El culto de las divinidades temibles tiene, necesariamente, sus particularidades. En cuanto al de Bhairava, por ejemplo, el mejor icono de culto no es un *linga* de la forma habitual más o menos fálica, sino un *tûra*, que (ya lo hemos visto) es un cráneo humano ornado de incisiones. El capítulo 27 del *Tantrâloka* describe diversos tipos.[11] El culto tántrico se caracteriza igualmente por el hecho de que las ofrendas (que conforman el *arghya*) que se realizan no son "vegetarianas", sino que incluyen alcohol, así como un sacrificio o la ofrenda de carne (o de pescado), a lo que a veces se añade, tal y como se ha podido observar, una unión sexual. Estas ofrendas u operaciones rituales tántricas son lo que en ocasiones se denomina los *panchamakâra*, "las cinco letras *ma*", siendo *ma* la inicial de la palabra que los designa: *madya*, alcohol; *mâmsa*, carne; *matsya*, pescado; *mudrâ*, semillas (?),[12] y *maithuna*, unión sexual. Esta lista de cinco es en realidad moderna; en los textos antiguos solo aparecen mencionados *madya, mâmsa* y *mithuna*.

En los ritos celebrados para obtener ciertos resultados, sobre todo si son especialmente transgresores o difíciles de conseguir, los *tantras* prescriben a veces una ofrenda de carne humana. Por su parte, los textos shivaítas de la Kula prescriben el uso de *kuladravya*, las "substancias u operaciones de la Kula", que son de diversas clases, incluyendo, aparte de la unión sexual, la ofrenda de diversas secreciones o excreciones corporales:[13] cuanto más grande la impureza, mayor y más intensa es la transgresión y, por tanto, la energía puesta en marcha. En el caso del culto de Bhairava, el *Tantrâloka* precisa que es imperativo que la vasija que contiene la ofrenda a la divinidad esté bien llena de estas substancias, pues sin ellas, el dios, hambriento, se precipitaría sobre el oficiante, devorándolo…

'Dîkshâ', las iniciaciones

La iniciación tántrica es tan transformadora e incluso más que la *pûjâ*. Es lo que en sánscrito se denomina un *samskâra*, un rito que perfecciona (*sams-KRI*) a su beneficiario, que lo reprograma, que incluso cambia el estatus ontológico. Al igual que la *pûjâ*, la *dîkshâ* tiende, si no a divinizar a quien la recibe, al menos a perfeccionarlo, le abre el camino hacia lo divino. A veces se traduce la palabra *dîkshâ* como "iniciación sectaria", para distinguirla a la vez del *upanayana*, la iniciación que deben recibir todos los miembros de las tres clases (*varna*) superiores de la sociedad hindú, y porque permite la entrada (o la progresión) en lo que los indianistas acostumbran a denominar "secta", es decir, en una de las tradiciones tántricas, en la que el iniciado se encuentra unido a la línea de maestros de esa tradición, a la que honrará mediante un culto.

Tanto si son shivaítas como vishnuitas, estas tradiciones cuentan con diversos grados o variedades de iniciación, que van desde la que señala la entrada en una traición como simple adepto, sin poder ejecutar ritos, llamada generalmente "iniciación regular" (*samayadîkshâ*), a las que confieren poderes, acercando al adepto más a la divinidad (la *nirvâna-* o la *sâshaka-dîkshâ*). Pueden añadirse iniciaciones particulares, así como la consagración o unción (*abhisheka*) del maestro espiritual/*guru*. El propio rito de iniciación puede ser bastante simple, aunque existen de diversos tipos, a veces complejos; pero está incluido en un conjunto de operaciones, podría incluso decirse que en una escenificación que, sobre todo en los textos antiguos, puede ser considerable, llegando incluso a durar varios días. La idea directriz y el esquema básico de la *dîkshâ* son siempre los mismos, pues se trata siempre de matar ritualmente al hombre viejo para, gracias a los ritos, reemplazarlo por el nuevo. Y si no ocurre una condición enteramente nueva, al menos prefigurarla, instilar las semillas en el postulante mediante una transmisión a este de la energía de naturaleza divina, pero también cósmica y humana, que posee el maestro iniciador.[14]

Como todo rito tántrico, la *dîkshâ* debe desarrollarse en un lugar consagrado que en principio es un pabellón erigido con este fin, donde se levanta un altar en el que se disponen recipientes rituales y se cavan fosas para las hogueras, preparativos a los que siguen purificaciones y ritos preliminares. Todo eso ya ocupa dos días. A continuación viene la iniciación propiamente dicha. Tomemos un caso shivaíta: el maestro, que representa intensamente su identificación con la divinidad, venda los ojos del discípulo y le hace entrar en el pabellón, un gesto simbólico de entrada en la secta. Tiene que sufrir una transformación, que ya hemos visto con motivo de la *pûjâ*, imponiéndole, mediante *mantras*, elementos constitutivos del cosmos, situándolos en el cuerpo, de los pies a la cabeza. Se trata de elementos que habrá que disolver unos en otros, del más grosero al más sutil, lo que hará que el discípulo no tenga más que un cuerpo compuesto de *mantras*. Entonces es digno de aparecer ante la divinidad. El maestro le pone la mano sobre la cabeza, una mano que ha transmutado mediante *mantras*, siendo ahora "la mano de Shiva". El dios toma así posesión del discípulo. Luego a este lo conducen ante un *mandala* donde Shiva y su panteón se hallan presentes bajo la forma (invisible) de *mantras*; se le quita la venda para que vea a Shiva. Echa entonces una flor sobre el *mandala*, y allí donde caiga decidirá su nombre de iniciado. Se añaden algunos ritos finales. Existen, desde luego, rituales iniciáticos diferentes (como, por ejemplo, en los que se considera que Shiva mueve la mano del discípulo que lanza la flor), pero el esquema, y sobre todo el sentido de la operación, son siempre los mismos.

Ese era el caso de la iniciación "regular", la primera. Las siguientes, que dan acceso a planos espirituales superiores, comportan otros ritos, pero siempre repiten el mismo movimiento simbólico realizado mediante representaciones mentales aplicadas al cuerpo y que van de la destrucción purificadora de un estado inferior a alcanzar un plano más elevado. Entre estas iniciaciones está, en primer lugar la *nirvânadîkshâ*, que es importante pues, además de que solo ella permite celebrar ritos, es la que verdaderamente abre el camino hacia la salvación. Convierte al iniciado en un "hijo espiritual" (*putraka*) de su maestro. También sirve, en una variante, para la iniciación del *sâdhaka*, permitiéndole controlar un *mantra* gracias al que podrá ejercer poderes sobrenaturales (*siddhi*). Está, finalmente, la iniciación del maestro espiritual o *guru*, el *âchârya*, que, como la precedente, implica una aspersión ritual, una *abhisheka*.

Evidentemente no describiremos aquí estos cuatro ritos iniciáticos, que no obstante contienen rasgos interesantes, por lo que nos limitaremos únicamente a ofrecer algunos ejemplos. Así pues, en la *nirvânadîkshâ* todos los vínculos de los que tiene que desembarazarse el *âtman* del discípulo, pues le apegan al mundo (son una gran parte de los elementos constitutivos del cosmos), se transfieren mediante *mantras* a un cordón colocado a lo largo de su cuerpo donde son sucesivamente destruidos gracias a un rito apropiado, y su *âtman* (su alma, ¡que evidentemente hay que preservar!) se pone a cubierto hasta la continuación del rito, que se llevará a cabo al día siguiente, cuando todos estos elementos se desapegarán sucesivamente del cordón, siendo quemados en una hoguera sacrificial. Imaginando una unión de Shiva y Shakti, el *guru* depositará este *âtman* en la matriz de la Diosa, de donde renacerá purificado. No obstante, este rito debe repetirse por separado con cada uno de los elementos que se busca destruir. ¡La operación es larga y complicada! Así que solo menciono una parte. También merecerían ser descritas otras *dîkshâ*, con otros ritos, pero harían falta muchas páginas.

No obstante, vale la pena ofrecer otros ejemplos de la inventiva ritual del hinduismo tántrico en su modalidad de escenificar y manipular mentalmente imágenes que son abstracciones que se tratan como si fuesen elementos concretos, pues la acción ritual confiere eficacia a esas imágenes, notables ejemplos de la efectividad de las representaciones vividas, o, si se prefiere, de la eficacia simbólica. En algunos *tantras* es posible hallar la descripción de una *varnama-*

yîdîkshâ, iniciación mediante fonemas, donde la energía de la palabra actúa casi fuera de todo rito. En esta forma de iniciación, los fonemas del sánscrito son impuestos mediante *nyâsas* sobre el cuerpo del postulante en su orden normal. Tras lo cual, se retiran en orden inverso, empezando por el último. Se resorben así uno en el otro hasta el fonema inicial, *A*, que se considera el substrato supremo de todo el alfabeto. El cuerpo que estuviera impregnado de estos fonemas se encuentra, pues, simbólicamente resorbido, unido al absoluto y purificado. El *guru* se identifica entonces con el discípulo gracias a la concentración mental de la *bhâvanâ*, unido su *âtman* con el Supremo, del que retira (mentalmente) los fonemas para resituarlos sobre el cuerpo del discípulo que, penetrado gracias a ellos por la omnipotencia de la Palabra, realiza la felicidad más elevada, la unión con el absoluto.

Finalmente, habría que citar una forma de iniciación que, como la precedente, no es de orden ritual, pero que tiene la particularidad de ser yóguica, pues consiste en una manipulación corporal de la energía que reposa en la estructura del cuerpo imaginal. Es la que se denomina *vedhadîkshâ* (o *vedhamayîdîkshâ*), iniciación por perforación o penetración. Opera a través de la transferencia directa de la energía o de la fuerza espiritual del *guru* hacia su discípulo, lo que podría constituir casi una vía de liberación. Esta forma de iniciación es importante, pues se utiliza para la transmisión de la línea iniciática de un maestro a otro; también sirve para la *râjâbhisheka*, la unción real. En la tradición Kula y entre los nâthas se considera la más elevada. Existen diversas formas, aparecen descritas seis de ellas en el capítulo 29 del *Tantrâloka*.[15] Consisten en que el maestro iniciador aumenta al máximo en él, mediante un esfuerzo a la vez mental y corporal, la energía que posee, fusionándola con la energía divina, para luego hacerla penetrar en el cuerpo y el espíritu de su discípulo, que gracias a ello accede a los planos humanos, cósmicos y divinos más elevados. Esta introyección está vinculada al movimiento ascensional de la *kundalinî*, cuyos centros son “atravesados” por la potencia emanada por el *guru*, la cual, entra en el discípulo y, ascendiendo, siguiendo la *sushumnâ*, le conduce a la fusión total con el absoluto, lo que le proporcionará poderes sobrenaturales o la liberación. Esta penetración se realiza en la práctica a través de una interacción corporal del hálito vital del maestro y el discípulo. Estos deben, claro está, mantenerse cara a cara, juntando las bocas, compartiendo así el mismo hálito respiratorio y vital, interpenetrando y uniendo todos sus sentidos, con la respiración cargada de la energía divina del *guru* penetrando y divinizando la del discípulo, que se halla así iniciado. Según su forma, esta penetración proporciona poderes diferentes, la penetración más elevada, *paravedha*, que asegura una verdadera divinización.

(También puede apuntarse, por lo pintoresco, que existe una *tuladîkshâ*, una iniciación por pesaje, donde se juzga la purificación del adepto a través de la disminución de su peso bajo el efecto del rito.)

Otros ritos

El culto y la iniciación son los ritos tántricos más importantes y en muchos aspectos los más interesantes, pero no son los únicos. Los ritos que salpican la vida de los hindúes son innumerables, y muchos de ellos son tántricos, en su forma o en su espíritu. Tras la iniciación, el adepto no solo se atiene al culto cotidiano de su divinidad de elección, sino a cierto número de ritos “ocasionales” (*naimittika*), ejecutados en ciertos momentos del calendario lunisolar hindú, sobre todo con motivo de los días llamados *parvan*, cuando se celebran las reuniones de Yoginîs que hemos visto en el capítulo 6, en las que los adeptos se reúnen por parejas alrededor de su *guru* y a veces se unen sexualmente. Pero también existen otros ritos de veneración o expiación, sin hablar de los *shraddhâ*, ritos funerarios postmórtem. A todos estos ritos privados habría que añadir los ritos y cultos celebrados en los templos, que son considerables: veremos algunos en el capítulo 10, en especial aquellos de la entronización y animación de imágenes divinas. Asimismo existen ritos que podrían llamarse civiles o reales, destinados a asegurar el bienestar y el poder del monarca, la prosperidad del reino y la victoria de los ejércitos: el capellán real, el *purohita*, se asegura de ello, así como los ministros, que son *mantrin*, un término que designa tanto a un consejero como a un especialista de *mantras*. El ministro puede (o debe) ser una y otra cosa.[16]

Pero eso no es todo. También, y sobre todo, existen las prácticas mántricas que hemos repasado someramente antes y que casi todas tienen un aspecto ritual, en el que la energía de la palabra alcanza su eficacia mediante un rito, simple o complejo. Hemos visto, pues, la forma ritual en que los *mantras* se "extraen" de fonemas del alfabeto sánscrito y cómo se verifica su adaptación a su usuario y al objeto al que este apunta, así como el largo procedimiento del *mantrasâdhana*, a través del cual un adepto domina el *mantra* que le ha sido dado. Otro rito –que hemos visto en el capítulo 7– es la recitación devota repetida de un *mantra*, el *japa*, que se lleva a cabo con un rosario (*akshamala*), que en primer lugar hay que confeccionar de manera ritual y que no puede utilizarse con eficacia más que si ha sido consagrado mediante un rito suficientemente largo que ponga en él la energía de la divinidad. Su destrucción debe también ser ritual.[17]

Puede comprobarse hasta qué punto el rito está presente en todas partes. Y si examinamos todos los usos de los *mantras* en el ámbito religioso o mundano –en el transcurso del culto, a través de una veneración particular, con fines de protección o de exorcismo, etcétera–, veremos otras acciones rituales.

No obstante, a propósito de estos últimos ritos podríamos llamar la atención del lector sobre una cuestión: que todos son ritos *kâmya*, "desiderativos", como se dice a veces, es decir, realizados con un objetivo en mente que se desea alcanzar. El fiel hindú, sea o no *tântrika*, y aunque no ejecute ritos obligatorios (cotidianos u ocasionales, los llamados *nitya* y *naimittika*),[18] estará cumpliendo porque mediante los "desiderativos" habrá encontrado algún interés, espiritual o mundano, lo cual, según la perspectiva hindú, es normal. Estos ritos no son más que una categoría particular y de ningún modo inferiores a los otros. Se trata en este caso, como en el de todos los ritos, de captar una forma de energía, de *shakti*, y de utilizarla y manipularla con cierto fin, que por otra parte pudiera ser desinteresado. Incidir en esta cuestión es recordar la naturaleza de la relación del devoto hindú con la divinidad –que anima las fuerzas del cosmos–: en muchos casos es una relación de devoción, pero sin duda, y más fundamentalmente, se trata de una relación pragmática, de fuerza. También ahí nos hallamos frente a un mundo algo distinto del nuestro.

Ritos mágicos, poderes sobrenaturales

Existe también una categoría de ritos de la que habría que decir algunas palabras: los de uso mágico. Pues en la India, claro está, donde el universo es el efecto de *mâyâ*, se puede distinguir de manera válida entre acción mágica y acción religiosa (simbólicamente) eficaz.

La magia es, como dice el refrán, tan vieja como la India, y su primera expresión literaria se hallaría en el *Atharvaveda*. Tradicionalmente, no conforma una categoría particular de acción. Lo que denominamos magia impregna toda la esfera religiosa: los dioses poseen poderes mágicos, al igual que los seres humanos que han realizado la perfección, los *siddhas*, como se les llama, que son seres que poseen *siddhis*, poderes sobrenaturales. Digámoslo de nuevo: sobrenaturales, que no quiere decir milagrosos, pues seguimos en el orden de la naturaleza. En este sentido, en la India no existen milagros. Tampoco habría visiones místicas tal y como las pudiera concebir un cristiano: los dioses hindúes se muestran de buena gana a sus devotos, ¡que no montan una historia a partir de ello! Pero regresemos a la magia: somos nosotros quienes pensamos que en la India existen actos que llamamos mágicos y que se reconocerían porque su objeto no es de orden religioso o metafísico. La India reconoce, no obstante, una categoría de acciones "mágicas" dañinas, *abhicâra*, que sería la magia negra, la brujería, sin por otra parte distinguirla con claridad del resto de actividades mágicas. En este ámbito existe, sin embargo, un conjunto de acciones que se considera que conforman un grupo y que ocupa un lugar definido en los textos tántricos. Son lo que se denominan las *shatkarmâni* (también *shatkarman*), las "seis acciones" (que nosotros calificamos de mágicas), descritas en textos relevantes de todas las tradiciones tántricas. Clásicamente se las considera seis, de ahí su nombre. Son lo suficientemente curiosas como para merecerse una mención aquí.

Estas *shatkarmâni* son: *shânti*, la pacificación; *vashikarana*, la subyugación; *stambhana*, la inmovilización; *vidveshana*, la creación de hostilidad; *uccâtana*, la expulsión o erradicación, y *mârana*, matar. A esta lista básica se añaden de vez en cuando *mohana*, extraviar, *âkarshana*, la atracción (el hecho de atraer mágicamente hacia sí), y *pushti*, el incremento o creación de prosperidad. Una de estas tres acciones pudiera sustituir a una de las seis precedentes, por lo cual la lista es variable. Todas estas acciones son ejecutadas como operaciones rituales, acompañadas de *mantras*. Por ejemplo, *uccâtana* se realiza, según el *Mrigendrâgama*, gracias a una oblación en el fuego, tras un culto que utiliza *mantras* "destructores" y ejecutado sea sobre un mandala o un *linga* "habitado" por deidades terribles. Según otro *âgama*, la oblación en el fuego se realiza enunciando el *bîjamantra* de Vâyu (el Viento) seguido de *PHAT* (sílaba que sirve habitualmente para expulsar) en dirección de las oblaciones, que consisten en plumas de cuervo o de búho sobre las que se imagina a la víctima de la operación, siendo así alejada a cien leguas. Podríamos citar otros tantos detalles de este tipo. Estos ritos no pueden, en principio, efectuarse más que a manos de iniciados cualificados, *sâdhaka*, bien para ellos mismos o para otros que remuneren sus servicios. Algunos se hacían (y tal vez se sigan haciendo) en privado por los capellanes o yoguis que forman parte del séquito de un príncipe, a fin de conceder paz (*shânti*) al reino o para aumentar la prosperidad (*pushti*), y también para alejar o destruir a los enemigos (*uccâtana, mârana*). El rito de atracción parece ser de uso sobre todo erótico.[19]

En el ámbito de la adquisición y manipulación de poder, que es el tema de este capítulo, hemos de volver a los *siddhi*, los poderes sobrenaturales que mencionamos antes. Son importantes, pues no son privilegio únicamente de magos o de unos pocos seres excepcionales. Todo *siddha* posee *siddhi*. Pero casi todos los textos tántricos que prescriben el culto de divinidades afirman que seguir su enseñanza proporciona poderes y la liberación (*bhuktimuktipradâ*). La liberación en esta vida (*jîvanmukti*) tántrica es a la vez la trascendencia del mundo y el poder sobre ese mundo. De hecho, de todo maestro espiritual, esté o no esté liberado, se considera que cuenta con poderes: sigue siendo verdad hoy en día (y no únicamente en el ámbito tántrico).[20] El liberado en vida puede rechazar esos poderes, considerándolos vinculados a un mundo que ha trascendido pero, no obstante, los sigue poseyendo: la omnisciencia es liberación; y también es, al menos en principio, omnipotencia. Eso vale para todo el hinduismo, e incluso más allá.

En cuanto a los seis actos mágicos, existe una lista tradicional de ocho *siddhi*, siendo el primero el poder de tenuidad (*animâ*): es volverse tan pequeño como un átomo (*anu*).[21] Evidentemente, hay muchos otros, descritos en los textos de todas las tradiciones (el *siddhi* de la espada –*khadga*– invencible gracias a *mantras*, por ejemplo). Pero poco importa su naturaleza y número. Lo que cuenta es su existencia. ¿Serán tal vez dichos poderes naturales? ¿Qué es la naturaleza para la India, sino *mâyâ*, la magia cósmica? ¿Qué es el universo tántrico sino un mundo mágico?, un mundo que ya no es el nuestro, que se ha desencantado tras descubrir su fundamento en sí mismo y no en un Otro trascendente.[22] Pero esa es otra cuestión.

9. La dimensión espiritual

Enfoques devocionales o místicos

Hemos visto los caminos rituales hacia los poderes y la liberación. Veamos ahora lo que les supera. No hay que ceder ante la fascinación del hiper-ritualismo tántrico, ni tampoco, desde luego, a la atracción de lo espiritual o místico. Pero este tiene su importancia, que hay que subrayar. En efecto, los *tântrika* no aspiran únicamente a los poderes sobrenaturales. Ante todo desean, como cualquier hindú, dirigirse hacia la liberación, *moksha* o *mukti*, hacia la experiencia de lo divino, que es esencialmente de orden místico, en el amplio sentido de participación en él. En este aspecto, al igual que en otros, el tantrismo se inscribe en la tradición constante de la India.

El Shaivasiddhânta clásico afirma, es cierto, como hemos visto, que solo a través de los ritos se puede borrar la mancha original que nos ata al mundo y alcanzar la liberación. Acabamos de ver ritos salvadores shivaítas y vishnuitas. Pero todos admiten que la acción ritual no es eficaz a menos que esté sostenida por una inteligencia de los ritos (que nunca son *rules without meaning*)[1] y por la devoción hacia la divinidad, *bhakti*, que en *âgamas* y *tantras* ha ido ocupando cada vez mayor espacio a lo largo de los siglos. El shivaísmo no dualista (y más que cualquiera, Abhinavagupta) condena la postura de los saiddhântikas que afirman que la ignorancia es la única causa de la esclavitud humana y que, por tanto, el conocimiento –de la Realidad suprema–, la gnosis, puede conducir a la liberación. No obstante, este conocimiento –este "re-conocimiento", *pratyabhijñâ*– de nuestra naturaleza divina profunda se obtiene sobre todo mediante la búsqueda espiritual. Esta postura, aunque sobre bases teológicas diferentes, es también –e incluso más– la del *Pâñcarâtra* y otras tradiciones vishnuitas tántricas o influidas por el tantrismo.

Seguimos en el ámbito de la devoción y la mística. Es menos vasto y sobre todo mucho menos visible en los textos que todo lo tocante a los ritos, a las especulaciones y los comportamientos, pero no por ello deja de ser uno de los aspectos esenciales del universo tántrico. El devoto, el místico unido interiormente a Dios, no se diferencia visiblemente como lo hace el oficiante de un rito o el poseedor de poderes sobrenaturales, ¿pero no es precisamente esa condición a la que aspira, en el fondo, todo *tântrika*, incluso ritualista? Con *bhakti*, el tantrismo cuenta con un punto en común más con el conjunto del hinduismo que, desde hace más de mil años, ha sido profundamente influido por la devoción.

Pero los caminos tántricos hacia la unión con la divinidad poseen características propias. Aunque, por ejemplo, la metáfora ascensional continúa presente, sí que resulta menos embarazada: la *jîvanmukti*, la liberación en esta vida tántrica, pasa en gran parte por el cuerpo y sobre todo es presencia en el mundo que, a partir de entonces, se esfuerza menos en abandonar en pos de las alturas. Es aquí (un aquí que ya no es aquí abajo) donde se vive la liberación. ¡Un regalo de la visión tántrica! El carácter de la mística tántrica vivido corporalmente se manifiesta en especial por el lugar que ocupa *âvesha* (o *samâvesha*), la posesión, absorción o penetración por parte de la divinidad. Esta posee aspectos bien diversos, que van desde la simple absorción afectiva en lo divino a la fusión mística (más o menos intensa) y a la posesión por una divinidad. Esos son (ya lo hemos dicho) rasgos muy antiguos en la India, que, presentes en los textos sánscritos (pueden encontrarse algunas formas en el *Mahâbhârata*), no son únicamente tántricos y que siempre han caracterizado –y lo siguen haciendo– al hinduismo popular. Así pues, los volveremos a encontrar, implícitos o explícitos, en las diversas formas de mística que veremos.

Una mística ritual

En los capítulos 5 y 8 hemos visto –con la meditación interiorizada del tridente de Shiva que se lleva a cabo con motivo de una *dîkshâ* y con el *japa* que concluye el culto de la diosa Tripurasundarî– que existe eso que pudiera denominarse una mística ritual, pues, en el curso de ciertos ritos, existen momentos en que el oficiante tiende hacia (o llega a) la unión con la divinidad.

Así es, la *pûjâ* tántrica siempre tiene por objeto la fusión del oficiante con el ser divino que invoca, que adora, pero no suele incluirse entre los caminos místicos. Lo que, sin embargo, podría revelar, son los momentos en que, en el curso del culto o de otro rito, se produce una posesión o compenetración (*âvesha* o *samâvesha*) por parte de la divinidad, sea provocada por el oficiante, sobre todo por el intenso esfuerzo mental de la *bhâvanâ*, o que la divinidad le posea espontáneamente. Son casos que hay que tener en cuenta, pues demuestran que rito y experiencia mística no son incompatibles.

Pueden reforzarse mutuamente, aunque posesión y experiencia mística no deben confundirse. ¿Qué mejor prueba de la existencia de una vía mística ritual que el hecho de que, de las cuatro vías o medios (*upâya*) de la liberación presentados por Abhinavagupta en el *Tantrâloka*, todas tengan por objeto conducir al practicante hacia la unión con la divinidad, siendo una de ellas la de la acción ritual? La exposición de este camino, de esta vía, llamada *ânavopâya*, vía del ser limitado (*anu*),[2] que de ninguna manera está destinada a todos los adeptos poco avanzados, sino solamente a los yoguis que permanecen aferrados a ciertos apegos del mundo, ocupa el quinto capítulo de dicho tratado. Puede descubrirse, por ejemplo, una meditación intensa de la presencia fulgurante y universal de Bhairava experimentada en el corazón del *yogin*, que de ese modo realiza, sumergiéndose, la gloria omnipresente de las tres diosas supremas de la Trika. O bien la experiencia vivida de la turbulenta presencia, en el cuerpo y la mente, de las 12 Kâlîs y, con ellas, la participación fusionante en la fulguración cósmica de la divinidad en el ser humano y en el universo, una experiencia de total divinización corporal de finalidad trascendente, tal vez más metafísica que mística a pesar de su carácter intensamente vívido. Pero sobre todo puede apreciarse la fusión del *yogin* en la energía suprema mediante *mantras* (*SAUH* o *KHPHREM*), cuyo movimiento ascensional evocado mentalmente y experimentado corporalmente conduce a la fusión total en el absoluto divino.[3] Sin duda se trata de prácticas yóguicas, pero que ponen en juego fuerzas sobrenaturales y que sobre todo reposan (aunque todo depende) en la eficacia totalmente generosa de la gracia divina.

Solo en el *Tantrâloka* pueden hallarse varios casos más de experiencias místicas de base ritual o "mántrica", aunque podrían citarse bastantes otros textos al respecto. En este ámbito existe una gran variedad de métodos y experiencias (algunas utilizan la energía sexual). Nos habría gustado poder describirlas. Recordemos únicamente, por encima, pues es importante, que la belleza de los ritos, en la que acostumbran a insistir los textos tántricos, puede desempeñar un papel desde el punto de vista espiritual o místico en la medida en que esa belleza sea susceptible de crear en el adepto un estado de felicidad y alegría que sea efervescencia de la energía (*shaktikshobha*), y por tanto una abertura e incluso una participación en la energía divina. Este enfoque estético de los ritos, típicamente tántrico, ha sido –claro– especialmente subrayado por Abhinavagupta, el esteta indio más eminente.[4] Finalmente está lo que podría denominarse una mística metafísica –un rasgo notable–, en la que el devoto o místico viviría de manera intensa, sintiéndola en su corazón, una visión cósmica de enorme magnitud, cuya estructura describen los textos. Se eleva hacia un plano trascendente, donde se funde, al interiorizar el dinamismo y los aspectos que habitan las epifanías divinas. La experiencia será, según los casos, los sistemas y los individuos, más gnóstica o más "mística": los *Himnos* de Abhinavagupta proporcionan, me parece a mí, un buen ejemplo de esos casos límite. También se encuentran en la obra de Utpaladeva, cuya mística se inscribe claramente en el marco metafísico de la Trika.

Las vías místicas: la gracia divina

Las vías que pueden llamarse verdaderamente espirituales, también son diversas. Como son tántricas, el cuerpo acostumbra a desempeñar un importante papel. Por otra parte, todo estado místico afecta al cuerpo. Veremos, a través de algunos ejemplos, diversas formas de acercarse a la divinidad, de búsqueda espiritual liberada no del cuerpo, sino de todo rito. Puede descubrirse en todas las tradiciones, tanto shivaítas como vishnuitas. Nuestros ejemplos serán, no obstante y sobre todo, shivaítas, y no por una preferencia personal, sino porque el shivaísmo ofrece una variedad especialmente grande de vías y experiencias espirituales, siendo especialmente interesantes las tradiciones no dualistas cachemiras.[5] (Tal vez podríamos decir, pues es importante, que el mundo tántrico hindú es –y sobre todo ha sido en su período creativo– un mundo shivaíta).

Estas, especialmente con Abhinavagupta, subrayan el papel esencial de la gracia divina, *anugraha* en sánscrito, también llamada *shaktipâta*, "descenso de la energía [divina]", en la que el acento se pone en la acción que tiene en el ser humano este aspecto de la actividad cósmica de la divinidad. La gracia es, para estas tradiciones shivaítas, la acción más elevada de la divinidad,[6] cuya propia naturaleza implica, según estas, derramar su gracia sobre el mundo. La salvación de los seres depende únicamente de esta gracia; solo ella determina la experiencia mística.[7]

Por ello el *Tantrâloka* (que hay que volver a mencionar) presenta las vías o medios (*upâya*) de la liberación, que conducen a la experiencia mística de la divinidad, escalonándolas según la mayor o menor intensidad de la gracia de la que se beneficia el adepto. Lo que muestra no es en realidad una vía, a la que por otra parte llama *anupâya*, "no-vía". En efecto, en ese caso no se trata de «un ser inmaculado enteramente consagrado a su propia esencia bhairaviana» y que, por tanto, es receptáculo de la gracia más intensa,[8] que realiza de golpe que no hay nada más que Dios, que Él está aquí, omnipresente y que, por tanto, no hay que hacer nada para conocerlo. Se le ve, se le vive y se está liberado de todo vínculo y límite, inmediata y definitivamente liberado. A veces esta experiencia extática es tan intensa que el que la experimenta no sobrevive.

La siguiente vía, la de Shiva que aparece en este caso como Shambhu, "el Favorable", de ahí el nombre de *shâmbhavopâya*[9] que se le da, es la del arrebato místico. Puede resumirse como una adhesión directa y total del *yogin* a la pulsión creadora original de la divinidad, a su fulguración cósmica. En esta ocasión, Abhinavagupta describe en especial la emanación fonemática (*varnaparâmarsha*) y los planos de la palabra que hemos visto anteriormente,[10] pues siguiendo e interiorizando estas dos cosmogonías fonético-lingüísticas es como el *yogin* alcanza la liberación, no solo comprendiendo racionalmente el funcionamiento, sino también y sobre todo aprehendiéndolas místicamente en su realidad divina, pues en lo que consiste esta vía es en una adhesión íntima no discursiva al movimiento creador de la divinidad. También se describen prácticas mántricas que tienen por objeto –todas ellas– crear tomas de consciencia que lleven a una intuición iluminadora liberadora. Citemos algunas estrofas finales de este capítulo, que exaltan el maravilloso estado de liberarse así:

> «Manifestando el universo en mí mismo y en el éter de mi consciencia, soy el creador, yo que estoy hecho de la misma sustancia que el mundo. Percibirlo es identificarse con Bhairava» [283]; «el universo se disuelve en mí, que estoy hecho de las llamas desenfrenadas [del fuego] de la Gran Consciencia. Verlo es hallar la paz. "Soy el propio Shiva", ese es el fuego ardiente que consume la morada –este sueño– del *samsâra*, de piezas infinitamente diversas. "Todo el universo en sus múltiples divisiones, surgió de mí. Y es en mí donde reposa y cuando se disuelve nada más subsiste": quien ve la emanación, la permanencia y la resorción como indivisibles porque están unificados, resplandece, y ya ha alcanzado lo más elevado» [285-287].

La experiencia mística de la plenitud de la fulguración cósmica, muy tántrica, que presenta este capítulo, no es de hecho nada simple ni directa. Se basa en la asimilación de concepciones metafísicas complejas (es uno de los casos límite que señalara anteriormente). No es accesible más que para unos pocos adeptos y no puede llevarse a cabo más que bajo la atenta dirección de un maestro espiritual dedicado a esta vía. Por espiritual y visionaria que sea, también supone aptitudes intelectuales poco comunes, aunque no sean más que medios (*upâya*) para alcanzar lo que sobrepasa toda intelectualidad.

La siguiente vía es mucho más intelectual. Es la llamada de la energía, *shâktopâya*, donde el *yogin* alcanza –mediante una visión intuitiva fruto del pensamiento discursivo, para luego superarla– una realización mística donde toda dualidad se borra en beneficio de una toma de consciencia global que lleva a la consciencia purificada al despertar supremo. Lo que encamina hacia la realización mística que da la liberación es el razonamiento puro (*sat-tarka*), junto con la gracia y la intuición iluminadora. Podría decirse que esta vía va del análisis al éxtasis. No obstante sigue siendo de la energía, que se considera bajo la forma de potencias divinas escalonadas desde el plano más elevado al del mundo y el ser humano, que se conciben como ruedas de energía de múltiples rayos que animan los órganos de los sentidos, haciendo percibir el universo que crean, llenan y disuelven a través de su libre hacer, embargando al *yogin* que las adora, uniéndole a la omnipotencia de Shiva. Estas ruedas son diosas, las doce Kâlîs,[11] divinidades o formas de energía temibles que el *yogin* debe conocer y vivir el torbellino cósmico identificándose hasta alcanzar el plano de la más elevada de ellas, Mahâbhairavachandograghotakâlî, "Kâlî la Feroz, la Terrible, la Espantosa, la más Temible", una diosa que es aniquilación del cosmos en el vacío del absoluto. El *yogin* que alcanza ese nivel se halla en el medio de la Rueda de energías, en el centro apacible pero vibrante del universo, pura Consciencia divina, y se funde entonces en Bhairava. En esta misma vía de energía, el *yogin* también puede alcanzar una experiencia cósmica liberadora siguiendo el trayecto, en él mismo y en el universo, del *mantra SAUH*, la "Semilla del Corazón" o, correlativamente, del *mantra KHPHREM*, la "Semilla de la Resorción" que, tanto uno como otro, le hacen vivir, con el despertar de la *kundalinî*, una experiencia cósmica extática donde todas las distinciones quedan abolidas en el absoluto.[12]

Lo que proponen algunas estrofas (21-22, por ejemplo) de los *Shivasûtras* también es un movimiento hacia la liberación mediante la realización de planos de consciencia superiores y la fusión con la energía, y por tanto una experiencia directa de lo divino. Se trata del texto teóricamente fundador del shivaísmo no dualista; este aspecto místico está, de hecho, recalcado en el comentario de Kshemarâja.[13] Pero sobre todo en el *Vijñânabhairava*: «El conocimiento [o la discriminación] de Bhairava (el Terrible)», un antiguo (¿siglo VIII?) texto shivaíta de enorme interés, que es necesario citar aquí, pues se descubre un asombroso conjunto de... 112 medios distintos de acceder a una experiencia de orden místico.[14] Se trata de una obra excepcional en muchos aspectos, a cuya riqueza e ingenio es imposible rendir justicia aquí. Ofreceremos algunos ejemplos que servirán al menos para demostrar su originalidad.

Los medios para realizar una experiencia mística descritos en el *Vijñânabhairava* se inscriben en el sistema de pensamiento, la visión metafísica del no dualismo del Spanda o de la Trika, para quienes el universo no es más que la apariencia de la divinidad, la cual es, pues, omnipresente. Esta divinidad es Consciencia, cuyo fondo absoluto es inmutable, pero que vibra y refulge sin cesar, surgiendo en la espontaneidad de una libertad total: *udyama bhairavah*. «Bhairava es surgimiento», dicen los *Shivasûtra*.

Las vías descritas en este texto se sitúan en el seno de esta doble pero única, apacible pero fulgurante, realidad divina, a fin de realizarla místicamente.

Algunas, basándose en el control del hálito vital o respiratorio, el *prâna*, ligadas al ascenso de la *kundalinî*, cuentan con un carácter hathayóguico y no resultan sorprendentes:

> «La energía bajo la forma de hálito no puede entrar ni salir cuando se desarrolla en el punto central del hecho de la extinción de todo pensamiento discursivo. Gracias a ello se realiza la condición de Bhairava» [26], o: «Cuando se inmoviliza [la energía del hálito vital] mediante la retención de la inspiración o la espiración, se la denomina apaciguada y por ello resplandece la paz» [27].

La inmovilización de la respiración en su punto central (*madhyadhâman*), es decir, en el "corazón", o la *sushumnâ*, aparece en efecto mencionada en numerosos textos. Es una práctica que puede considerarse corriente en el ámbito tántrico. Por otra parte, y en lo tocante a la vida mística, es una experiencia que existe en bastantes tradiciones, hindúes o no.

También en el *Vijñânabhairava* es posible encontrar la realización del absoluto a través de la unión sexual que viéramos en el capítulo 8. Aquí aparece una variante cuyo interés es que se basa, no ya en la eficacia del acto, el efecto de la efervescencia de la energía, sino en la fuerza de la imaginación, o más exactamente de la rememoración (*smriti*) que, sobre todo en la Trika, desempeña un considerable papel pues, al vincular el presente al pasado, conquista el tiempo y, por tanto, hace que se toque el fondo absoluto subyacente a los hechos cotidianos. He aquí la estrofa 69:

> «¡Oh Señora de los dioses! Si se rememora intensamente el placer proporcionado por una mujer a través de los besos, caricias y abrazos, entonces, incluso en ausencia de esta energía [: de esta mujer], se produce un influjo de felicidad».

Evidentemente no se trata de una simple ensoñación erótica, sino de la reviviscencia de un estado intenso (el descrito en la estrofa precedente, y que hemos visto en el capítulo 8). Esta potencia de la imaginación creadora de imágenes, con su efecto en el cuerpo y en la mente (deberíamos decir el cuerpo-mente), suele ser invocada por Abhinavagupta en un contexto ritual, místico o estético (el *Vijñânabhairava* va aquí más lejos, y con más profundidad, de lo que lograría Marcel Proust, pero se trata del mismo movimiento de la mente).

Las prácticas siguientes resultan más inesperadas, pues más que la potencia creativa eficaz de la mente, la que opera es, por el contrario, su apertura hacia el exterior, su movimiento hacia el objeto como hacia su ausencia. Esta es la concentración de la mirada sobre un objeto o sobre el espacio, junto con la detención del pensamiento discursivo, lo cual crea un estado de absorción:

> «Si se fija la mirada en un recipiente, un cántaro o cualquier otro, abstrayéndose de sus paredes, uno se disolverá inmediatamente [en este vacío], lo que provocará la absorción [en el absoluto]», o: «Si se fija la mirada en un lugar desprovisto de árboles, de muros, de montañas, etcétera, el estado mental se disolverá y uno será un ser cuyas fluctuaciones mentales habrán desaparecido» [58, 59], o, una variación de la anterior: «Manteniendo la mirada fija en una porción de espacio moteada por los rayos del sol, de una lámpara, u otra luz, allí mismo resplandecerá la esencia del Ser» [75], o bien: «Manteniéndose al borde de un pozo o de un abismo, con la mirada intensamente concentrada [en el fondo], con toda dualidad conceptual desechada, súbitamente se producirá la disolución del pensamiento» [115].

Los dos sistemas siguientes recurren no a la pérdida del yo en el vacío, sino a otra forma, más inesperada de concentrar intensamente la atención como medio de acceso al absoluto:[15]

> «Tras perforar una parte cualquiera del propio cuerpo con un objeto punzante, si se mantiene la mente concentrada en este punto, se accederá a la pura consciencia de Bhairava» [93], o, movimiento inverso: «Todo placer o dolor nos llega por la puerta de los órganos sensoriales. Si nos desapegamos, se reposa en su propio Yo» [136].

Pero aunque la intensidad de la concentración mental puede conducir a superar límites del yo empírico, la pérdida de control de sí, e incluso a un fenómeno físico repentino o a movimientos rápidos del cuerpo, también pueden hacer que se salga de sí, suspender brevemente la consciencia y, a partir de ahí, crear un estado que de repente abra la puerta al absoluto:

> «Cuando, extraviado, se da vueltas y vueltas y se acaba cayendo bruscamente al suelo, gracias a la detención de la efervescencia de la energía, aparece la condición suprema» [111], o: «Al principio o al fin del estornudo,[16] en el terror o la ansiedad, [al borde] de un abismo, cuando se huye del campo de batalla, cuando se siente una viva curiosidad, cuando empieza o se acaba el hambre, etcétera, [se revela] un estado que es la esencia del *brahman*» [118].

Estos no son más que una prueba de los 202 casos citados en este texto, en muchos casos excepcional, y cuya lectura es absolutamente recomendable.

La mística devocional: 'bhakti'

Por reales y profundas que sean las experiencias espirituales que acabamos de ver, lo cierto es que pueden parecer poco afectivas: se está más en el campo de la realización metafísica, en la fusión energética que en la devoción, en la *shakti* más que en la *bhakti*. Sin embargo, esta última no es ajena al ámbito tántrico. ¡Bien al contrario!

Los textos dicen a menudo que un culto o algún otro rito en que la divinidad se halle presente debe ser realizado con devoción –*bhaktyâ*–, y ello tanto en las tradiciones no dualistas como en las dualistas: la convicción de la omnipresencia divina no impide la devoción. Por el contrario, la facilita, pues el creyente se sabe siempre «rodeado por Dios, capaz de Dios, si puede». Incluso la posesión por la divinidad, *âvesha*, puede ser devota: las 50 formas de *samâvesha* por Rudra, ese dios temible, descritas en el capítulo 2 del *Mâlinîvijayottaratantra* tienen, dice dicho texto, por primer y principal efecto hacer entrega de una devoción inquebrantable a Rudra. Y lo que vale para los *tantras* antiguos, vale incluso más –ya lo dijimos– para las tradiciones religiosas posteriores.

Es necesario mencionar dos bellas y antiguas obras místicas shivaítas no dualistas y cachemiras: la *Shivastotrâvalî*, *Himnos de alabanza a Shiva*, de Utpaladeva, y el *Stavacintâmani*, *La joya de alabanza*, también dedicado a Shiva, de Bhattarârâyana,[17] fechadas ambas en el siglo VIII. Estos poemas, donde se mezclan los arrebatos místicos y las nociones metafísicas, merecerían ser citados aquí por entero. Estas son unas pocas de las últimas estrofas de la *Shivatotrâvalî*:

> «¡Oh, sabor infinitamente dulce de un néctar tal! Este ardiente deseo de servir a Shiva el exterminador, ¿en qué parcela ínfima de tiempo no se renueva continuamente?
>
> »Si Tú entrases en mi corazón, y en el tiempo que tardo en parpadear, oh Shambhu, harías desaparecer toda imperfección, ¿qué no me harías obtener?
>
> »¿Entras en un corazón porque está purificado, o es Tu entrada lo que lo purifica? Así el hombre se equilibra... Pero sobre esta cuestión no hay duda: es Tu misma presencia la que purifica el corazón, oh, Señor, ella es la terminación, ¡la suprema dignidad!
>
> »Que todo lo que es mío, oh Poderoso Señor: palabra, mente, acción e incluso mi cuerpo, que todo eso, por Tu gracia, sea únicamente adorno de Tu realidad».

Hay muchos otros poemas o recopilaciones de himnos y loas shivaítas, testimonios de devoción, que merecerían citarse. Los himnos a la Diosa en particular, como por ejemplo a Tripurasundarî o la *Ânandalaharî* (con la *Saundaryalaharî*), atribuida falsamente a Shankarâchârya, o himnos a Kâlî,[18] etcétera.

La mística shivaíta no siempre ha sido sánscrita. En el capítulo 3 mencionamos a la extraña –en tamil– Kâreikkâlammeyâr y a los cittars, como el célebre Tirumulâr. También podrían citarse los cantos de los santos-poetas shivaítas tamiles, los nayanmares; pero también, por su curiosidad, las formas de devoción de un fanatismo y de una increíble violencia del *Periya Purânam* de Celikkar, obra del siglo XII, pero que sigue estando presente. De hecho, en todas las tradiciones, en toda la India, existen formas violentas de culto y devoción, sobre todo en la religión popular.[19] Recordemos también la existencia de la vasta literatura en bengalí que glorifica diferentes formas de la Diosa, que va del siglo XII o XIII hasta la actualidad. Habría que citar también a la mística Lalla, o Lalleshvarî (también se la llama Lal Ded), que vivió en Cachemira entre 1350-1400 y cuyo caso también resulta particularmente interesante. En efecto, *yoginî* brahmana, ella también fue discípula de un maestro sufí. Se le deben cuartetos, en lengua cachemira, de una intensidad excepcional. Merecerían ser citados en su totalidad, pero he aquí dos de ellos:

«He visto que soy en todas las cosas,
en todas las cosas Le he visto brillar.
Escucha bien, permanece a la escucha y puedes ver a Hara.
La casa es Suya: que soy yo, yo, ¡Lalla!» [135].

«Yo, Lalla, aplacaba el amor en el fuego del amor.
Antes de la muerte morí por completo.
Libre de forma en mi naturaleza profunda,
¿cuántas formas no he desplegado?
¿Qué haré ahora que ha desaparecido el yo?» [136].[20]

No habría que olvidar, finalmente, la expresión vivida, tan importante, de la devoción que constituye la peregrinación: su objeto es que el adepto se acerque, para ver y ser visto –tener el *darshan*, como se dice–, a la divinidad de la que es devoto, y para ello irá de santuario en santuario.

También, claro está, tenemos la espiritualidad del *Pâñcarâtra* vishnuita, donde es posible hallar igualmente poetas místicos. Pero en este caso, más que de *bhakti*, de devoción, se trata de mística. Y este aspecto se desarrolló sobre todo en la India del Sur bajo la influencia principalmente de poetas místicos tamiles, los alvars. Y habría que mencionar asimismo la existencia, en Bengala, del importante movimiento de los sahajiyâs vaishnavas adoradores de Radhâ y Krishna, en el que el adepto masculino se identifica místicamente con la pastora Radhâ. También señalamos antes los elementos tántricos que pueden descubrirse en varios de los "santos-poetas" del Norte de la India. En ese caso, como en otros, se produce un encuentro no solo de la *bhakti*, sino también de la mística, con el tantrismo en un mismo movimiento de experiencia vívida de amor por la divinidad bajo todas las formas que la India le ha podido dar. Una vez superado el vedismo, la India religiosa se ha hecho ante todo devocional: la *bhakti* pudo adquirir rasgos tántricos, pero en realidad ha sido el mundo tántrico el que ha acabado penetrado por la devoción, por la superación de los ritos por parte del amor de Dios y la participación de la gracia.

El 'guru'

Esta unión mística, o esta devoción por la divinidad, aunque ante todo es obra de la gracia divina, también se obtiene, en particular en la perspectiva tántrica, gracias al maestro espiritual, el *guru*. Este, que posee la más elevada sabiduría y que la transmite a sus discípulos, ha desempeñado siempre un importante papel en la India, pero nunca tanto como en el universo tántrico, donde las tradiciones son iniciáticas y donde se pasó del maestro respetado al maestro divinizado, en igualdad con la divinidad e incluso por encima de ella en la devoción del discípulo. Como dice el *Kulânavatantra*: «El *guru* es un padre, el *guru* es una madre, el *guru* es Dios, el Señor supremo. Cuando Shiva se irrita, el *guru* protege [de su cólera]. Cuando el *guru* se irrita, nadie puede [protegerse]». Este importante *tantra* shivaíta del siglo XIV consagra dos capítulos, de 129 y 133 estrofas, al *guru*, uno a su alabanza y el otro a los deberes del discípulo para con él, que consisten esencialmente en servirle como a un dios. Podrían citarse otras muchas obras, antiguas o modernas, en este mismo sentido. Hay que señalar que los *tantras*, aunque divinizan al *guru*, también mencionan todos los defectos que pudiera tener…

Las tradiciones tántricas se definen con linajes iniciáticos, sucesiones de maestros (*guruparamparâ* o *gurupankti*). De este modo, la enseñanza enunciada, en principio fuera del tiempo, por la divinidad a un primer maestro, y transmitida a continuación de manera iniciática de maestro en maestro, puede finalmente serle dada al discípulo. La sucesión de maestros siempre debe invocarse y venerarse al principio de un rito, recordando así el fundamento divino y con ello la validez y eficacia. El culto del *guru*, la *gurupûjâ*, es por ese motivo uno de los cultos anexos, obligatorio, al de la divinidad. También se le rinde homenaje venerando sus sandalias o la huella de sus pies, las *gurupâdukâ*, que se consideran una señal o un símbolo de la presencia de la divinidad en este mundo. Realizar místicamente la naturaleza suprema de las *gurupâdukâ*, dice el *Yoginîhridaya*, es realizar su identidad con el Señor. No hay que dejar de rendir homenaje a los maestros, que son el Maestro divino. «El maestro es el camino» (*gurur upâyah*), dicen los *Shivasûtra* 2.6. «El Omnisciente (Dios) toma la forma del *guru*» (*sarvajño gurumûrtigah*), dice la *Jayâkhyâsamhitâ* vishnuita.

Los *tantras* no dualistas que, aún estando vinculados a los ritos, dicen que hay que superarlos, afirman que los maestros más elevados son directamente iniciados por la divinidad, sin necesidad de ningún rito. Son, se dice, "no-formados" (*akalpita*) por un rito. También hay una categoría menos elevada, aunque siempre excepcional: la de los maestros que han adquirido por sí mismos el conocimiento de las Escrituras sagradas a través de una práctica mística realizadora (*bhâvanâ*). Se les llama "formados-no formados" (*akalpitakalpita*). Otro signo, finalmente, de la energía divina inherente en el *guru*, según los textos shivaítas no dualistas, es que a su familia se la considera igualmente divina por participar en su fuerza espiritual. En los textos tántricos, al igual que de manera general en el hinduismo, tanto en nuestros días como antaño, se descubre continuamente la extrema importancia concedida al *guru*, su identificación con lo divino.

10. Los lugares del tantrismo

Presencias tántricas concretas

Una geografía sagrada

Nacido en la India, el hinduismo, sea o no tántrico, está profundamente enraizado en su suelo. Las grandes divinidades, como Shiva, Vishnu o la Diosa, son paníndicas, y son omnipresentes. Pero sus numerosas epifanías, al igual que las deidades menos importantes –incluso cuando no se trata de divinidades locales o linajudas–, se relacionan por lo general con puntos particulares del suelo de la India donde aparecieron, sacralizándolo con sus santuarios, que también son lugares de peregrinación, *tîrthas*, que quiere decir "vados". En efecto, son lugares que se atraviesan para ir desde aquí abajo hacia el más allá, puntos donde, mejor que en otros lugares, el devoto puede esperar poder ir de este mundo hacia el otro. Esta presencia divina en mil sitios provoca que en la India exista una geografía sagrada. Desde luego, no es exclusiva del hinduismo tántrico (ni tampoco del hinduismo a secas: el budismo y el jainismo también cuentan con un conjunto parecido de lugares santos), pero cobra una importancia particular en la perspectiva tántrica. Y ello no solo es a causa del gran número de dichos santuarios, sino porque, para numerosos *tantras*, esta topografía sagrada puede estar presente, muy concretamente y a la vez, en la tierra india en la que vive el adepto y que recorre el peregrino, y espiritualmente en este adepto, siendo meditada y vivida interiormente. También es una manera de concebir y señalar el paisaje político, pues el reino hindú se ha concebido por lo general como un espacio estructurado ritualmente, como un *mandala*.

Sin duda, el caso más conocido, y uno de los más típicos, de esta geografía sagrada tántrica es el de los *pîtha* –las "sedes"– de la Diosa, Satî (o Pârvatî), esposa de Shiva. Son los puntos del territorio indio donde cayeron (tras el sacrificio de Daksha) los pedazos de su cadáver llevado por el dios, y que se fue despedazando mientras erraba desesperado. Según la tradición, el cadáver de Satî se habría dividido en 51 trozos. De ahí otros tantos santuarios, donde son adoradas las diferentes formas de la Diosa, asociadas a otros tantos aspectos distintos del dios Bhairava. De hecho existen varias listas de *pîtha*, variando su número entre 34 y 108 o 110. Sus emplazamientos, tal y como los enumeran los textos, suelen resultar inciertos.[1]

De hecho, hay (y sobre todo han existido) otros grupos de *pîtha*, aparte de los que recuerdan el desmembramiento de Satî, que conforman, como estos, redes de energía. Hemos visto que en el período más antiguo existían cultos de divinidades temibles femeninas. Pocos son los cultos que han sobrevivido bajo esa forma. No obstante, las tradiciones de la Kula persisten todavía en la actualidad –mejor documentadas– en diversos puntos de la India y Nepal. Es el caso sobre todo de las del Kubjikâmata y de Tripurasundarî (la Shrîvidyâ),[2] diosas sobre las cuales los textos describen no solo la presencia concreta en los lugares de culto, sino también y sobre todo la interiorización mental-corporal, y por ello la dimensión yóguica y espiritual. La propia Diosa, en todas las tradiciones, se representa mediante un triángulo apuntando hacia abajo (un *yoni*, un sexo femenino) en cuyo centro se asienta ella misma, *pîtha* primordial, mientras que en los tres ángulos se hallan otras tres diosas, es decir, tres *pîtha*, lo que proporciona al conjunto de base cuatro centros, algo que abunda en los sistemas de la

Kula: Oddiyâna, Kâmarûpa, Pûrnagiri y Jâlandhara. Geográficamente, Oddiyâna, un punto especialmente mítico, que a menudo se considera el lugar originario de la tradición, se encontraría en el valle de Swât (Pakistán).[3] Jâlandhara está cerca de la moderna ciudad del mismo nombre, en el Punjab. Se venera a la Diosa Jvalamukhî, "la de la boca en llamas", pues del suelo surge gas inflamado. Ya no se sabe dónde situar a Pûrnagiri. Kâmarûpa (o Kâmâkhya) está en Assam, cerca de Gauhati. Es un *pîtha* especialmente importante pues es donde cayó el *yoni* de Satî, que está siempre húmedo y "sangra" cada mes. En el templo, donde aparece como una piedra hendida siempre mojada, sigue siendo objeto de un culto especialmente vivo. En varios *tantras* de la Kula pueden contarse hasta 50 *pîtha*, mientras que en otros solo aparecen 34 o 24, con emplazamientos que a veces coinciden y otras no, pero cuya importancia como centros de energía, así como su función ritual, siempre son del mismo orden.

Lo que aumenta el interés de esta geografía sagrada, y lo que sobre todo le confiere un sentido particular, es que puede interiorizarse. Estas dos geografías –la interna y la externa– están vinculadas. Para los sistemas shivaítas de la Kula se supone que los *pîtha* obtienen su energía de la divinidad, la Diosa, imaginada presente en el cuerpo (en especial bajo la forma de la *kundalinî*), donde su presencia se reparte siguiendo la imagen de los centros que existen en el territorio. Esta red de energía interiorizada se inscribe en diferentes puntos del cuerpo físico o imaginal. Puede vivirse como presente en la respiración y el hálito vital, sobre todo en la medida en que los *pîtha* se asocian a *mantras* o a formas alfabéticas, en especial la *mâlimî*. El *yogin* vive así un doble fantasma de "geografización" identificativa, pues interioriza un paisaje índico sacralizado que, correlativamente, concibe enraizado en sí mismo, donde mora la Diosa, y que refleja el paisaje que imagina presente en sí.[4]

Peregrinaciones

El adepto (y, en un plano exotérico, el simple devoto *tântrika* o no) vive exteriormente, en la vida ordinaria, esta geografía sagrada, sobre todo visitando los *pîtha*, realizando una peregrinación. En Kâmâkhya encuentra y adora la energía de la Diosa cuando visita el templo que contiene su *yoni*. En la ciudad de Benarés –Kashi– ve a Shiva en sus diferentes aspectos, sea como el Señor del Universo, en el templo de Vishvanâtha, o como Bhairava, en Kapâlamocana, el lugar donde acabó cayendo la cabeza de Brahmâ, que aquel cortase con su mano izquierda y que permaneció pegada hasta caer. También en Benarés hay un *linga* de luz, al igual que en el Sur, en Chidambaram, tenemos un *linga* de espacio, un *âkâshalinga*,[5] más presente que nunca por ser invisible. Y así sucede en otros muchos puntos del territorio de la India con otras tantas formas divinas.

La peregrinación es una marcha, una progresión hacia lo divino, que a veces se vive difícil y prolongadamente; por ejemplo cuando se avanza hacia Shiva en Kedarnath o hacia Vishnu en Badrinath, cerca de las fuentes del Ganges, o si se circunvala el monte Kailash, en el Tíbet. Se puede uno dirigir hacia una divinidad del panteón tántrico, e incluso ser fiel sin ser *tântrika*. Lo importante es acercarse a lo divino o/a la esperanza de un efecto feliz, la realización de un voto (y para ello una divinidad tántrica cuenta con más oportunidades de resultar eficaz). Ir a ver a una deidad es verla y ser visto: acceder a su *darshan*, intercambio de miradas que es acto de amor del devoto, al mismo tiempo que afluye hacia él la gracia divina.

También ocurre que las deidades forman parte de un grupo que es objeto de un culto y que, por ello, el conjunto de sus santuarios repartidos por una región se considere que conforma una *mandala*, que el peregrino recorre en el orden prescrito, honrándolo y acercándose a su energía. Es el caso, por ofrecer un ejemplo, de la peregrinación al templo de la diosa Vindhyavâsinî, no lejos de Benarés, donde se supone que un circuito de diversos santuarios que delimitan un Vindhya Kshetra, un espacio sagrado de los montes Vindhya, reproduce en el terreno el triángulo simbólico de dicha diosa.[6] En Benarés, la ciudad en sus límites tradicionales se considera un *mandala*, que se recorre creyendo realizar de ese modo la circunvalación ritual, el *pradakshina*, del *linga* de Shiva. Puede observarse lo mismo en Nepal, de manera más estructurada, en la ciudad de Bhaktapur, que se considera un *yantra* dividido en nueve partes, cada una de ellas consagrada a una de las nueve "Madres" –Brâhmanî y las otras–, diosas guardianas. Los *pîtha* que lo rodean conforman un *mandala* protector.[7] En la región del Himalaya, sobre todo, hay santuarios de deidades tántricas que delimitan el espacio habitado (o solamente cultivado), separándolo de manera simbólica y protegiéndolo del mundo exterior y de sus energías peligrosas mediante un cordón de fuerzas divinas. El dominio del territorio por parte de estas divinidades protectoras se afirma y refuerza regularmente mediante procesiones de divinidades o peregrinaciones colectivas.[8] La peregrinación tiene en ese contexto un sentido social al mismo tiempo que religioso. Pero por lo general ocupa un lugar esencial en la religiosidad hindú (y no solo tántrica), pues es una forma esencial de la experiencia religiosa, vivida a la vez de forma personal y social.

En lo tocante a los *pîtha* me he permitido utilizar desde los *tantras* del siglo x a la práctica actual, que en principio veremos en el capítulo siguiente. Este anacronismo es voluntario, pues los textos antiguos siguen utilizándose: el pasado forma parte del presente. Así es, la India –al igual que Nepal– ha escapado hasta la época moderna (y en parte sigue haciéndolo en la actualidad) del "desencantamiento del mundo", por utilizar la expresión de Max Weber (y de Marcel Gauchet). Política y formalmente, el país es una democracia, y por ello carece de fundamento trascendente, pero sigue estando, en el plano socio-religioso, vinculado al más allá: los dioses están siempre presentes y por todas partes, enraizados, ligados al territorio. Pueden ser adorados en cualquier sitio. Seguramente, muchas de estas divinidades no son tántricas, pero otras muchas sí lo son, y estas suelen tener la presencia más intensa. En último término, *âgamas* y *tantras* establecen y definen las relaciones de la energía divina con el poder político presente en un territorio, de lo que habría que decir algunas palabras.

La monarquía divina

> «Interesarse en los dioses no es más que hablar de los seres humanos.»
>
> M-L. Reiniche

Ya hemos subrayado, al final del capítulo 2, el aspecto social y político del universo tántrico. En la tradición hindú, la realeza está sacralizada. El monarca es entronizado mediante una consagración, un rito cuya estructura suele ser análoga a la que consagra al maestro espiritual según *âgamas* y *tantras*, y a su lado tiene a un maestro espiritual (*râjaguru*) y a un capellán (*purohita*), así como a otros especialistas de los rituales, todos ellos brahmanes iniciados, cuyo papel es asistirle y protegerle. Con este fin utilizan sobre todo los seis ritos mágicos que hemos visto antes, que deben reportarle prosperidad, paz y, desde luego, la victoria sobre sus enemigos.

Dado que el monarca tiene carácter divino, se le venera como tal. Tiende a aparecer como una forma de la divinidad protectora del reino presente en el templo. El rey y el templo son los dos polos o pilares del poder, apoyándose el uno en el otro. Desde una perspectiva antigua, pero también tántrica, al rey se le trata –a la vez– como un dios[9] y como un devoto de ese dios, lo que le hace aparecer como el sacrificante por excelencia. La divinidad, que conforma el apoyo oficial de su poder, puede no ser tántrica. Pero, tanto si lo es como si no, casi siempre hay otra divinidad, una diosa tántrica secreta, presente cerca del rey, y es ella la que lo defiende y le proporciona realmente su poder. A los *yogin* nâtha se les ha asociado en ocasiones al poder real.[10]

Los puntos de contacto y las correspondencias entre reyes y dioses son numerosos, reforzados por la concepción tántrica del reino como un *mandala*, un espacio en el que las divinidades se reparten, ejerciendo su poder; todos ellos elementos que confirman el poder del rey, a la vez que refuerzan el carácter de los templos como centros de energía. Es cierto que este estado de cosas solo lo sabemos a través de los *tantras*, que son textos prescriptivos, y gracias a inscripciones (principalmente de Camboya), que son breves, aunque desconocemos cuál fue realmente la situación en épocas pasadas. Pero el hecho de que en Nepal hayan existido hasta la actualidad prácticas que corresponderían a lo que dicen los antiguos documentos, teniendo por objeto al rey, y que también siguen existiendo en la actualidad rastros de lo mismo en la India, como veremos, nos hace suponer que los principios que exponían no eran puramente teóricos.

El templo

> «Un tratado de arquitectura religiosa es necesariamente tántrico.»
>
> JEAN FILLIOZAT

En la época védica no hubo templos, sino solamente zonas consagradas. Esa costumbre se ha mantenido, por otra parte, hasta la actualidad en el contexto tántrico, pero siempre como elemento de otro espacio ritualmente delimitado, en especial el de un templo. Los templos aparecieron a lo largo de los primeros siglos de nuestra era, y adquirieron las características y las formas que ahora conocemos durante el período de aparición y florecimiento tántrico; las reglas seguidas para su construcción, su decoración, las imágenes de las divinidades y sus ritos se encuentran en los *âgamas*, los *tantras* y sus comentarios. Figuran también en los *Purânas* y en las obras técnicas de arquitectura o de iconografía, que siempre contienen o reflejan –en grados diversos– concepciones tántricas.

A los templos y santuarios hay que añadir los emplazamientos consagrados a una manifestación divina o sobrenatural que salpican la India y que siempre han estado apuntalados por una imagen material o un objeto que servía de apoyo al culto. Estos lugares suelen apuntar hacia lo que se acostumbra a designar como religión popular,[11] pero también pueden estar consagrados a divinidades descritas en los *tantras*: a Bhairava ("Bhairon"), por ejemplo, o a diversas diosas. Todo culto hindú, tántrico o no, supone en efecto la existencia de una imagen o de algún otro apoyo, lo que no sucede en el culto védico. A través de estas imágenes o elementos visuales se pasó del sacrificio, *yajña*, al culto, la *pûjâ*.[12]

No todos los templos hindúes son tántricos, ni mucho menos. No lo son a menos que alberguen una divinidad tántrica. No obstante, podría decirse que, de manera general, a excepción de las estructuras más sencillas, tanto su fundación, construcción como las imágenes divinas que contienen y que los decoran se adecuan a principios tántricos. Los textos básicos relativos a estos templos, tanto *âgamas* como *tantras*, son textos revelados. Sus preceptos, pues, se consideran de origen divino. Que dichas reglas tengan un carácter divino es, pudiéramos decir, algo normal, ya que el templo no solo es residencia de la divinidad, sino un punto central de su presencia en este mundo. Es un lugar sagrado, un *kshetra*. También en un *tîrtha*, un vado, pues por este punto el fiel puede acercarse al dios.

El emplazamiento donde se puede construir un templo no está dejado pues al azar, sino que se determina con cuidado. Deberá ser favorable (aquí desempeñará un papel la astrología), estar bien orientado, ser metafísicamente "estable", lo que no impide que también tenga en cuenta las realidades prácticas locales, como las preferencias de quien lo ha hecho construir: monarca, grupo social o persona rica en particular. La construcción será, a continuación, obra de artesanos cualificados, *shilpins*, con un arquitecto a su cabeza, pero siempre bajo el control de brahmanes expertos *tântrikas*, que velen por el respeto a las reglas y ejecuten los ritos necesarios en el curso de la construcción. No entraremos en esos detalles ni, más adelante, en el funcionamiento, bastante complejo y muy controlado, del templo. Aquí solo nos interesan los principios que subyacen a todas las operaciones, que le dan su sentido y que santifican el edificio.

Morada de una divinidad, el templo le debe a esta su existencia: una señal divina particular, una aparición o algún hecho milagroso suele, por lo general, ofrecer la razón por la que se levanta allí donde se descubre. Estos acontecimientos (que difieren claro está de los hechos históricos, y que sobre todo mencionan las inscripciones y que conciernen a todos los templos, tántricos o no) aparecen referidos en el mito de creación del templo, un relato llamado *sthalapurâna*, "la historia (o más bien la leyenda) del lugar". En cuanto a su edificación, la zona donde se construirá el templo tiene en principio una planta cuadrada, pues en la cosmología hindú la Tierra también es cuadrada, lo que vincula el edificio al cosmos. Una vez que este espacio es determinado, medido, purificado ritualmente y preparado en términos materiales, se traza entonces el esquema de base de la construcción y, a continuación, se cavan los cimientos. Este trazado no se considera simplemente geométrico, sino como un *yantra*, como un diagrama ritual donde se reparten las divinidades. Como el templo es la residencia del dios, se eleva sobre la base de un dispositivo divino.

Tenemos ahí un ejemplo más del papel esencial de los dibujos rituales en el mundo tántrico. En la práctica, el templo incluye por lo general diversas zonas que rodean el centro al que conducen, y por ello no siempre pudiera ser de planta cuadrada. Pero la parte central, la zona esencial, la que contiene la imagen de la divinidad, es un cuadrado en cuyo centro se encuentra el icono principal. Por encima de este punto central se eleva en principio un chapitel que simboliza el eje del mundo, con la divinidad siempre, metafísicamente, en el centro del mundo, uno de cuyos símbolos es el templo.

El cuadrado diagramático de base –que es más una estructura arquetípica que un elemento propiamente arquitectónico– es el *vastupurushamandala*, el *mandala* del Hombre primordial (el *purusha*), un hombre-universo, origen y fundamento de todo lo que existe y, por tanto, del lugar (*vastu*) donde reposa el templo, erigido pues sobre un diagrama ritual de valor cósmico. Las líneas trazadas en el *mandala* y que se recortan delimitan cuadrados, hasta 64 o bien 81,[13] donde se reparten los miembros y partes del cuerpo del *purusha*, mientras que algunas divisiones también pueden corresponder a entidades cósmicas, astros o divinidades. Estos diversos símbolos, concebidos como sin aparecer representados concretamente, se superponen en una totalidad a la vez inmensa, como cósmica, y arquitectónicamente delimitada. Cuando se construye el templo, ningún elemento arquitectónico debe invadir el *mandala*: solo la divinidad tiene asiento.[14]

Pero todo el templo está cargado de simbolismo. Podría decirse que es un símbolo en sí mismo. Las imágenes de divinidades esculpidas que lo ornan no se colocan de manera arbitraria. Conforman un panteón que rodea a la deidad principal, y su elección y reparto buscan representar las concepciones teológicas propias a la tradición que manifiesta el templo. Así pues, en un templo de Shiva, las imágenes del dios que se encuentran repartidas cuentan con los rasgos característicos de los cinco rostros de Sadâshiva y están situadas en las direcciones prescritas por los *âgamas*: imagen violenta hacia el Sur, figura apacible al oeste, rostro femenino al Norte, etcétera.[15] En un templo vishnuita hallaríamos una disposición orientada en el mismo orden en lo tocante a los Vyûha que rodean al dios Vishnu. De manera análoga, las esculturas que representan las entidades constituyentes del cosmos se escalonarán verticalmente desde la base del templo a su cima. Sobre esta se encuentran, en los templos shivaítas, un mástil y un estandarte sobre los que se imponen ritualmente los tres *tattvas* constitutivos del universo:[16] los dos primeros, Nara y Shakti (el plano humano y el de la energía) en el mástil, y el tercero, Shiva, en el estandarte que lo corona todo. Todo el cosmos se encuentra así resumido en el punto culminante de la montaña cósmica que es este edificio. Claro está, en un templo de Shiva el *linga* representa al dios entronizado, al igual que los elementos que lo apoyan o rodean; la parte central del edificio donde se encuentra en la oscuridad de la celda (*garbhagriha*, el sanctasanctórum). Todo lo que constituye la divinidad (y el universo resultante de ella) se encuentra, pues, representado ritualmente.

Todo el templo, que hemos visto que reposa centralmente sobre el diagrama del Hombre primordial, también puede considerarse como una representación del cuerpo de Shiva, o de cualquier otra divinidad, pues todo ello no es, evidentemente, exclusivo de los templos shivaítas. Gracias a las imágenes esculpidas y a las entidades que son impuestas, la mitología y la teología pueden leerse en los muros y pilares del templo.

No es necesario decir que no basta con construir un templo y entronizar imágenes divinas. El templo es, efectivamente, algo más que la morada del dios, es «la apariencia monumental de la Energía divina», es divino en sí mismo. La energía, sustancia misma de la divinidad debe, por tanto, tornarse presente mediante un rito de entronización, la *pratishthâ*. Es el templo el que pasa a ser el primer objeto de esta ceremonia. Después viene el icono principal (presente en el sanctasanctórum) impregnado de la energía, la *shakti* divina, y luego las demás imágenes de culto. En sí mismo, al igual que en el caso de todas las imágenes que contiene, el templo está repleto de la infinitud de la energía divina.

Es evidente que la estructura y las proporciones del templo no se dejan a la iniciativa personal del arquitecto. Aparecen especificadas en los *âgamas* y tratados de arquitectura. Es cierto que existen distintos modelos de templo. Las inmensas construcciones que pueden verse en el Sur de la India están ausentes en el Norte, por ejemplo. Pero todos son edificados siguiendo normas tradicionales codificadas en las obras relevantes de todas las tradiciones tántricas o de otro tipo, cuyos principios generales son los mismos.

Construidos de este modo, los templos acogen una considerable actividad, codificada en los *tantras* y manuales de ritual, unas reglas que, aunque se remontan a obras antiguas, suelen seguir vigentes en general en la actualidad. La divinidad del templo, tratada como un ser a quien honrar y servir, es en efecto objeto de una serie de operaciones rituales que van desde su despertar matinal, al alba, a su "acostarse", por la noche, celebrándose a lo largo del día por lo menos seis cultos (*pûjâ*). A ello habría que añadir, en el templo, un cierto número de cultos de periodicidades diversas, repartidos a lo largo del año según el calendario lunisolar del hinduismo, con algunos grandes festivales en honor a las divinidades del panteón shivaíta o vishnuita presentes en el templo. Algunos de estos festivales pueden ser manifestaciones públicas de gran importancia, con procesiones a veces imponentes, como la de Jagannath en Puri, el Brahmotsava, o la fiesta de Kartikkai en los templos shivaítas del Sur, etcétera. Esta actividad ritual requiere de la participación continua de oficiantes, trátese de sacerdotes (brahmanes iniciados tántricos) que ejecuten los ritos, de sus distintos asistentes, así como de todo el personal del templo (que a veces puede ser muy numeroso).[17]

Los templos más grandes de la India han llegado a conformar conjuntos considerables a causa de sus numerosas construcciones, de la superficie de los terrenos que le fueron donados y por la riqueza acumulada, mostrando la fuerza del monarca que los creó o los mantuvo. El templo desempeña, pues, un papel social, e incluso político, importante, que está lejos de desaparecer y que repasaremos más adelante. Como ya hemos dicho, no se considera que los fieles deban asistir a los ritos del templo. Sí que participan sobre todo en los ritos solemnes. También se puede realizar ritos de diversos tipos para ellos, en especial propiciatorios, de expiación o de purificación, ejecutados, desde luego, siguiendo las prescripciones de los *âgamas*. Ir al templo es asimismo, como ya dijimos antes, tener el *darshan* de la divinidad, una experiencia fundamental en la vida religiosa hindú.[18]

La iconografía

Al igual que el templo, las imágenes divinas que guarda y que lo embellecen (se encuentren donde se encuentren) no son obra de artistas que sigan su inspiración, sino de artesanos, *shilpins*, que realizan su trabajo de creación siguiendo las reglas, los cánones iconográficos, enumerados en los *âgamas* y las obras técnicas que los acompañan: no nos encontramos en la esfera artística –la mirada estética es moderna–, sino en la de las técnicas tradicionales y las prácticas religiosas. Por ello, y al igual que sucede con el templo, las imágenes de las divinidades deben, para poder ser objeto de culto, ser consagradas ritualmente.

Las reglas que gobiernan la confección, consagración, uso y cuidados, y la destrucción (cuando están muy gastadas o estropeadas), de estas representaciones son numerosas y exigentes. El artesano hindú solo goza de cierta libertad en las imágenes pintadas, convirtiéndose así en “artista”, pero estas pinturas no siempre son de uso ritual.[19] La decoración exterior de los templos parece también más libre, aunque la razón es que las escenas representadas son sobre todo ornamentales. Además tenemos el caso de las esculturas eróticas, siendo las más conocidas las de los templos de Khajuraho o de Konarak. En su organización puede que obedezcan a ciertos cánones, pero... ¿qué representan en realidad? ¿Podría deducirse un sentido a partir de su emplazamiento? ¿Se trata de uniones sexuales rituales o se trata más bien de la evocación de la fertilidad a través de la sexualidad, de la efervescencia vital humana y cósmica? ¿O se trata simplemente de imágenes eróticas? Es difícil decidirse por una opción.

Entronización

En cuanto a la entronización de las imágenes en el templo, esta implica la de la energía de la divinidad: hálito vital, según la expresión sánscrita *prânapratishthâ*, sin la cual no serían más que simples objetos. La divinidad debe estar presente con toda su fuerza: es esencial. Esta entronización se lleva a cabo según un orden jerárquico, empezando con la imagen principal, para luego continuar con sus copias funcionales.[20] Las imágenes de otras divinidades podrían también ser objeto de la misma operación. Los ritos entronizadores varían, pero siempre responden a los mismos principios e incluyen los mismos elementos principales. Siempre se trata –cuando el objeto es una imagen creada por la mano del hombre, y por ello impura y religiosamente imperfecta– de purificarla, de colocar diversos elementos que representan la energía de la divinidad y, si es una imagen antropomórfica, de abrirle los ojos, y finalmente de entronizar el hálito, que es la energía divina. Estos ritos corresponden a una concepción por lo general tántrica. En el budismo tántrico tibetano, chino o japonés pueden encontrarse casi los mismos ritos. En todos los casos, estas operaciones se realizan con *mantras*.

El rito es complejo, con variantes y, con respecto a la imagen principal, puede durar entre dos o tres días, pero siempre se desarrolla siguiendo el mismo esquema, ya que siempre se trata de operar una misma entronización de energía. La imagen, que antes ha debido ser entronizada ritualmente en su lugar, provista de diversos elementos simbólicos y abundantemente sazonada de *mantras* (las operaciones son numerosas), es bañada –tras otros ritos–, para luego proceder al rito de la apertura de sus ojos, que hasta entonces estarían "cerrados" y que el oficiante "abre" trazando simbólicamente los contornos y las pupilas con un cincel de oro. Este rito es importante pues la mirada del dios está cargada de energía: él es el que se posará sobre el fiel que viene a ver y a ser visto (es el *darshan*). La primera mirada de la deidad, tras este rito, siempre se considera violenta, peligrosa. No debe tocar al oficiante, sino posarse sobre objetos apaciguadores. De hecho, tras esta apertura de los ojos es cuando por lo general se entroniza verdaderamente la energía gracias a *mantras* impuestos sobre la imagen mediante una nueva serie de operaciones rituales (evidentemente, en el caso de un icono sin rostro no se lleva a cabo la apertura de los ojos).

Manipulación de la energía, uso de *mantras*, superabundancia de acciones rituales: todo ello caracteriza al universo tántrico, y la imagen divina es una de sus más bellas y visibles manifestaciones.[21]

Iconos, panteones

Formas visibles de la realidad tántrica, de su presencia en el espacio, estas imágenes son las de las divinidades de las diversas tradiciones tántricas, cuyas características generales vimos en el capítulo 4. Importantes en un templo, las destinadas al culto privado son más modestas, y extremadamente variadas en sus formas, que describen los *âgamas*, *tantras* y otros tratados. Son demasiado numerosas y diversas para poder examinarlas aquí. Por otra parte, tampoco es necesario, pues las obras sobre arte hindú no escasean precisamente. Baste decir que desde, digamos, el siglo v de nuestra era, estas representaciones son, esencialmente, tántricas o están llenas de tantrismo. Y lo mismo ocurre con los jainistas (de hecho, han existido imágenes de divinidades desde el principio de nuestra era… Tal vez incluso antes).

Estas imágenes divinas pueden ser de apariencia humana, a veces con cabezas de animales, con sus gestos, indumentaria y atributos en consonancia con su naturaleza. Así por ejemplo, Kâlî, poderosa y temible, ornada con cabezas y miembros humanos cortados, que suele mostrarse de pie sobre Shiva, tendido como un cadáver (inerte pero a veces itifálico). En otras formas, la Diosa cabalga a Sadâshiva, o a otro dios. El propio Shiva se halla representado bajo un gran número de diferentes aspectos que corresponden a sus diversas manifestaciones, tal y como aparecen descritas sobre todo en los *Purânas* Lo mismo ocurre con Vishnu (del que existe una forma cachemir, llamada Vaikuntha, con tres cabezas, una de ellas de león), y con otras y numerosas divinidades. La multiplicidad de cabezas y brazos señala la potencia y la infinitud de la actividad divina. Pero la imagen divina también puede ser "anicónica", como suele decirse. Es el caso del *linga*, cuyos aspectos son muy variados. Puede ser simplemente fálico, o fálico con uno o varios rostros,[22] o consistir en una piedra pulida y redondeada por el caudal de un río (entonces forma parte de los llamados *lingas* "espontáneos", *svayambhûlinga*). También puede ser un cráneo humano esculpido (que para los kaula sería el mejor de los *lingas*, ¡el más eficaz!), o una tela, tierra, una forma dibujada o pintada,[23] etcétera. El soporte del culto a menudo consiste, también, en un jarro que contiene diversas sustancias. La variedad de estos objetos es considerable.

La representación de la divinidad puede asimismo ser un diagrama, un *yantra*, *chakra* o *mandala* (estos términos suelen ser sinónimos).[24] Esas alineaciones también se utilizan en contexto no tántrico, aunque son típicamente tántricas por su visión geométrica del espacio y por la manipulación de energías divinas que suponen. A menudo se cree que se trata de alineaciones en los que un punto central se halla rodeado de triángulos o de círculos encerrados en un trazado exterior cuadrado con “puertas”. Tal es, en efecto, el caso del *shrîchakra* de la diosa Tripurasundarî (reproducido en la página siguiente), así como de otras diosas (la palabra sánscrita *mandala* siempre designa un disco o una disposición circular). Este tipo de diagramas es el que reproducen por lo general las obras ilustradas sobre el tantrismo, pues acostumbran a ser objetos o diseños hermosos,[25] que además dan paso, en Occidente, a muchas especulaciones (como las de Carl G. Jung). Pero no es algo generalizado. La tradición Trika cuenta con dos *mandalas* cuadrados en cuyo interior muestra uno o varios tridentes, así como lotos. En

El *trishulâbjamandala* (*mandala* del tridente de tres lotos) de la Trika.

muchos ritos se utilizan *mandalas* de diversas formas, dependiendo de su uso, que acostumbran a no están centrados y que se dividen en secciones más pequeñas, de número variable, dependiendo del objeto perseguido. Se colocan jarros conteniendo agua consagrada mediante *mantras* y provistos de plantas, hojas y cuerdas, que representan a las divinidades invocadas por un culto. También se pueden dibujar letras, e imponer *mantras* (en los que colocar mentalmente a las deidades). Esos *mandalas* no son dibujos pequeños. A veces tienen un tamaño enorme, pues el oficiante debe poder mantenerse en pie para ejecutar algunos ritos. Estos *mandalas* temporales suelen trazarse con polvos. También existen *mandalas* imaginados en el cuerpo, donde son meditados o adorados mentalmente. Sería el caso, como hemos visto,

El *schrîchakra* simboliza la actividad cósmica de la diosa Tripurasundarî.

del *shrîchakra* de la diosa Tripurasundarî. Aparecen descritos en el *Kubjikâmatatantra* (en el capítulo 14), donde el *yogin* debe imaginar, a la altura de los cinco *chakras* de su cuerpo, *mandalas* poblados de deidades, de dimensiones cósmicas.[26]

Teniendo en cuenta estos rasgos tántricos, ¿sería posible distinguir con claridad, entre las innumerables formas divinas hindúes, las que son tántricas y las que no? No siempre resulta fácil. ¿Dónde empieza y dónde acaba lo tántrico? Nos hemos hecho esa pregunta, en términos generales, al inicio del libro. Surge en concreto en el caso de las divinidades, un caso bastante difícil porque concierne tanto a su naturaleza, tal y como la describen los textos, como a la forma del culto de que son objeto. Y a todo ello podría añadirse (de no temer meternos en demasiadas dificultades) la manera en que son percibidas por sus devotos. Como hemos dicho, no hay tantrismo más que cuando ciertas nociones acompañan los actos o informan acerca de la práctica. El tantrismo también "es ideológico".

Ateniéndonos a las formas divinas, las hay que la evidencia demuestra que son tántricas y las hay que demuestra que no lo son, y asimismo que pueden ser tanto de un tipo como del otro. Krishna, en sus diversos aspectos, no es tántrico para la mayoría de sus devotos,[27] pero lo es para los vaishnava-sahajiyâs. Vishnu no aparece generalmente como una figura tántrica (aunque su culto lo es a veces en la forma). Pero existen formas tántricas, consideradas como tales, sobre todo porque aparecen descritas en los *âgamas* o los tratados de *mantrashâstra* más que porque sean distintas de las otras. Cuando Shiva es adorado por los brahmanes *smârta* como una de las cinco formas divinas del *pañchâyatana*, no es tántrico. No lo fue seguramente para Shankara. Ello no impide que pueda decirse que, de ser védico (Rudra), ha pasado a ser esencialmente tántrico en la mayoría de sus numerosas formas (como la bisexuada de Ardhanarîshvara, el "Señor mitad mujer"). El *linga* sobre el *yoni*, símbolo claramente sexual, es de naturaleza tántrica, aunque los fieles no lo perciban como tal. La Diosa lo es casi bajo todos sus aspectos, aunque haya diosas que no lo sean (¿qué decir de ciertas formas populares de cultos a veces muy vivos y que son de apariencia tan "tántricas").[28] Ahí también tenemos, por una parte, la teología, la iconografía y el culto y, por la otra, la percepción de los fieles.

El hecho de que las divinidades aparezcan en parejas sexuadas se considera siempre un rasgo tántrico. Y es exacto: un Ganesha tántrico tiene una Shakti. Pero uno de estos dos elementos puede ser muy discreto; suele ser el caso de Shiva junto a la Diosa. También hay deidades "solteras".[29] Además, las divinidades tienden a multiplicarse. A menudo aparecen en grupos o multiplicadas, como en el caso de las ocho Madres –que a veces son ocho veces ocho–, las seis u ocho Dâkinîs, las nueve Durgâs, las 10 Mahâvidyâs, las 16 Nityâs, los 50 Rudras, los 51 Ganeshas, las 64 Yoginîs, etcétera. También se dice a veces que hay 64.000 Yoginîs (e incluso, tal y como aparece en el *Yoginîhridaya,* ¡640 millones!). Disponemos de más ejemplos por el estilo: la India –sobre todo si es tántrica– adora los números. Como ya se ha dicho, estas deidades aparecen dispuestas en círculos concéntricos, en *mandala*. Su aspecto es por supuesto arisco. Sus componentes corporales y lo que sostienen, así como los elementos del culto y gestos, pueden ser deificados: los *anga* (los "miembros") de Shiva, por ejemplo (que por otra parte son *mantras*), o los nueve *siddhi* (poderes sobrenaturales) y las diez *mudrâ* de la Shrîvidyâ. Eso sin hablar de los *mantras*, del alfabeto sánscrito, de los fonemas, que también son entidades divinas. Recordemos a este respecto que dada la forma en que funcionan y sobre todo en que se manipulan, los panteones tántricos son panteones de *mantras* antes que de divinidades.

Por último, estas formas divinas tienden en muchas instancias a representarse más mentalmente, durante el culto o en la meditación, que a ser reproducidas en piedra u otro material, es decir, a ser visibles de manera concreta. Su descripción se ofrece (como hemos visto en el capítulo 8 con motivo de la *pûjâ*) esencialmente en las estrofas de visualización mental, las *dhyânashloka*, *tantras*, *âgamas* y tratados de *mantrashastra*, o en himnos de alabanza (*stotra*). En efecto, estas divinidades son objeto de culto y devoción, son adoradas en imagen en innumerables templos y santuarios públicos y privados. Nos hallamos, no obstante y ante todo, en el ámbito de la palabra o del pensamiento visualizador, del fantasma vivido: a pesar de la abundancia de sus formas concretas y visibles, el espacio tántrico es, desde este punto de vista, sobre todo interior.

Parte III

El tantrismo en la actualidad

11. El panorama índico

Como ya dijimos, el hinduismo se ha tantrizado en gran manera a lo largo de los siglos, y las nociones y prácticas que hemos visto en los capítulos precedentes forman parte de lo que es en la actualidad. Lo hemos dicho de pasada: los textos antiguos no son solo pasado. Conforman un substrato histórico sempiterno, subyacente a la realidad actual, tanto si quienes los utilizan en su vida privada o participando en los templos son conscientes de ello o no.

Muchos de los ritos hindúes y algunas nociones proceden de los *tantras*, pero solo hay tantrismo si estas prácticas de naturaleza tántrica están asociadas a nociones del mismo tipo. Ahora bien, en la mayoría de los casos, actualmente, estos dos elementos no se hallan presentes a la vez. Decir que existe un tantrismo pasivo o inconsciente sería ir demasiado lejos: solo se trata de que existen elementos tántricos en un contexto que no lo es. Pero la presencia de estos elementos es evidente, y por ello hay que señalarla. Eso es lo que haremos en primer lugar. Pero en la India también hay templos, grupos ascéticos e incluso círculos o regiones donde existen prácticas que se presentan abiertamente como tántricas y que siguen estando muy vivas. Se reconocen como tales y forman parte de la vida cotidiana. Pero aunque en estos casos estén integradas en la vida normal, también pueden, por otra parte, ser consideradas negativamente, incluso condenadas.

Estas dos actitudes se añaden al doble aspecto general –ignorado o reconocido– de la realidad tántrica índica actual, aunque estos dos aspectos no siempre estuvieron diferenciados.

Resaltemos igualmente que, cuando sobreviven elementos tántricos antiguos, lo hacen en un mundo nuevo, el de hoy en día, distinto del de otras eras anteriores, lo que modifica su forma, su uso y su sentido. El tantrismo actual no puede ser exactamente el de antaño, que por otra parte evolucionó considerablemente con el paso de los siglos, pues una tradición viva siempre se transforma.[1]

Finalmente, añadiré que no pretendo ofrecer aquí un cuadro completo y exacto de la situación objeto de este capítulo. Pero sí que puedo, como mínimo, ofrecer algunas informaciones, intentar presentar una idea general, bastante incompleta, eso sí, que espero que no sea demasiado inexacta.

De una casi omnipresencia no consciente o poco percibida...

El observador externo especialista del tantrismo no puede sino constatar la casi omnipresencia de elementos (prácticos o nociones) tántricos en el hinduismo actual. ¿Le da eso derecho a decir que el hinduismo actual está tantrizado, mientras que los hindúes que lo practican no suelen ver en ello nada de tántrico? Es una pregunta que nos podemos plantear. Pero repasemos algunos hechos ciertos. Ante todo, el fondo tántrico sigue presente y un poco por todas partes –aunque no siempre se perciba como tal– en los ritos y técnicas religiosas, así como en la iconografía.

Ritos

En este ámbito habría que recordar en primer lugar que la *pûjâ*, el culto de las divinidades, tal y como se ejecuta en los templos, o como la realizan los fieles ritualistas, sigue siendo esencialmente, en su organización general, sus elementos constituyentes (*nyâsa, mudrâ*, *mantras*, *mandalas*, etcétera) y en su aspiración, igual que la hemos descrito en el capítulo 8. Es tántrica en su forma, aunque se dirija a una divinidad no tántrica.

Y lo mismo vale para otros ritos: la iniciación sectaria (la *dîkshâ*) shivaíta o la del *Pâñcarâtra*, los ritos funerarios, de expiación, de construcción y consagración del templo, de entronización o destrucción de imágenes de culto, etcétera, de estas dos tradiciones. No representan ni mucho menos todo el hinduismo, pero son sus reglas las que se observan en los grandes templos; y algunas de dichas reglas no pueden dejar de seguirse en otros lugares a diversos niveles, en la medida, desde luego, en que se observan ritos un poco detallados, la *pûjâ* corriente (tanto la privada como la de la mayoría de los santuarios) se reduce generalmente a bien poca cosa. Lo que hemos visto anteriormente sobre estas cuestiones sigue siendo válido: de ordinario, los ritos son mucho más simples hoy en día que no lo fueron antaño (sobre todo tal y como los presentaban los textos que, normativos, dicen lo que debía hacerse, no lo que se hacía).

Ello se debe (es una tendencia que viene de antiguo) a que la devoción tiende a reemplazar el rito, y también a que los detalles rituales tienen mal encaje en las necesidades o la actitud mental del mundo moderno. En la actualidad se dispone de menos tiempo para llevar a cabo largos y complicados ritos. Por desconocer los textos o no haber sido iniciados, los sacerdotes u otros oficiantes tampoco disponen de la capacidad. En cuanto a los fieles, no siempre disponen de los medios económicos necesarios, pues ciertos ritos son costosos. Hay ritos que desaparecen porque no se corresponden con el espíritu de los tiempos. El ejercicio del oficio de bailarina de templo, de *devadasi*, que los reformistas hindúes condenaron ya hace tiempo, pero que las autoridades británicas toleraron, fue prohibido a partir de 1947 por las autoridades de la Presidencia de Madrás (convertido entonces en el Estado de Tamil Nadu).[2] La misma voluntad de desembarazar al hinduismo de sus prácticas "supersticiosas", o juzgadas indignas por el mundo moderno, ha solido tener como resultado la prohibición de los sacrificios de animales (que, de hecho, siguen existiendo en la India y Nepal) y provocado la desaparición o modificación de ciertos ritos y prácticas sociales.

En los templos antaño reservados a las castas puras, los oficiantes siguen siendo –al menos en principio– brahmanes iniciados según las prescripciones agámicas,[3] habiendo sido confirmado su monopolio, en un caso reciente, por un tribunal civil, cuyo procedimiento es de origen británico, pero que fundamentó su decisión en los *âgamas*. El carácter tántrico de los ritos y de quienes los ejecutan, aunque está a veces atenuado, sigue siendo muy claro en los templos shivaítas.[4] Lo es menos en los vishnuitas, en los que los templos suelen ser *vaikhânasa*, perteneciendo, pues, a una tradición que no es tántrica, pero que no obstante mantiene algunos rasgos.[5] (No es necesario decir que hay bastantes templos que, sobre todo en su teología, no tienen nada de tántrico, aunque su culto incluya algunas prácticas que sabemos que son de origen tántrico: solo hay tantrismo, hemos dicho, si el acto es informado por la ideología.)

Técnicas religiosas

Tenemos, por otra parte, el ámbito de los *mantras*, siempre tan presentes en la India, cuya práctica supera de largo el ámbito tántrico. Aunque el mundo cambie, las supersticiones persisten. Existen *mantras* tántricos y otros que no lo son, y la distinción entre ellos resulta fácil de realizar en el campo del culto, donde es tántrico el *mantra* de una deidad tántrica, pero no lo es tanto en el resto de sus usos. Un *mantra* es o no tántrico no tanto por su forma como por su puesta en acción, su uso. Desde este punto de vista, numerosas prácticas mántricas tántricas que hemos descrito anteriormente siguen siendo ejecutadas en la actualidad en su forma tradicional, trátese de los *mantras* del *kundalinîyoga*, con su visión del cuerpo imaginal, de *japas*, de amuletos y otras "mantrizaciones" corporales, o de diversos ritos mágicos realizados con *mantras* (de propiciación, curación o de magia negra). Junto a estas prácticas también existe una abundante literatura, muy difundida, erudita o popular, libros, manuales y folletos sobre el tema, en todas las lenguas de la India. En la India del Sur, los *mantirikars* o *mantiravatis*, especialistas en este campo que son *tantrikas*, siguen manteniendo mucha actividad.[6]

Yoga

Como ya vimos en el capítulo 5, el *hathayoga* (o *kundalinî-yoga* es de naturaleza tántrica, y aunque se practique tanto en la India como en otros lugares del mundo, los practicantes, allí como en cualquier otro lugar, no son necesariamente *tântrikas*. Pero también hay yoguis *tântrikas*, sobre los que volveremos más tarde.

Templos e iconografía

En el capítulo anterior vimos que una gran parte de las formas divinas veneradas en el hinduismo son de origen tántrico, y que las indicaciones que ofrecimos al respecto siguen siendo válidas ahora: el panteón hindú se ha enriquecido en el curso de los siglos –aparecen nuevas divinidades incluso en la actualidad–, pero en lo esencial sigue siendo el mismo. No es, pues, necesario volver a mencionar los diversos aspectos que pudieran tener esas divinidades, que son objeto de un culto sencillo o complejo en los templos, santuarios y lugares sagrados que salpican la India y Nepal. Repasaremos algunos más adelante.

En cuanto a los dioses, evidentemente Shiva ocupa el lugar protagonista, siendo venerado en todos sus templos y santuarios, en las fuentes del Ganges, allí donde ha aparecido y donde se ha manifestado, en todas sus formas, especialmente la temible de Bhairava. Benarés/Kashi es, lo sabemos, su ciudad. Además de su templo principal como Señor del Universo, Vishvanâth, y numerosos *linga*, posee, en su forma de Bhairava, un importante templo para sus fieles, muy frecuentado sobre todo por los *sadhus*. En el Sur se le han consagrado muchos e importantes templos: Chidambaram, Tiruvannamallai, Tanjore, etcétera. Algunas formas de Vishnu son tántricas; incluso lo es Krishna para los pocos sahajiyâs que quedan. Los dos volúmenes de G. Bühnemann sobre el panteón tántrico,[7] aunque se basan en tratados antiguos, presentan de hecho una apreciable parte del panteón hindú tal y como se le sigue venerando en la actualidad.

La religiosidad hindú presente pertenece, desde luego, al ámbito de *bhakti*, de la devoción, que a priori no es tántrica, pero *bhakti* y el tantrismo se asocian sin problemas: lo vimos en el capítulo 9 con los textos antiguos y más adelante veremos ejemplos actuales. Los sants, esos poetas místicos, siempre presentes en la devoción hindú –se trate de Kabir, Jñândev o de otros– han sido influidos por los nâthas: pueden encontrarse textos nâthas incluso en el *Granth Sahib*, el Libro sagrado de los sikhs... Dicho lo cual, no voy a afirmar que todo el hinduismo actual está tantrizado, pues sería ir demasiado lejos. Pero lo cierto es que en muchos sentidos muestra esa marca, aunque los fieles, ciertamente, no suelen ser conscientes de ello.

A presencias diversas reconocidas...

Los casos varían, pero los actores siempre son conscientes de la naturaleza tántrica de la operación que ejecutan, en la que toman parte o a la que asisten: no solo se da cuenta de ello el observador exterior.

Tantrismo, realeza y sociedad

Hemos visto que los príncipes hindúes (aunque ahora sean hombres de negocios o políticos) han solido conservar, si no su papel real, sí al menos el título de sacrificante principal de su antiguo reino, y por tanto su lugar en las grandes ocasiones festivas del templo en el que antaño se apoyase su trono, y cuya divinidad pudiera ser tántrica. Por ello todavía es posible verlos presentes cerca de la deidad con motivo de las celebraciones más importantes, como en el caso, por ejemplo, de Puri y el festival de Jagannath,[8] divinidad vishnuita, pero que guarda cierto carácter tántrico. Algunos marajás siempre han tenido cerca de ellos a un *rajguru* tántrico (como en el caso de Gwalior). Puede observarse también ese papel en el Himalaya, por ejemplo en Kullu, donde las prelaciones reales y divinas continúan dando paso a querellas y procesos, y donde son los oficiantes o poseídos ligados a los templos de diversas diosas los que, invocándolas, solucionan litigios personales o conflictos entre aldeas.[9] Las divinidades de carácter tántrico (por lo general diosas) que pueblan los valles himalayos continúan siendo objeto, en sus numerosos santuarios, de cultos asiduos… ¡Pues son peligrosas! En el valle de Kullu en particular, y representadas mediante máscaras colocadas en palanquines, acuden cada año en procesión a solemnes festividades en las que se reúne la población.

También en el Himalaya está el caso de Nepal, que hasta mayo de 2008 fue un reino hindú: el último que quedaba.[10] Los cultos, tanto hindúes como budistas, son tántricos; están vinculados a la organización de la sociedad; señalan el año ritual, marcan el espacio. Algunos implican importantes sacrificios de animales, como con motivo de la fiesta real de Dasain, en honor de Durgâ. El mundo tántrico ha seguido estando omnipresente, bajo aspectos diversos, profundamente enraizado en la realidad nepalí. No se sabe qué sucederá ahora que Nepal es una república controlada por los maoístas. Pero es probable que esta antigua civilización desaparezca muy lentamente y que subsistan algunos de sus elementos durante algún tiempo, sobre todo en las tradiciones de las distintas etnias que componen la población del país. También, sin duda, sobrevivirán los numerosos templos, lugares santos o monasterios –hindúes y budistas–, algunos de los cuales son considerables y muy activos.[11]

Y a la presencia abierta y visible

Los 'sadhus'

El tantrismo más evidente es el que puede verse en ciertos grupos de renunciantes, ascetas y *yoguis* shivaítas, herederos de las antiguas tradiciones kâpâlika y nâtha que, por otra parte, no conforman más que una pequeña proporción del gran número de *sadhus* indios.[12] El conjunto más visible y estructurado de estos renunciantes es sin duda el de los nâthas (o *nâthayoguis*), también llamados kanphatâ (o *kanphatâyoguis*), "yoguis de orejas abiertas", porque llevan una gran anilla inserta en el cartílago de las orejas. Son los continuadores de los nâthas que estudiamos por su antigüedad e importancia. Su influencia no es la misma en la actualidad, pero sigue siendo una comunidad activa, fiel a las enseñanzas del *hathayoga* del que antaño parecieron poseer el monopolio, pero sabiéndose adaptar al mundo moderno, manteniendo incluso el patrocinio de hombres de negocios o dirigiendo instituciones caritativas. Disponen de varios centros, uno de ellos en Gorakhpur (en Uttar Pradesh), donde se alza el templo de Gorakhnâth, su mítico fundador. Otro, también importante, está en

Haridvar, allí donde el Ganges alcanza la llanura, y otros en Rajastán y en Karnataka. Cuentan con numerosos lugares santos situados a lo largo y ancho del subcontinente índico, del Assam al Pakistán, donde está el de Hinglaj. También lo hay incluso en Afganistán.[13] Sin embargo, en la actualidad, donde más presentes parecen estar es en Nepal. Disponen de un importante monasterio en Caughera (en la provincia de Dang, fronteriza con la India), muy animado y que recientemente ha sido objeto de un estudio muy interesante.[14] Curiosamente, este monasterio dedicado al culto de Gorakhnath y de Bhairava organiza una peregrinación anual a un templo vecino de la Diosa, si bien los nâthas no son en principio *shâkta*. También resulta inesperado el hecho de que los jefes de los monasterios nâthas suelen llevar el título musulmán de *pîr*. También hay *yoguis* nâtha itinerantes. Los *nâthayoguis* no son en la actualidad más que unos pocos miles. En Nepal existe una variante, la de los *yoguis* kusle-kâpâli,[15] que han adoptado la vida de cabezas de familia y que ahora conforman una casta. Hemos señalado anteriormente los vínculos de los nâthas con el islam sufí, algo que puede observarse incluso en la actualidad, por ejemplo, entre los ismaelitas satpanthis de Gujarat, cuyos cantos sagrados, los *ginâns*, están repletos de elementos hindúes debidos principalmente a los nâthas.

Existen otros tipos de *sadhus* tántricos, itinerantes o sedentarios, generalmente considerados magos y que practican cultos transgresores. Así por ejemplo, los *aghoris*, con el cuerpo tiznado con la ceniza de las piras funerarias, que frecuentan los crematorios, donde llevan a cabo sus cultos por la noche utilizando, se dice, cadáveres, en caso de podérselos procurar.[16] A los devotos de Bhairava puede vérselos sobre todo en Benarés, pues este dios está especialmente vinculado con la ciudad.[17] Con toda probabilidad son poco numerosos.

Los cultos de la Diosa o de las diosas

Merecen ser mencionados aparte a causa de su importancia en ciertas regiones. No todas las diosas son tántricas. Lo son aquellas que, generalmente temibles, se acostumbran a asociar a una forma de Shiva. Es el caso de algunas grandes diosas: Kâlî, o Durgâ, que cuentan con templos en toda la India. En Nepal, Guhyeshvarî o las nueve Durgâs (las Navadûrgâ) son objeto de cultos importantes. Tripurasundarî también está presente, así como en la India. Podrían citarse otras, antiguas, como las diez Mahâvidyâs, o más recientes, cercanas a los cultos populares.[18] Pero también existen numerosas diosas locales, que son objeto de cultos regulares, sobre todo en la región himaláica. Es el caso, por ejemplo, de Hidimbâ, en Kullu, diosa temible; o de Vaishno Devî, forma de la diosa Durgâ, aniquiladora de demonios, venerada en un santuario subterráneo, en el Estado de Jammu. Las Yoginîs, cuya importancia en los inicios del tantrismo ya hemos visto, así como en su iconografía, no parecen contar hoy en día con una presencia importante. Existen sobre todo numerosas diosas locales, en un santuario a veces sin servidores cualificados, o bien divinidades famosas que atraen a las multitudes hacia su templo, que puede ser considerable, como ocurre por ejemplo en el caso de Minakshî, en Madurai.

Por todo ello podríamos afirmar una gran presencia tántrica, pero el culto que se les dirige suele quedar reducido a tan poca cosa que no puede hablarse de tantrismo. Es hinduismo popular. No siempre resulta fácil distinguir entre culto popular y culto tántrico, pues a menudo, en la práctica, tienen mucho en común. Es algo que puede observarse, por tomar un ejemplo, en el culto de la diosa Yellamâ, en Saundatti, Kerala, centro de una importante peregrinación.[19] La posesión, un rasgo que suele considerarse característico de los cultos populares, puede muy bien existir en un contexto tántrico hoy en día como en el pasado, donde a menudo aparece mencionada en los *tantras* shivaítas. ¿Cómo, por otra parte, distinguir, la unión mística de la posesión?[20]

Gujarat, sobre todo en el Kutch, es una tierra donde la Diosa, bajo sus formas temibles (Kâlî, Durgâ, Hinglaj, etcétera) es omnipresente, aparece como "diosa del país" (*deshdevî*), protegiendo la región y al monarca; como *kuldevî*, diosa del linaje, protege al clan real y a los grupos sociales locales; o incluso manifestándose de manera concreta bajo la forma de *jîvan mâtâjî*, diosas vivientes encarnadas en ciertas mujeres de la casta de los Charan, que son pastores y bardos. Esta tradición y sus ritos siguen estando muy vivos, y conforman un elemento esencial para la cohesión del sistema social. Algunos de sus rasgos más tántricos tienden, sin embargo, a atenuarse bajo el efecto de una evolución "brahmanizante", que por otra parte también resulta apreciable un poco por toda la India.[21]

La región de la India donde parece que el tantrismo se halla más presente de manera generalizada y sobre todo donde es más reconocido como tal es sin duda Bengala, donde el culto de las diversas formas de la Diosa parece estar muy extendido. Los bengalíes incluso tienden a considerar a la Diosa como su divinidad suprema, superior a todo el resto de divinidades hindúes. Las castas superiores de Bengala son en su mayoría *shâkta*, estando sus familias orientadas, en sus observancias y su culto privado, por un *guru* tántrico. El aspecto de la Diosa más venerado es Durgâ, la aniquiladora de demonios que, además de por su culto ordinario, es venerada solemnemente cada año, en otoño, con motivo de la *durgâpûjâ*, celebración especialmente importante y un aspecto esencial de la religión bengalí.[22] Junto a Durgâ, considerada una divinidad en especial benéfica, también se adoran igualmente a 10 formas más inquietantes, incluso feroces, de la Diosa: las Mahâvidyâs, siendo Kâlî la primera, una divinidad, en efecto, temible (aunque pueda sentirse como una madre llena de dulzura, como lo fue para Râmakrishna, que ejerció de sacerdote en uno de sus templos). Su importante templo en Calcuta, el Kâlîghat, atrae a los fieles: cada día se sacrifican decenas de jóvenes machos cabríos negros a fin de apaciguarla. Las otras Mahâvidyâs son menos importantes, pero tal vez más inquietantes. Asimismo existen diosas locales, como Chandî, o Manasâ, la diosa de las serpientes,[23] o incluso otras. Y evidentemente también están los dioses, Shiva en especial, muy subordinado a la Diosa. Pero también es el Gran Yogui (*Mahâyogin*), es decir, el maestro de los *yoguis*, renunciantes tántricos, marginales y transgresores. Una categoría marginal propia de Bengala es la de los bâuls, bardos místicos que cantan la gloria del "Hombre del Corazón" (*maner manus*) y cuyos ritos sexo-yóguicos y algunas concepciones son ciertamente tántricos. Su caso es muy singular, pues hay bâuls musulmanes, los faquires, cuyas creencias integran un islam y un hinduismo igual de poco ortodoxos.[24]

Son deidades y practicantes de este último tipo los que consiguen que, a pesar de la omnipresencia de los cultos *shâkta*, el tantrismo cuente entre numerosos bengalíes y sobre todo en la opinión popular con una imagen poco favorecedora: es el ámbito de prácticas secretas, inquietantes y morbosas, de sexualidad ilícita, de magia negra. Así es como suele considerarse y condenarse a la pequeña secta local de los kartâbhajâ, forma de tantrismo popular análoga en ciertos aspectos a la de los bâuls, que reclutan a sus adeptos entre las clases sociales urbanas pobres.[25]

Kerala, en el sudoeste de la India, es otra región donde los cultos tántricos están muy vivos. Poseen un marcado carácter *shâkta*. Los templos dedicados a diosas –sobre todo a formas de Kâlî, en especial a Bhadrakâlî– son muy numerosos. Los oficiantes, que pertenecen a familias brahmánicas de alto rango, siguen en sus actividades rituales las enseñanzas de antiguos textos tántricos. Los cultos son, pues, muy tántricos, y la práctica en estos casos es "de la mano derecha": nada transgresora. Pero existen asimismo templos en los que los oficiantes son de casta baja y donde los cultos pueden incluir un sacrificio animal u oblaciones "no vegetarianas". La posesión desempeña igualmente cierto papel.[26] También se veneran divinidades masculinas, formas de Shiva, en su mayoría (dios igualmente asociado a la Diosa). Actualmente se está desarrollando el culto de Ayyappan, un dios bastante particular, una especie de contrapartida masculina de Durgâ, cuyos fieles solo son hombres, que es a los únicos a los que se admite en su peregrinación anual a Shabarimala. Los cultos y ritos, al igual que la utilización de *mantras*, exigen por lo general el uso de *mandalas* y *yantras*, de una gran variedad. Las prácticas mántricas siguen muy vivas en Kerala, utilizadas por *mantravadis*, devotos de diversas divinidades (en especial de Chattan, un dios local), a los que se recurre en caso de necesidad a causa de sus poderes mágicos. Su actividad coincide en ciertos aspectos con la de los médicos tradicionales que utilizan, igual que en el resto de la India, *mantras*, diagramas y amuletos. Kerala es famosa por sus representaciones rituales templares que ofrecen episodios de mitos de la Diosa ante un numeroso público local. Aunque este asiste en cierta manera como a un espectáculo, para los actores se trata de un asunto muy distinto, ya que se preparan durante mucho tiempo y viven intensamente su papel, sintiéndose incluso poseídos por la divinidad que encarnan.[27]

En teoría, a los seguidores de la Shrîvidyâ –esa forma vedantizada de la tradición de Tripura, que ya vimos en el capítulo 4– también debería considerárselos tántricos, en razón de sus textos básicos y su *mantra*, la *shrîvidyâ*, y su uso del *shrîchakra*. Su centro, su *math* principal, está en Shringeri, en Karnataka, pero cuenta con otro, también importante, en Kañchipuram, cerca de Madrás. En estos *maths* es donde residen sus maestros espirituales, los *shankarâchâryas*. También dispone de otros templos. Sin embargo, esta tradición muy vedantizada, muy brahmánica, no es nada tántrica. En su templo de Benarés moran *sannayasis dashanâmi*, que no son nada tántricos. No obstante, hay que mencionarla aquí (a pesar de contar con un número de adeptos relativamente pequeño) por su enorme visibilidad social: los *shankarâchâryas* ejercen una gran autoridad moral e incluso peso político (muy conservador). También debemos citarla porque algunos la presentan, sobre todo en Estados Unidos (donde cuenta con adeptos), como típicamente tántrica, aunque lo es en la menor medida posible.[28]

Sería imposible pasar revista a todos los que en la India se proclaman *tântrikas*, o que practican diversos *sâdhanas* tántricos alejados de toda afiliación a un grupo constituido, refiriéndose o no a una tradición particular. Existen, claro está, *gurus* tántricos, cuyas prácticas y enseñanza tienen características tántricas y que cuentan con discípulos. Hasta hace bien poco en Allahabad (Prayag, para los hindúes) vivía un grupo reducido de seguidores de un *guru* tántrico que residía en Jhansi, que publicaba una revista, *Kalyan*, y editaba libros en rústica de los *tantras*, manuales de culto de deidades tántricas u obras de *mantrashâstra*. De hecho existe un gran número de publicaciones de este tipo, que suelen encontrarse sobre todo a las puertas de los templos, lo que hace suponer que existe un público que los adquiere, y utiliza.

La abundancia de estas obras, como la edición (para los especialistas, pero también para un público ilustrado más entendido) para universidades, centros de investigación o formaciones diversas, de *tantras* shivaítas o vishnuitas, u otros tratados sánscritos, en las diversas escrituras de la India, a veces con las traducciones (la tradición se remonta a los «Tantric Texts» de John Woodroffe/Arthur Avalon),[29] hace suponer que a pesar de la mala opinión que los indios suelen tener del tantrismo, entre ellos hay cierto número, que si no lo practican, al menos se interesan en él. Parece existir –efecto en parte de lo sucedido en Occidente– un interés renovado por el aporte religioso o filosófico de los textos tántricos.

Así lo testimonia la investigación universitaria, con la publicación de numerosos textos (y su presentación informática), junto con la obra de diversas personalidades. Sería el caso, por ejemplo, de Gopinath Kaviraj (1887-1976), iniciado por un *yogui* tántrico y al que en Benarés se consideraba un maestro del ámbito shivaíta, cuyas publicaciones en bengalí y hindi contribuyeron a dar a conocer la substancia.[30] En Cachemira se sabe que la tradición espiritual de la Trika se conservó y tuvo como último representante iniciado al *swami* Lakshman Joo (1907-1991), personalidad excepcional y entrañable, a quien debe mucho la supervivencia actual de esta tradición (al igual que su estudio en Occidente).[31] La reciente creación en Benarés de un centro de estudios y de una biblioteca (Samvidâlaya Abhinavagupta Research Libray), con miras a ayudar en las investigaciones y publicaciones sobre el shivaísmo cachemir, es una de las señales que apuntan al interés que se desarrolla en la India por una tradición filosófica y espiritual que, a pesar de su pasado esplendor y enorme valor, ha seguido siendo poco conocida.

Todos estos casos representan, es cierto, muy poca cosa para los mil millones de hindúes del subcontinente, pero merecen ser citados en la medida en que muestran que, a pesar de la intolerancia de antaño y el aumento de los integrismos en la actualidad, la calidad intelectual de las tradiciones tántricas (hindúes, pero también budistas) puede ser reconocida por algunos (pero habría que admitir que no siempre es así con los filósofos profesionales indios, que, cuando se refieren al pasado, se dejan atrapar por el mito de Shankara, un pensador ciertamente esencial, pero cuya importancia suele sobrevalorarse).

La presencia tántrica actual en la India se manifiesta también a través de sectas o movimientos nuevos que, a diferencia de los que hemos visto, mantienen vínculos con Occidente, tanto si ya existían como si acaban de aparecer. Forman parte de esos nuevos movimientos religiosos que asoman por todo el mundo. De las tradiciones tántricas solo toman los elementos que los convierten ("apañándolos", como suele decirse), creando formas nuevas de tantrismo, adaptadas al mundo moderno, la modernidad llegada de Occidente, donde se han desarrollado muchos, como tendremos oportunidad de ver en el siguiente capítulo. No podemos repasar esos movimientos en detalle, así que nos limitaremos a citar brevemente tres ejemplos.

El Anand Marg, que será el primero de ellos, cuenta con la originalidad de no vincularse con ninguna tradición tántrica anterior. Fue fundado en 1955 por un bengalí al que los discípulos adeptos de este movimiento –serían varios miles en la India y en el mundo, pero son numerosos sobre todo en Bengala– consideran un avatar de Shiva. Los objetivos son la "realización personal", obtenida siguiendo una disciplina espiritual tántrica (*tântrika-sâdhana*) que conduce a la liberación, así como el servicio a la humanidad. El rasgo que caracteriza al Anand Marg es, no obstante, la violencia, considerada como la "propia esencia de la vida". Y de hecho es, a través de actos de violencia (la ejecución en 1971 de seis de sus miembros), como este movimiento se da generalmente a conocer. Por ello, ha contribuido a dar en la India una muy mala imagen del tantrismo, lo que no le impide subsistir e incluso desarrollarse.[32]

Otro movimiento tántrico nacido en la India y muy conocido es el fundado por Rajneesh (Bhagwan Shree Rajneesh) en 1974, en Pune, no lejos de Bombay, donde su *ashram* recibía decenas de millares de visitantes llegados sobre todo de Occidente, atraídos por una enseñanza que podría decirse tántrica en la medida en que afirmaba que la salvación debía realizarse a través de todos los disfrutes sensuales. «El ser humano –decía Rajneesh– es cuerpo y alma a la vez: hay que satisfacer tanto al uno como a la otra.» También fue firme partidario del capitalismo: «Crear riqueza es una genialidad». Ya conocemos la riqueza que él consiguió acumular. De regreso a la India tras su estancia en Estados Unidos de 1981 a 1985 (véase el capítulo siguiente), retomó sus actividades adoptando el nombre de Osho, fundando en Pune una "multiversidad" y un centro de meditación, inspirado por el mismo espíritu hedonista, sabiendo muy bien siempre cómo reunir unos fondos considerables, pero evitando en adelante provocar escándalos. Esta organización ha sobrevivido a su muerte (1990) y, en la actualidad, conforma el centro de una vasta red internacional.

Asimismo podríamos mencionar el centro que posee el Siddha Yoga en Ganeshpuri, Mahârashtra, donde vivió al final de su vida Nityânanda, maestro de Muktânanda,[33] fundador de esta organización. La doctrina de base de la enseñanza de este centro es una versión modernizada del shivaísmo no dualista cachemir, y por tanto en principio tántrico, pero se trata de una organización totalmente estadounidense. Están presentes los dos aspectos de la mutación moderna que puede afectar a un movimiento tántrico cuando regresa a la India, transformado tras una estancia en Occidente, donde su doctrina y prácticas fueron modificadas en función de algunos de nuestros valores: conforman la repercusión de las versiones occidentales del tantrismo en la India, que veremos en el capítulo siguiente.

12. Los tantrizantes de Occidente

Podría parecer sorprendente que algo tan profundamente indio como el tantrismo se haya extendido fuera de la zona asiática de expansión de la civilización índica, a menos, claro, que se trate de algo que haya atraído y seducido la atención. La búsqueda religiosa, la aspiración espiritual, es efectivamente un impulso hacia el Otro –el Otro divino–, y... ¿qué podría haber para nosotros más "otro" que el mundo tántrico? ¿Qué pudiera ser más atrayente, en nuestro mundo, que un mensaje de poder sobre uno mismo y los demás? Eso sin mencionar la sexualidad y la transgresión. Nos hallamos frente a un fenómeno –un constructo– muy interesante, por cuanto se trata de uno de los aspectos de la relación de Occidente con una India en gran parte imaginada (y de la reacción de la India frente a esta visión, la influencia y las "malinterpretaciones" presentes en ambas partes),[1] así como de la inserción del fenómeno tántrico en el mundo global mercantil y hedonista en que vivimos en la actualidad.

En este encuentro de culturas (que en parte es una "comedia de los errores") habría que recordar en primer lugar la existencia y el papel de *sir* John Woodroffe (1865-1936) –Arthur Avalon fue el nombre de pluma que utilizó en sus obras–, que en muchos aspectos fue el pionero de los estudios tántricos y a quien se debe la recopilación de los «Tantrik Texts». Fue el primero que puso al alcance del público textos tántricos en sánscrito y traducción inglesa, acompañados de comentarios y estudios, a fin de mostrar su interés y valor. Estas obras, continuamente reeditadas y a veces todavía útiles, han sido durante mucho tiempo las únicas que se podían consultar para conocer el fenómeno tántrico. También fue el primero (como ya recordamos en el primer capítulo de este libro) que afirmó que conformaba un aspecto fundamental del hinduismo. Pero el caso de *sir* John Woodroffe es interesante en sí mismo, pues fue una personalidad doble: magistrado británico de alto rango, juez de la Corte Suprema de Bengala, y, al mismo tiempo, si no iniciado tántrico –«un alma india en un cuerpo europeo», como se ha afirmado–, sí al menos un apasionado de ese campo, muy próximo a los *tântrikas* bengalíes, con los que trabajó. Se le puede reprochar haber ofrecido, con la complicidad de cierta élite bengalí, una versión voluntariamente edulcorada de la realidad tántrica.[2] A pesar de ello, fue un "intermediario" que desempeñó un papel muy útil, incluso esencial, dando a conocer el tantrismo y mostrando su interés tanto al público indio como al de fuera de la India.[3] Algo muy meritorio en la época en que escribió, pues entonces la imagen del ámbito tántrico, tanto en la India como en Occidente, era totalmente negativa: la élite india, así como los orientalistas (y los colonizadores británicos), apoyados en el empeño por la literatura inglesa, francesa y otras, no veían en ello más que inmoralidad, superstición y degeneración.

Las cosas han cambiado mucho desde entonces. Un conocimiento mejor de los textos y de las prácticas por parte de los orientalistas y los historiadores de las religiones, que ya no fomentaban los mismos prejuicios morales y doctrinales, han facilitado la comprensión de la realidad tántrica, ahora explicada y accesible gracias a la multiplicidad de los estudios y traducciones existentes; y también por el conocimiento de textos hasta entonces ignorados. Los progresos en este campo han sido inmensos después de la II Guerra Mundial.[4] El ámbito tántrico se ha convertido, pues, en un tema de estudios universitarios tan respetable como cualquier otro. París, Oxford, Roma, Estados Unidos, Japón y la India –primera interesada– cuentan con enseñantes e investigadores cuyos trabajos se esfuerzan en proporcionar una perspectiva todo lo objetiva y exacta posible acerca de la realidad tántrica y, al darla a conocer, suscitar el interés de un público más amplio.

La investigación universitaria también ha desempeñado un papel positivo en la difusión en Occidente de una forma de cultura extranjera, un papel que igualmente desempeña en la India. Pero, a través de la información que ha divulgado, también ha contribuido –y eso forma parte de la paradoja tántrica– a la aparición de variaciones occidentales, a veces aberrantes, del tantrismo. En Francia, los trabajos de Lilian Silburn (1908-1993), de cariz totalmente universitarios, aunque se apoyase en cierta medida en las interpretaciones tradicionales de un representante contemporáneo del shivaíamo cachemir, el *swami* Lakshman Joo (al que hemos mencionado antes), han alcanzado a un público bastante extenso, curioso acerca de las nociones y prácticas espirituales de las tradiciones Trika y Krama, a veces deseosos también de intentar una forma propia de seguirlas. Junto a los indianistas, ha habido asimismo antropólogos, sobre todo en Francia (de los que ya he citado aquí algunos trabajos), que han ayudado a que un público más amplio comprendiese mejor el interés de los conceptos y de ciertas prácticas tántricas.[5]

Por el contrario, otros universitarios han tenido un papel a veces ambiguo. Entre ellos podríamos mencionar a Heinrich Zimmer (1890-1943), cuya obra de historiador del pensamiento índico es importante. Consideró que el tantrismo conformaba el auténtico substrato arcaico de la India, con las técnicas psíquicas más sutiles y eficaces, conceptuando al *tântrika* como el héroe guerrero divino. Su obra sigue ejerciendo cierta influencia.[6] También vale la pena mencionar aquí al historiador de las religiones Mircea Eliade (1907-1986), que fue, como se ha dicho, uno de los primeros en estudiar y describir el *yoga* tántrico y en demostrar su importancia.[7] Igualmente veía en el tantrismo la superación a la vez trascendente e inmanente de las dualidades, la identificación salvadora de lo divino y lo profano. A veces se ha creído ver en su pensamiento elementos "cripto-fascistas", algo sin duda excesivo, pero lo cierto es que su actitud intelectual fue, en efecto, antimoderna. En cambio, quien sí fue francamente reaccionario y fascista, fue el italiano Julius Evola (1898-1974), para quien el tantrismo era «en su espíritu [...] más evidentemente occidental que la soteriología cristiana». Lo consideró como la única vía, heroica y aristocrática, apta para salvar a Occidente de la decadencia. Nietzscheano, anti-igualitario, racista y fascista convencido,[8] fue uno de los inspiradores de los movimientos neofascistas europeos de la Nueva Derecha (donde, por otra parte, pueden descubrirse a algunos indianistas).

Que existan puntos de contacto entre la ideología tántrica y la de la derecha fascista pudiera resultar sorprendente, pero no hay que olvidar que el *siddha* perfecto es un superhombre, más allá del bien y del mal, y, como hemos visto en el capítulo precedente, en la India pueden descubrirse lazos entre tantrismo y violencia política. La diosa Kâlî ha inspirado a revolucionarios a veces terroristas, como Aurobindo, antes de que para él pasase a convertirse en la encarnación de la energía divina salvadora (también se ha visto, en Japón, con la secta Aum Shirinkyo, el paso de una ideología budista a la violencia ciega).

Tenemos ahí cosas que revelan el espíritu de los tiempos, a veces en la violencia, pero más a menudo (por fortuna) en la serenidad de la búsqueda de una superación del yo, de un camino de salvación. En el mundo occidental, donde las creencias, las antiguas convicciones y las religiones establecidas (sobre todo el catolicismo) pierden su impulso, tiende a imponerse lo que se ha denominado "la religión a la carta" que, en una época de globalización religiosa, cada uno "apaña" según sus necesidades, tomando elementos de aquí y de allá que le parece que responden a sus aspiraciones. De ahí el éxito en Europa y en América de los movimientos neo-hinduistas, nacidos en la India o fundados por algún *guru* occidental, no estando vinculados a la India más que espiritualmente, y siendo algunos de inspiración tántrica.

De entre estos últimos, no todos tienen un interés y valor similar. Basta con ir a los sitios *Tantra* de Internet para comprobar la proliferación y el carácter poco serio –en la mayoría de las ocasiones– e incluso aberrante: el énfasis se pone sobre la sexualidad, asegurando sobre las prácticas tántricas que permiten gozos intensos que pueden prolongarse indefinidamente: «La sexualidad trascendida», «el sexo perfecto», «éxtasis en línea»… Evidentemente, no nos ocuparemos de este aspecto –que no obstante hay que mencionar–, y nos limitaremos a señalar dos o tres movimientos, importantes y atípicos, que se han desarrollado en los Estados Unidos.

Ahí es donde se fundó en 1906 la primera organización tántrica occidental; luego, más recientemente, se desarrollarían y prosperarían diversas formas de Tantra Pop, Neo- o New Age, y donde nacerían dos de las organizaciones más importantes de ese tipo, las de Rajneesh y el Siddha Yoga. El budismo tántrico también ha tenido un desarrollo notable, con el movimiento creado por el poco convencional Chogyam Trungpa, cuya organización con sede en Boulder, Colorado, donde en 1970 fundaría el Naropa Institute, atrajo a numerosos seguidores, *hippies* y otros espíritus contestatarios, alcanzando una dimensión mundial. Las tres aparecieron en la misma época, en el mismo momento, más o menos, en que Agehananda Bharati (otro tantrizante y notorio *tântrika*, al que regresaremos más adelante) decía que los Estados Unidos estaban destinados a convertirse en el nuevo centro mundial del tantrismo, una observación que, como veremos, no carece de relevancia, a condición, claro, de dar al tantrismo un sentido que no es índico.

El norteamericano Pierre Bernard, que en 1906-1907 creara la Tantric Order in America, con el *International Journal of the Tantric Order*, era tanto hombre de negocios y del espectáculo, como profeta. Aprendió sánscrito y *yoga* en la India, pero lo cierto es que lo que buscaba sobre todo era la celebridad (bajo el nombre de "Omnipotent Oom") y la riqueza. Fundó un instituto tántrico en Nueva York, para después, en 1918, instalarse en una vasta propiedad donde creo una "Utopian Tantric Community". Sus actividades como *guru* y sus cuidados –siempre muy caros– estaban rodeados del mayor de los secretos, pero su interés en las disciplinas de base corporal tenían un aspecto sobre todo sexual. Su esposa, Blanche de Vries, tras enseñar la "danza oriental", creó a su vez un "Tantric Health System", destinado igualmente al público neoyorquino más adinerado, un empeño también muy provechoso desde el punto de vista económico. El tufo a escándalo que rodeaba a todas estas actividades se tornó insoportable y los riesgos demasiado graves. Pierre Bernard los abandonó hacia 1930 para convertirse en banquero y coleccionista. Falleció en 1955 dejando, a falta de una buena reputación, una inmensa fortuna.

Podríamos también mencionar el Ordo Templi Orientis (OTO), fundado a principios del siglo XX, que parece haber mantenido lazos con el tantrismo y del que formaba parte un personaje especialmente incendiario, el inglés Aleister Crowley (1875-1947), "la Gran Bestia 666", como se llamaba a sí mismo, cuyas prácticas de magia sexual se inspiraron en el *yoga* tántrico. Aquí nos encontramos más en el terreno del satanismo (que por otra parte reivindicara) que en el del tantrismo. Crowley merece, no obstante, ser citado por el papel que tuvo, y que todavía desempeña a juzgar, por ejemplo, por lo que puede encontrarse en Internet sobre él y el OTO.

Con los dos casos siguientes volvemos a los *tântrikas* y a Estados Unidos (Crowley y el OTO son más bien europeos). Se trata de Rajneesh y el Siddha Yoga, que por otra parte son muy posteriores a Pierre Bernard y Aleister Crowley. En efecto, sería en los años sesenta cuando el tantrismo, haciendo un énfasis muy claro en su aspecto sexual, aparece en los Estados Unidos, difundiéndose con la multitud de movimientos de liberación de las represiones, sobre todo las relativas a la sexualidad y el uso de diversas drogas, que aparecían en ese momento. En 1964, el libro de Omar Garrison, *Tantra. The Yoga of Sex*, que conocería un gran éxito, proclamaba que el tantrismo era capaz de curar a Occidente de sus males demostrando que la unión sexual «podía abrir la vía hacia "una nueva dimensión de la vida"».

Esa interpretación de la visión tántrica se convertiría, amplificada por los medios de información, en uno de los elementos de la contracultura norteamericana, en un medio para criticar el orden sociopolítico dominante, considerado represor y corrupto. La temible y erótica diosa Kâlî se convertía así en símbolo de la lucha contra todas esas represiones, simbolizando la inmersión en las fuerzas oscuras, al mismo tiempo que la energía femenina liberada. Algo especialmente celebrado por Allan Watts, el *guru* psicodélico de la *beat generation* (y, claro está, los poetas de dicho grupo, más próximos al Zen o a Chogyam Trungpa que al hinduismo tántrico).

Estas versiones norteamericanas del tantrismo fueron un elemento importante del desarrollo de lo que se ha dado en llamar *New Age*, un conjunto de movimientos socioculturales, filosóficos o religiosos muy diversos, que mezclan estrechamente tradiciones euro-americanas, contracultura y elementos tántricos índicos o bien influidos por el tantrismo y que, curiosamente, más recientemente han tendido, en abierta contradicción con la contracultura de los años sesenta, a celebrar el éxito mundano, económico y financiero. El tantrismo aparece así como un camino hacia la felicidad espiritual al mismo tiempo que hacia la prosperidad material: «*The more spiritual you are, the more you deserve prosperity*» («Cuanto más espiritual eres, más prosperidad te mereces»). Con respecto a esto, este "neotantrismo" a veces ha sido descrito en los Estados Unidos como la tradición propia de la era moderna, la del triunfo del mercado. Este gusto por la riqueza ha caracterizado el período americano de Rajneesh. Con ese mismo espíritu se resucitó la Tantric Order of America de Pierre Bernard, con motivo del tercer milenio, a cargo de Nick Douglas, bajo la forma de un "New Tantric Order in America", que promovía nuevas formas de "sexualidad espiritual", ofreciendo iniciaciones "personalizadas" en línea basadas en un "Updated New Tantric Order Document" (1996) y dando acceso a diversos *tantras* en un sitio web. No se puede detener al progreso…

Rajneesh sería otro *guru* tántrico de una especie parecida, que se tornaría muy célebre, del que ya hemos tratado en el capítulo anterior. A resultas de tener que abandonar la India, llegaría a los Estados Unidos en 1981, país al que consideraba la patria de la libertad y del capitalismo liberal y donde se presentó como «el mesías que América está esperando». Tras una breve estancia en Nueva Jersey, se instaló con sus discípulos, ya numerosos, en Antelope, en Oregón, para crear una ciudad ideal, Rajneeshpuram, que pronto se convertiría en un negocio muy lucrativo, con numerosas ramificaciones, reuniendo unos 120 millones de dólares durante los cuatro años de su breve existencia. La empresa se desarrollaría al mismo tiempo en Europa, llegando a contar, en un momento dado, parece que con más de 25.000 miembros. Al igual que en Pune, se prometía el amor libre y la liberación. Pero Rajneesh y los suyos, cuyas costumbres y lujos (los famosos ¡22 Rolls-Royces!) provocaban escándalo, entraron bien pronto en conflicto con los habitantes de Antelope, comportándose con una extrema violencia. Acabaron siendo perseguidos por declaraciones falsas, inmigración ilegal, abuso de confianza, violencia de diversos tipos, extorsión, incendio voluntario e incluso intento de asesinato. El movimiento fue condenado y Rajneesh expulsado de los Estados Unidos. Sería entonces cuando, no pudiendo hallar refugio en ningún otro país, regresaría a la India, donde con el nombre de Osho fundaría una nueva secta, que por otra parte se ha propagado por diversos países, entre ellos Francia.

El Siddha Yoga Dham of America (SYDA) –también llamado Siddha Yoga–, que fundara el *swami* Muktananda (1908-1982), llegado a Nueva York en 1971, sería mucho más importante que el precedente (pero apenas escandaloso), todavía en activo y con programas muy variados. Este movimiento tiene actualmente su sede en South Fallsburg, cerca de Nueva York, y cuenta con numerosos centros en Norteamérica y en otros lugares del mundo. Discípulo del misterioso Nityananda, de Ganeshpuri,[9] Muktananda, cuya enseñanza se basaba desde el punto de vista doctrinal en el shivaísmo no dualista cachemir (teniendo como referente sobre todo a Abhinavagupta), subrayó como este la importancia de la gracia divina –o más exactamente del descenso de la energía (*shaktipat*)– sobre el discípulo para conducirlo a la iluminación. Esta energía es la de la Diosa, Shakti Kundalinî, presente también en el ser humano, cuya evolución salvadora debe realizarse en particular a través de la transformación de la energía sexual en energía espiritual, una operación no exenta de riesgos y deslices, pero cuyo principio no deja de responder al espíritu de los tiempos.

El SYDA, actualmente dirigido por una discípula de Muktananda, Gurumayî Chidvilasânanda, se ha convertido rápidamente en una empresa muy importante y rica, reuniendo en su centro a un importante número de adeptos iniciados permanentes, *swamis* (hombres y mujeres), que desempeñan un papel espiritual y enseñante, y otros encargados de las actividades corrientes materiales o comerciales, como las de orden social (el Siddha Yoga cuenta con diversas fundaciones) o de orden intelectual, que están lejos de ser insignificantes. Además, el movimiento cuenta con numerosos participantes, afiliados o clientes, más o menos implicados, que conforman la masa de sus miembros en los Estados Unidos y en el resto del mundo.

A diferencia de Rajneesh, que rompe con el mundo, el Siddha Yoga mantiene contactos con los círculos universitarios: algunos profesores universitarios norteamericanos son miembros, mientras que a otros se les invita a dar conferencias. Se ha visto a la American Academy of Religions, institución totalmente respetable, reunir, con motivo de una de sus sesiones de 1999, a partidarios y críticos del SYDA, para hablar del tema: «*Who speaks for Siddha Yoga?*». Este aspecto de su actividad también ha adoptado la forma, bajo el título de Muktabodha Institute y de Muktabodha Digital Library, de la digitalización y puesta en línea de numerosos textos tántricos: no solo todos los volúmenes de la «Kashmir Series», sino también *tantras* importantes, algunos de difícil acceso antes de aparecer ahí. Este trabajo, que continúa, bajo la dirección de universitarios indios y europeos, con la digitalización de los fondos de diversas bibliotecas de la India (como la del Institut Français de Pondicherry), es muy útil para los investigadores.

El SYDA, movimiento de alcance mundial, parece ser muy diverso. No ha escapado a las críticas, sin duda a veces justificadas, pero en todo caso es el más importante de su género, típico de la extensión y la inserción del tantrismo en un mundo donde impera el capitalismo de mercado, en el que el hedonismo, el culto del cuerpo (¡un cuerpo sexuado!) y el dinero también necesitan valores espirituales, sobre todo si se le ofrece la posibilidad de realizarlos sin renunciar al placer.

Igualmente habría que señalar la existencia del Nityananda Institute, que se encuentra en Portland, Oregón, cuya enseñanza se basa, como la del Siddha Yoga, en el shivaísmo cachemir, encomendándose, como aquel, a Nityananda, y considerándose como el que ha conservado mejor la doctrina y las observancias. Nace de una ruptura con Muktananda, del que su fundador, Rudrananda (un estadounidense, Albert Rudolf, "Rudi"), fuera discípulo. Ha conseguido reunir y agrupar a una pequeña pero activa comunidad, cuyos miembros, aunque viven en común, siguen en el mundo. También recibe de buen grado a indianistas universitarios, pues para él es una señal de la calidad intelectual y seriedad de su actividad. Es un movimiento menos espectacular y, aunque dispone de medios económicos considerables, está relativamente menos vinculado a los mercados de lo que está el SYDA. Pero es igualmente típico del tantrismo en el mundo capitalista norteamericano.[10]

Conviene añadir a este panorama norteamericano, pues es un aspecto de la actualidad de la presencia tántrica, la abundancia de estudios universitarios sobre el tema que, con el sistema de los Departamentos de Religión, no están reservados a los indianistas, ni siquiera a los orientalistas, y que ha contribuido a difundir mucho más que en Europa un interés generalmente iluminador por el fenómeno tántrico. Un signo de ello es la existencia de la Society for Tantra Studies, que cada año organiza una «Tantric Conference» en la que también participan investigadores no norteamericanos y en cuyas mesas redondas se trata de temas particulares.

A propósito de esta cuestión podríamos volver a repasar la figura de Agehananda Bharati, que representa un caso bastante peculiar, aberrante, del universitario *tântrika* militante.[11] Llegado a Estados Unidos en 1958, se convirtió en profesor de Antropología de la Universidad de Syracuse, en el Estado de Nueva York. Este vienés se tornó en ardiente defensor de una tradición tántrica que, para él, no podía ser más que un hedonismo místico rigurosamente amoral y categóricamente opuesto a toda regla y obligación. La vía de la salvación en el mundo debía pasar, según él, por el disfrute de todos los placeres, la música, las artes y, sobre todo, la sexualidad. Lo interesante de su caso es que creía que el tantrismo no tenía ningún futuro en la India actual. Creía que solo en Occidente (y especialmente en los Estados Unidos) existe el pensamiento libre de todo prejuicio, la libertad de expresión y el hedonismo absoluto necesarios para la realización de la perfección tántrica, a fin de encontrar *The Light at the Center*, según el título de su principal obra teórica. La enseñanza de Agehananda Bharati no encuentra en los Estados Unidos más que una audiencia limitada, pero merece ser señalado porque representa un aspecto esencial de aquello en lo que puede convertirse el fenómeno tántrico en el mundo de hoy, cuando se decide tomar en consideración solo unos cuantos elementos, ignorando la realidad sociocultural índica.

El tantrismo en los Estados Unidos es notable a causa de su diversidad, vitalidad, importancia numérica, riqueza y porque representa la situación del mundo actual. Es, pues, natural que se le preste aquí más atención. Pero el fenómeno tántrico adaptado a los tiempos modernos también existe en otros lugares de Occidente, como en Francia (sin hablar de Japón), y no solamente bajo la forma de ramas locales de movimientos estadounidenses, aunque estas últimas sean las más importantes. Para hacerse una idea de la diversidad de los movimientos o centros tántricos de los diversos países de Europa, basta navegar por la Red. No obstante, ninguno de esos centros parece tener una verdadera importancia, al menos en su aspecto hindú. No sucede lo mismo, en efecto, con el budismo tántrico, cuyas diversas ramas se hallan bien representadas, habiéndose beneficiado especialmente por la presencia de maestros tibetanos huidos de su país ocupado por China. El hecho de que se traduzcan algunos textos del hinduismo tántrico, y que aparezcan en ediciones de bolsillo, no demuestra una presencia viva de su enseñanza: las traducciones suelen ser mediocres. También en este caso, como en otros, el énfasis se pone en la sexualidad.[12] No es necesario entrar en la cuestión aquí.

Por el contrario, habría que señalar el hecho de que, estadounidenses y europeos, importantes o no, los movimientos y los adeptos tántricos occidentales no mantienen demasiadas enseñanzas indias, que han adoptado transponiéndolas de forma simplificada, como el aspecto ideológico o doctrinal, y no mantienen nada de lo que tradicionalmente (e incluso hoy en día) conformaba y conforma la parte esencial en la India: la visión "teo-antropocósmica" del mundo y del ser humano, las teologías, los panteones y el ritual. Todo lo que es fundamental –y vivido– para un *tântrika* verdadero, pero que no parece necesario para el bricolaje espiritual del adepto occidental (que adapta nociones, pero no la cultura en la que surgieron), ni para el funcionamiento de la secta y de la influencia que ejerce sobre sus miembros, ni tampoco, desde luego, para el placer sexual.

De hecho, la realidad tántrica hindú está ligada al terreno, enraizada en el suelo indio. No es exportable.[13] De la India no se ha tomado más que lo que se veía aparentemente y aquello que se sentía como necesario (reimportándolo, por otra parte, a veces en cierta medida, como hemos visto). Podríamos decir que en el fondo, en esta apropiación selectiva de elementos índicos, no descubrimos más que una nueva versión de la construcción del "tantrismo" de los orientalistas del siglo XIX, pero con un espíritu distinto: ya no existe el rechazo, sino la adopción al mismo tiempo que la incomprensión. ¡Occidente no deja, para bien o para mal, de fantasear acerca de la India!

Epílogo

Sin duda hay que terminar este capítulo y este libro mediante esta observación. En el fenómeno tántrico –eso que cómoda pero desgraciadamente denominados tantrismo– nos las tenemos que ver con algo difícil de comprender: un conjunto de rasgos de los que la India tradicional era, en efecto, consciente de su particularidad, de su "aire familiar", pero que no había hipostasiado como hemos hecho nosotros, para después, más recientemente, dejar de hacerlo. Pero aunque la investigación orientalista ha conseguido superar esta penosa sistematización, aunque nosotros, los "orientalistas", nos hemos tornado conscientes de la diversidad y la ausencia de límites claros en el fenómeno tántrico y hemos conseguido llegar a comprender numerosos aspectos de él, también resulta interesante, con respecto tanto a la naturaleza misma de este fenómeno como a la manera en que puede ser aprendido, subrayar que el mundo occidental en general (si es que puede generalizarse) ha vuelto a recuperar la visión global en las diversas formas de "tantrismo" más o menos populares que hacen estragos tanto en los Estados Unidos como en Europa: un tantrismo evidentemente considerado a la occidental, es decir, en función de nuestras necesidades. Por ello, el tantrismo, en la medida en que se convierte en un conjunto más o menos definible, está en gran parte construido por quienes lo perciben desde fuera (lo que, por otro lado, no deja de ser el caso de la visión que se tiene, desde fuera, de la propia India, y eso incluso, o tal vez sobre todo, cuando se quiere vivir interiormente el "mensaje").

Pero la realidad del fenómeno tántrico hindú no es ajena a la India: es india y tiene una gran riqueza. Antes la hemos denominado "teo-antropocósmica", un neologismo algo sorprendente, tal vez, pero que resume su riqueza en una palabra. Así es, podemos observar en ella una visión global del universo sentido como campo de energías a la vez divinas y humanas, trascendentes (o supra-humanas), al mismo tiempo que inmanentes y encarnadas. Manifiesta una visión del ser humano en tanto parte integrante y activa de este universo cuyos elementos vividos le hacen participar del cosmos y ayudan a vivirla, a la vez que la trascienden, en una totalidad infinita. Esta visión tántrica todavía puede encontrarse en la India actual. También puede aprehenderse fuera de ella, extraer los elementos de una vida más intensa, más sistémica, que no obstante es algo totalmente distinto de lo que son –salvo excepciones– los montajes "aculturizados" que hemos abordado en el último capítulo.

En este libro hemos intentado, con mayor o menor fortuna, mostrar esa riqueza. No hemos podido ofrecer más que una visión limitada e imperfecta. Ha habido que dejar muchas cosas de lado. Pero tal vez hayamos podido ofrecer una visión válida de lo que es el fenómeno tántrico, ese aspecto esencial de la India. Al hacerlo, hemos puesto de manifiesto cosas que, a veces, para nosotros, pudieran resultar extrañas y raras. No obstante, más allá de la extrañeza y lo pintoresco, creo que la India tántrica ha aportado muchos e interesantes elementos que contribuyen a enriquecer la concepción que pudiéramos tener del ser humano, de sus posibilidades y de su lugar en el universo. Es un aporte positivo que merecía, creo yo, presentarse, aun de manera imperfecta.

Notas

Prólogo

1. Cuando, hace algunos años, la editorial Brill me propuso escribir una obra general sobre el tantrismo que sustituyera a la obra clásica pero actualmente desfasada *Hindu Tantrism* (S. Gupta, D.J. Hoens, T. Goudriaan, Brill, Leiden 1979), respondí rechazando la invitación, aduciendo que el rápido progreso de estos estudios hacía prematuro un tal trabajo de síntesis (aunque debo confesar que mi preferencia por el trabajo de frontera tuvo una parte nada desdeñable en este rechazo). Pero me doy cuenta de que, aparte del hecho de que todo trabajo científico solo puede ser intrínsecamente provisional, la puesta a punto periódica del estado del conocimiento en un determinado sector tiene un valor indudable, tanto mayor cuando –como es el caso del presente libro de André Padoux– una síntesis de autor se concibe de manera que pueda ser apreciada por un público amplio, desorientado ante la calidad desigual (o muy a menudo simplemente pésima) de los estudios contemporáneos sobre el tema.
2. «Il tantrismo hindu e l'invenzione del Desiderio», en G. Boccali, R. Torella (edición de), *Passioni d'Oriente. Eros ed emozioni in India e in Tibet*, Turín, Einaudi, 2007, págs. 91-92.
3. Los fragmentos citados anteriormente, en su mayor parte citas de obras perdidas, provienen en su totalidad del más esclarecedor de los comentarios a los *Shivasûtra,* el que se debe al cachemiro Kshemarâja (siglo XI).
4. Sabemos que pertenece al *Matangapârameshvara* por el *Svacchandatantra-uddyota*, que lo cita expresamente. Cf. A. Sanderson, *Review of N. R. Bhatt, Matangapârameshvarâgama Kriyâpâda, Yogapâda et Caryâpâda avec le commentaire de Bhata Râmakantha*. Edition critique, Pondicherry 1982, *Bulletin of the School of Oriental and African Studies*, 48, 1985, pág. 566.
5. La tendencia de estas escuelas es hacia una progresiva interiorización del rito, pero sin que nunca deje de ser "rito" (en sintonía ideal con la interiorización del rito védico enseñada en las *Upanishad*).
6. Se trata de una clara alusión a las prácticas del *yoga* centradas sobre la respiración, del mismo modo que se refieren a aspectos esenciales del *yoga* las expresiones "supresión de las funciones mentales" y "desapego".

7. El término *chamatkâra* se convertirá en uno de los conceptos sobre los que basculará toda la especulación estética posterior de la India, que considerará al tántrico Abhinavagupta como a su punto de referencia más indiscutible.

Parte I: El ámbito tántrico hindú

1. El ámbito tántrico

1. En «Le coupable», *Oeuvres Complètes,* vol. 5, pág. 259.
2. Así pues, el asceta tántrico es un tipo bien definido en la literatura tántrica.
3. Sobre esta cuestión véase la «Introducción» de Gavin Flood en *Blackwell Companion to Hinduism*, cuya publicación dirigió. Es una obra muy buena (aunque cara).
4. Prosiguiendo con nuestro propósito deconstructor podríamos recordar también que la noción de religión es occidental. Es desconocida tanto en la india como en otras civilizaciones tradicionales.
5. Es lo que hizo H.V. Guenther en su estudio *The Life and Teachings of Naropa* (Boston, 1995), donde acerca de la noción de tantrismo decía que era «probablemente una de las nociones y malinterpretaciones más confusas creadas por la mente occidental».
6. En una reseña aparecida en *Journal Asiatique* en 1968.
7. En el tomo VI de *Etudes védiques et paninéennes*, aparecido en 1960.
8. Traduzco este fragmento del prefacio de *Principles of Tantra* (1914, reimpr. Madrás, 1952), pág. 1. Este enorme volumen (1.972 páginas), traducido del sánscrito, se reimprimió en Estados Unidos en diez volúmenes, en 2003 y 2004.
9. *Avatâra*, de *ava-TRI*, "descender, dejar caer", quiere de hecho decir "descenso": ese es el sentido de los avatares de una divinidad, que son las formas que toma para descender hasta nosotros. Un avatar, en el sentido exacto, no es una transformación, ni un desliz, como suele creerse.
10. Es algo válido en la actualidad, sobre todo respecto a los sacerdotes de los templos shivaítas de Tamil Nadu y Kerala, en la India del Sur.
11. Estos sacramentos señalan la vida del hindú de casta, desde su concepción hasta su muerte. Incluyen, sobre todo el *upanayana*, la imposición del cordón sagrado y de un *mantra* a los jóvenes, señalando su entrada oficial en la casta. Esta iniciación no debe confundirse con la iniciación sectaria, en especial la tántrica, la *dîkshâ*. Las chicas no son iniciadas, y por ello, sea cual fuere su casta, las mujeres hindúes son ritualmente consideradas como *shudras*.
12. Es decir, los miembros de las tres clases (*varna*) superiores de la sociedad hindú: *brahmanes*, *kshatriya* y *vaishya*, siendo la de los *shudras* la cuarta clase. Cada una de ella se divide en distintas castas (*jâti*).
13. Véase pág. 77.
14. Véase capítulo 11.
15. Este estudio, que en gran parte continúa siendo válido, fue reeditado en la colección Idées/Gallimard.
16. Flammarion, colección «Champs».
17. Esta explicación del fenómeno tántrico reconoce, en la India y desde los orígenes,

la vida en el mundo y en especial de las pasiones, y ha sido presentada de manera especialmente brillante y erudita por Raffaele Torella, profesor de la Universidad de Roma "la Sapienza". Véase sobre todo su artículo sobre el tantrismo en el volumen colectivo *Pasión d'Oriente. Eros ed emozioni in India e Tibet* (Turín, Einaudi, 2007), que ha dirigido junto con G. Boccali.

18. Véase *Mantras et mandarins. Le bouddhisme tantrique en Chine* (París, 1996), obra muy notable. Señalemos que la palabra "mandarín" procede, a través del portugués, del sánscrito *mantrin*.
19. Estos dos libros fueron editados por la Chicago University Press en 1996 y 2003.
20. Puede encontrarse información y reflexiones interesantes tanto sobre el fenómeno tántrico como sobre la manera en que puede ser aprehendido por parte de un observador externo en la obra de Hugh Urban, *Tantra: Sex, Secrecy, Politics, and Power in the Study of Religion* (Berkeley, 2003). Véase también de Geoffrey Samuel, *The Origins of Yoga and Tantra. Indic Religions to the Thirteenth Century* (Cambridge, 2008).

2. Orígenes, historia y propagación

1. Sobre todo en el *Pâñcarâtra* vishnuita. Véanse págs. 114 y 115.
2. Sigue siendo el caso, hoy en día, de los grandes festivales nepalíes, el Dasain, la fiesta real en honor de la diosa Durgâ, por ejemplo, de diversos cultos himalayos, o de festivales en honor de la diosa (véanse los capítulos 10-11).
3. El budismo tántrico debió aparecer bajo la misma influencia del sustrato popular.
4. Estas traducciones también podrían hacer pensar que el budismo se hizo tántrico antes que el shivaísmo, lo que de todos modos parece poco probable.
5. Sobre los *pîtha* véase el capítulo 10, pág. 212.
6. Desde el punto de vista lingüístico, la presencia en los textos de formas del indio medio los vincularía con la India del Sur.
7. Véase la obra de Vidya Dehejya, *Yoginî Cult and Temple. A Tantric Tradition* (Nueva Delhi, 1986).
8. Véase capítulo 4, págs. 106-107.
9. *Véase* capítulo 11.
10. Una parte del canon budista tibetano, el *Kanjur*, está compuesto de traducciones de textos shivaítas, procedentes sin duda de Cachemira. Estas traducciones fueron obra en parte de brahmanes, una señal entre otras que demuestra la interacción hinduismo-budismo.
11. Marie-Louise Reiniche, en el «Prólogo» *de Les dieux et les hommes. Etude des cultes d'un village du Tirunelveli, Inde du sud* (París, Mouton, 1979).
12. Los *tantras* vishnuitas, del *Pâñcarâtra*, no lo son. En el shivaísmo, los *tantras* del Shaivasiddhânta, con algunas pocas excepciones, tampoco lo son. Solo los *tantras* de Bhairava (sobre este término, véase más adelante, capítulo 3, pág. 73, son transgresores, prescribiendo ritos sexuales y el uso ritual de sustancias impuras.
13. Sería, de hecho, más bien la iniciación tántrica del maestro espiritual la que se habría calculado mediante el antiguo modelo indio de investidura real, lo que por otra parte no haría sino reforzar la importancia del papel del rey. El tantrismo, escribió Michel

Strickman (*Mantras et mandarins*, pág. 40), «no solo ha transformado a los monjes en reyes tántricos, sino también a los reyes en maestros *tántricos*». Sobre el *abhisheka* véase el capítulo 8, «El universo ritual».

14. Nepal fue conquistado en el siglo xviii por los gorkhalis, llegados del principado de Gorkha, cuya divinidad epónima era Gorakhnâth, mítico fundador de los nâthas. Por ese hecho, los soldados mercenarios de Nepal se denominan "gurkhas".
15. Esos ritos seguían siendo celebrados por el rey de Nepal (véase Toffin, *Le palais et le temple. La fonction royale dans la vallée du Népal*, París, 1993) hasta el fin de la monarquía. A veces siguen celebrándolos en la actualidad los descendientes de los antiguos príncipes reinantes indios, que siguen ocupando un lugar visible en algunos importantes festivales, como el de Jagannâh, en Puri, por ejemplo.
16. Véase el bello libro de M.S. Slusser, *Nepal Mandala. A Cultural Study of the Kathmandu Valley* (Princeton, 1982).
17. Esta situación subsiste de forma muy viva en la región himalaya; véase, por ejemplo, el estudio de Daniella Berti, *La parole des dieux. Rituels de possession dans l'Himalaya indien* (París, 2001), o la obra de Gutschow, Michaels y Steinkellner, *Sacred Landscape of the Himalayas* (Viena, Verlag der Österreichischen Akademie der Wissenschaften, 2003), un trabajo de enorme interés, admirablemente ilustrado.
18. Un mundo, de hecho, muy shivaíta.

3. La literatura tántrica. Los textos

1. Un mundo, de hecho, muy shivaíta.
2. Este término es de uso corriente para designar el conjunto de la literatura que se ocupa de los *mantras*. Pero se trata de un uso sobre todo moderno. En la India tiende a seguir aplicándose más bien al uso mágico de *mantras*.
3. Las diferentes categorías de textos aquí inventariados se presentan de forma hábil y exhaustiva en *A History of Indian Literature*, vol. II, 1 y II, 2: J. Gonda, *Medieval Religious Literature in Sanskrit*, y en T. Goudriaan y S. Gupta, *Hindu Tantric and Sakta Literature* (Wiesbaden, Otto Harrassowitz, 1977 y 1981).
4. Se está llevando a cabo un estudio sobre lo que ha sobrevivido de esta literatura.
5. Las divinidades tántricas tienen tendencia a multiplicarse. Por ello puede llegar a haber 10 Shivas, 50 Rudras, 51 Ganeshas, un número variable de Mâtrikâs, etcétera. Revisaremos esta cuestión en el capítulo 10.
6. La sección de Indología del Institut Français de Pondicherry, fundado en 1955 tras la cesión de los enclaves franceses en la India, se propuso como tarea principal la recopilación de manuscritos de los *âgamas*, su edición y estudio, a veces también su traducción, una tarea que se ampliaría para cubrir las obras relacionadas con estos textos. Se trata de una empresa considerable, siempre activa, llevada a cabo en conjunción con la École Française d'Extrême-Orient, que cuenta con un centro en Pondicherry.
7. En realidad son pocos los *âgamas* que efectúan esta división entre cuatro secciones, cuyo carácter normativo –del que ya se habló– es pues teórico. Un texto que las posee todas es el *Mrigendrâgama* (o *Mrigendratantra*), cuyas secciones sobre doctrina y *yoga* han sido traducidas por Michel Hulin (Pondicherry, 1980), y las de los ritos

y el comportamiento, por Hélène Brunner (Pondicherry, 1985), estando este último volumen útilmente anotado y comentado. También existe una traducción francesa anotada del *Rauravâgama*, igualmente publicado (en 2000) en la colección del Institut Français de Pondicherry.

8. Traducido, anotado y muy bien presentado por Dominic Goodall (Pondicherry, Institut Français de Pondicherry y École Française d'Extrême-Orient), 2004.
9. El *tantra* más antiguo que poseemos (fechable entre 450 y 550 de nuestra era), testimonio de una forma antigua del shivaísmo tántrico, la *Nishvâsatattvasamhitâ* (cuya versión electrónica acaba de ser editada), aporta elementos susceptibles de modificar nuestra perspectiva del Shaivasiddhânta antiguo.
10. Jayaratha la ofrece en su comentario del *Tantrâloka* 1.18. Hay *tantras* que conocemos que no son mencionados (algunos, es verdad, son posteriores); otros sí aparecen, aunque no se sabe si han existido.
11. Recientemente se ha descubierto que cerca de 2.000 estrofas del Shaivasiddhânta proceden de la *Nishvâsatattvasamhitâ*, lo que demostraría que los textos antiguos del Shaivasiddhânta no difieren mucho de los *Bhairavatantras*...
12. Ha sido traducido al francés y prologado por Lilian Silburn (París, 1994). Citamos fragmentos en el capítulo 9.
13. Traducción francesa: *Le Coeur de la Yoginî*, *Yoginîhridaya* (París, 1994).
14. A propósito de estos textos, habría que precisar que el *Mahânirvânatantra*, que se menciona a menudo porque fue uno de los primeros editados, y traducido a partir de 1913 por Arthur Avalon en la colección de los «Tantrik Texts», carece de valor histórico o doctrinal, pues fue compuesto en el siglo XIX para ofrecer una visión todo lo respetable y accesible posible del tantrismo. No obstante, cuenta con un interés como testimonio de uno de los aspectos de la supervivencia moderna del fenómeno tántrico, así como de las ambigüedades que existen entre la tradición hindú y el mundo moderno.
15. Este trabajo notable, obra de Hélène Brunner-Lachaux, ha aparecido en la colección del Institut Français de Pondicherry, en cuatro volúmenes, de 1968 a 1998.
16. Existen varias traducciones en inglés. Véase la Bibliografía.
17. El *Tantrâloka* ha sido traducido totalmente al italiano (con varios capítulos del *Mâlinîvijayottaratantra*) por R. Gnoli: *Luci dei Tantra* (Milán, 1999). Los cinco primeros capítulos están traducidos al francés, con un resumen del comentario de Jayaratha: Abhinavagupta, *La lumière sur les tantras, chapitres 1 à 5 du Tantrâloka* (París, 1998). A Abhinavagupta se le deben otras importantes obras tántricas, en particular y sobre el plano teológico-filosófico, el *Parâtrimshikâvivarana* (traducido al italiano por R. Gnoli) y dos comentarios de los *Îshvarapratyâbhijñâkârikâ*. Es, junto con su comentario del *Nâtyashâstra* de Bharata, el más eminente de los estetas indios. También comentó la *Bhagavad-Gîtâ*. Los *Spandakârikâ* han sido traducidos al francés por Lilian Silburn (París, 1990), que también tradujo los *Shivasûtra* (París, 1980) y textos de Krama; véase la Bibliografía.
18. O, a menudo y según los textos vaikhanâsa, tradición que se dice védica, pero que, en el plano ritual, posee muchos rasgos tántricos.
19. Así pues, Yâmunâchârya, que fue el maestro de Râmânuja; *véase* capítulo 1. Algunos adeptos del *Pâñcarâtra* incluso la presentan como una escuela (*shâkhâ*) védica.

20. Daniel H. Smith ha realizado una presentación y un resumen del contenido de las principales de estas *samhitâs*, en inglés: *A Descriptive Bibliography of the Printed Texts of the Pâñcarâtrâgama* (Baroda, Oriental Institute, 1975).
21. Ha sido traducido al inglés por S. Gupta (Leyde, 1972). Es un texto interesante. Otras *samhitâs* son más típicas del *Pâñcarâtra*, por ejemplo la *Jayâkhya*, que ha sido muy estudiada, pero no traducida.
22. Este texto ha sido traducido al inglés. Sobre los nâthas puede remitirse al lector a la obra de G.W. Briggs, *Gorakhnâth and the Kanphatha Yogîs*, que data de 1938, pero que sigue siendo cálida (edición india: Delhi, 1982). Regresaremos a los nâthas en el capítulo 11, al tratar el tantrismo en la India actual.
23. Como *Upanishads du Yoga*, traducidas y prologadas por J. Varenne (Paris, Gallimard/ Idées, 1974).
24. Puede que fuesen los primeros en utilizar el término *hathayoga* para designar esta forma, sin duda antigua, de *yoga*.
25. Sobre esta cuestión, y sobre el problema del *yoga* en general, el lector curioso podrá remitirse a la obra de David White, *Sinister Yogis* (Chicago, 2009).
26. Sobre este tema, véase la interesantísima obra de David. G. White, *The Alchemical Body. Siddha Traditions in Medieval India* (Chicago, 1997).
27. Este aspecto ha sido objeto del voluminoso estudio de Mallmann, M-T., *Les enseignements iconographiques de l'Agni-Purâna* (París, 1963).
28. Esta atribución carece de fundamento; sin duda, este texto data del siglo x.
29. El conjunto fue traducido al inglés, en diez volúmenes, por Penzer. La traducción francesa apareció en 2005 en Gallimard, formando parte de la colección de La Pléiade, bajo el título *L'océan des rivières de contes*. Un texto corto del mismo género, la *Vetâlapañcavimshatikâ*, los "Cuentos del vampiro", ha sido traducido por L. Renou (París, 1963).
30. Recientemente editado y traducido en inglés en la Clay Sanskrit Library: «Much Ado about Religion». Véase la Bibliografía.
31. S. Gupta, en el volumen indicado en la nota 2 realiza un inventario de esta literatura, relativamente breve pero más completo que el nuestro. Un estudio más antiguo pero siempre válido –una especie de clásico sobre el tema– es el de S. Dasgupta, *Obscure Religious Cults* (Calcuta, Firma K.L. Mukhopadhyay, 1967). No se ocupa del conjunto del ámbito vernáculo tántrico, sino solamente de Bengala; no obstante, tiene un interés de orden general.
32. El *Manasâvijaya* (*La victoria de Manasâ*) de Vipradâsa (siglo xv) acaba de ser traducido al francés por France Bhattacharya (Pondicherry, 2007).
33. Véase *Chants à Kâlî de Ramprasad* compilados y traducidos Michèle Lupsa (Pondicherry, 1967), y, sobre esta literatura, el estudio de Rachel Fell McDermott, págs. 167-183 de D.G. White, comp. *Tantra in Practice*, citado en la Bibliografía.
34. Véase el capítulo 10.
35. Esta literatura ha sido estudiada por S. Dasgupta, en la obra *Obscure Religious Cults*, citada anteriormente.
36. Sobre este tema véase Ed. C. Dimock, jr., *The Place of the Hidden Moon. Erotic Mysticism in the Vaishnava-Sahajiyâ Cult of Bengal* (Chicago, Chicago University Press, 1969).
37. Véase *Kâreikkâlameiyâr, œuvres éditées et traduites par* Karavelane (Pondicherry, Institut Français d'Indologie, 1956).

4. Las tradiciones tántricas. Nociones básicas, creencias y especulaciones

1. Tal vez habría que recordar que el término *darshana* no designa escuelas filosóficas distintas, sino grandes campos o esferas de la especulación filosófica y religiosa de la India antigua. La tradición distingue seis, agrupadas en parejas. Son la Mimâmsâ y el Vedânta (o Pûrva Mimâmsâ), es decir, la exégesis del *Veda* y su desarrollo metafísico ulterior, el Sâmkhya, descripción clasificadora del universo y el Yoga, luego el Nyâya, el "método", es decir, la lógica, y el Baisheshika, que es un sistema a la vez teísta y materialista de descripción del mundo. Posteriormente se añadieron otros sistemas de pensamiento o concepciones del mundo, hasta totalizar 16, incluyendo el materialismo, la alquimia, el budismo, el jainismo, escuelas shivaítas y vishnuitas. Aquí me refiero a los seis primeros *darshanas*.
2. De hecho existen algunas variaciones, sobre todo en los textos antiguos. Pero de una manera general, el número de *tattvas* suma, en los textos shivaítas, 36. Algo que raramente sucede en el *Pâñcarâtra*.
3. Así puede vérselas en los templos circulares que todavía existen en la India central. Las Yoginîs están dispuestas en un círculo en cuyo centro se encuentra una representación de Bhairava. A veces santuarios de divinidades se reparten por un territorio conformando un *mandala*. Lo veremos en el capítulo 10.
4. *Anugraha*, la gracia, es una de las cinco funciones (*pañchakritya*) de Shiva. Abhinavagupta y los místicos shivaítas le conceden gran importancia. Sobre esta cuestión remito al lector a las obras de Lilian Silburn.
5. En este fragmento, ha habido que simplificar una situación en realidad compleja, pues el Shaivasiddhânta ha evolucionado a lo largo de los siglos. Parece, según las investigaciones más recientes, que en principio no se distinguía demasiado de otras corrientes tántricas. No sería hasta más tarde, hacia los siglos X-XII, cuando adoptaría su forma "clásica", con el culto público de los templos en la India del Sur. Pero todo esto, por el momento, sigue siendo bastante hipotético.
6. Retomo aquí una expresión de Pierre Hadot en su *Eloge de la philosophie antique* (París, Allia, 2001), pág. 66. A este respecto diré que la definición que hace Pierre Hadot de la filosofía antigua como un "ejercicio espiritual", como empresa/compromiso sapiencial, y no como una pura especulación intelectual –problema y argumento–, puede muy bien aplicarse a la "filosofía" índica, *ancilla theologiae,* bien cierto, pero sobre todo y siempre compromiso personal, forma de vida, camino propuesto hacia la liberación. La concepción de Pierre Hadot parece, por otra parte, tener determinada influencia en la actualidad sobre ciertos especialistas del pensamiento índico, hindú o budista.
7. La mejor exposición de conjunto de los diversos aspectos del shivaísmo no dualista es –en inglés– la de Alexis Sanderson, «Shaivism and the Tantric Traditions», aparecida en un volumen colectivo, *The World's Religions*, dirigido por S. Sullivan *et al*. (Londres, 1988), págs. 660-703. Es un trabajo de indianista, bastante técnico, pero accesible de todos modos. En francés no hay nada comparable. Las páginas (debidas a Lilian Silburn) sobre el shivaísmo de *L'Inde Classique* datan de los años cuarentas, son muy someras y ahora totalmente superadas. Las obras de Lilian Silburn tratan sobre

el shivaísmo no dualista cachemir, y describen los principales aspectos, poniendo el acento en su aspecto espiritual, del que poseía un profundo conocimiento. Las cito a lo largo de este libro. En la Bibliografía puede encontrarse una lista de ellas.

8. Es uno de los sentidos de la palabra *pûrva*. El este, Oriente, por donde aparece el Sol, es la dirección originaria, la que siempre aparece mencionada en primer lugar y a la que se mira durante el culto.
9. Véase capítulo 5.
10. Este culto, el *shrîchakra* y la *shrîvidyâ* aparecen descritos en detalle en los tres capítulos del *Yoginîhridaya*, un tantra del que existe traducción francesa.
11. Al igual que los *Shivasûtras*, los *Spandakârikâs* y una parte de sus comentarios, así como un capítulo de la *Shivadrishti,* han sido traducidos por Lilian Silburn (París, 1990).
12. Estos dos textos y sus comentarios están traducidos al francés y al inglés. La mejor traducción de los *Shivasûtras* sigue siendo, en italiano, de R. Torella, *Gli Aforismi di Siva* (Milán, Mimesis, 1999). Los *Spandakârikâ* y sus cuatro comentarios han sido estudiados y traducidos M. Dyczkowski, *The Stanzas of Vibration* (Albany NY, 1992).
13. Edición crítica y traducción inglesa anotada de Raffaele Torella (Roma, 1994 o Delhi, 2002). También existen otras traducciones inglesas, más o menos fiables.
14. Esta obra y los *Himnos* están disponibles en una versión francesa. Los *Hymnes aux Kâlî, La roue des énergies divines* y *La Mahârthamañjari de Mahesvarânanda* han sido traducidas y presentadas por Lilian Silburn (París: Collège de France, 1975 y 1968).
15. He ofrecido una visión de conjunto de estas diversas especulaciones en *L'énergie de la Parole,* (Fata Morgana, 1994). El curioso sistema de la emanación fonemática aparece expuesto principalmente por Abhinavagupta en el tercer capítulo del *Tantrâloka* (véase Abhinavagupta, *La lumière sur les Tantras,* donde aparece traducido ese capítulo).
16. *Véase* capítulo 11.
17. Sobre los *siddhas* y los *siddhis,* véase D.G. White, *The Alchemical Body*, citado en la Bibliografía.

Parte II: La realidad/El mundo tántrico

5. El cuerpo tántrico

1. Es algo que hizo Gavin Flood en *The Tantric Body. The Secret Tradition of Hindu India* (Londres, 2006), una obra cuyo texto original ha sido, desgraciadamente, amputado en parte por el editor.
2. Sobre el cuerpo desde la perspectiva hindú (y sobre todo tántrica), véase la selección de estudios *Images du corps dans le monde hindou*, bajo la dirección de V. Bouillier y G. Tarabout (París, 2002).
3. En las cosmogonías jainistas en especial.
4. Como ya se ha señalado, el carácter general de la regla de los cuatro *pâdas* de los *âgamas* es discutible, pero la existencia frecuente de una sección del yoga no deja de ser igualmente típica.

5. La mayoría de los sistemas tántricos cuentan, en efecto, con un *chakra* situado a doce dedos por encima de la cabeza, el *dvâdashânta,* cuya importancia veremos más adelante.
6. Puede descubrirse descrito en numerosos tratados indios u occidentales de *yoga*. La presentación más conocida es la del *Shatchakranirûpana,* compilado y traducido por Arthur Avalon en *The Serpent Power*, cuya primera edición se remonta a 1918, obra de la que existe traducción francesa. Véase la Bibliografía.
7. Sobre el papel y el funcionamiento de la *kundalinî* en el shivaísmo no dualista habrá que remitirse al estudio de Lilian Silburn, *La Kundalinî ou l'énergie des profondeurs* (París, 1983).
8. Sobre esta cuestión remito al libro de David White, *Sinister Yogis* (Chicago, 2009), ya citado.
9. *Tarka* ya era uno de los seis elementos del *yoga* de seis ramas de la *Maitrî* (o *Maitrayaniya*) *Upanishad*, que es anterior a la era cristiana y que describe también la *sushumna,* donde dice que se encuentra un hálito (*prâna*) ascendente que conduce hacia la liberación (6.21).
10. Para algunos textos, hay dos *dvâdashânta* situados en los dos puntos extremos de la respiración y el hálito vital, uno por encima de la cabeza, y el otro, "en el extremo de espiración". Sobre el *uccâra* de los *mantras*, véase capítulo 7.
11. Este aspecto de la historia y de la práctica actual del *yoga* ha sido estudiado con mucha atención sobre todo por Alter, J.S., en *Yoga in Modern India. The Body between Science and Philosophy* (Princeton, 2004). También sobre este tema, hay un artículo de D. Wujastyk, en el volumen citado antes de V. Bouillier y G. Tarabout.
12. Sobre las *kalâ* de *OM*, véase el capítulo 7.
13. Este *japa* aparece descrito y comentado en la traducción francesa del *Yoginîhridaya, Le cœur de la Yoginî* (París, 1994). La práctica precedente es examinada en mi contribución al volumen *L'image du corps dans le monde hindou,* citado anteriormente, nota 2.
14. Sobre esos *mudrâs*, véase la obra Tara Michael, *La symbolique des gestes de main (hasta ou mudrâ) selon l'Abhinaya-darpana* (París, Sémaphore, 1985).
15. Más adelante (capítulo 9) repasaremos la importancia de la "visión", del *darshan*, del hecho de ver a la divinidad y ser visto, en el culto hindú.
16. En el budismo tántrico *mudrâ* designa a la compañera femenina de la unión sexual ritual.
17. En el Museo de Leyde hay diez estatuillas indonesias que representan *mudrâs,* evidentemente concebidas en este caso como divinidades.
18. Véase *Hymnes de Abhinavagupta,* traducidos por Lilian Silburn (París, Collège de France, 1970).
19. Es decir, el número del "vidente" (*rishi*), que primero ha "visto" el *mantra*, y luego otros elementos que caracterizan el *mantra*.
20. Si un lector curioso quisiera saber más sobre los *nyâsa,* podría remitirse a un estudio que he realizado sobre la cuestión, aparecido en el *Bulletin de l'Ecole Française d'Extrême-Orient*, tomo LXVII, 1980, págs. 59-102.
21. Pero ya en el *Veda*, los dioses no eran "vistos", sino más bien evocados mentalmente para tener una visión interior.
22. Sobre la alquimia india bajo la perspectiva que nos interesa aquí lo mejor es recomendar la lectura del estudio de David White, *The Alchemical Body. Siddha traditions in*

Medieval India (Chicago, 1996), ya mencionado anteriormente (capítulo 4, nota 16). Sobre la medicina tradicional india, véase Zupanov, I.G. y Guenzi, C., comp., *Divins remèdes. Médecine et religion en Asie du Sud* (París, 2008). También vale la pena señalar el estudio de Arion Rosu, *«Mantra et yantra dans la médecine et l'alchimie»*, aparecido en *Journal Asiatique*, 1986, n.º 3-4, págs. 203-268.

23. Véase la obra clásica de Paul Schilder, *L'image du corps* (París, 1998).

6. La dimensión sexual

1. Este rasgo no parece ser védico, como tampoco lo son el culto de la vaca ni el vegetarianismo.
2. En el panteón que rodea a la diosa Tripurasundarî, por ejemplo.
3. Véase, por ejemplo, el simbolismo cósmico atribuido a la unión sexual en la *Brihadâranyaka Upanishad* 6.4,3.
4. Según la fórmula de Anne-Hélène Trottier, que hablaba por experiencia (véase más adelante, capítulo 11, nota 24), la mujer que desempeña su papel en las prácticas sexuales es "diosa y esclava". Podemos recordar aquí la formulación citada anteriormente (pág. 94): nos enfrentamos ahí a «construcciones masculinas de femineidad».
5. Arthur Avalon tradujo una de las exposiciones principales, el *Kâmakalâvilâsa*. Publicado a partir de 1922 en la serie de los «Tantrik Texts», esta obra, muy legible, ha sido bastante reeditada. El autor es Punyânanda, que vivió tal vez en el siglo XII.
6. Si lo desea, el lector puede remitirse a la nota de la página 202 de mi traducción del *Yoginîhridaya*, *Le cœur de la Yoginî*, donde hallará algunas precisiones, un gráfico de la kâmakalâ y referencias textuales.
7. El término sánscrito *yoni* (que cuenta con varios significados parecidos) suele ser masculino, pero puede ser femenino.
8. Este *tantra* ha sido editado y presentado, pero no traducido, por J. Schotermann (Nueva Delhi, Manohar, 1980).
9. Sobre este mito, *véase* el capítulo 10, pág. 214.
10. Si hemos de creer a Vidya Dehejya (*op. cit*., pág. 223), este rito sigue practicándose en la actualidad.
11. Los textos indican a veces que deben ser de casta impura, o prostitutas: la impureza aumenta la transgresión. En la sociedad hindú tradicional, la prostituta, "nunca casada", es una mujer poco común. Véase, por ejemplo la novela de Ananta Murthy, *Samskâra* (traducción francesa, París, L'Harmattan, 1985).
12. Este capítulo, texto y comentario, ha sido presentado, editado y traducido en inglés por John Dupuche (Abhinavagupta, *The Kula Ritual*, Delhi, Motilal Banarsidass, 2003). También se encuentra (págs. 549-580) en la traducción italiana del *Tantrâloka* a cargo de R. Gnoli. Una exposición limitada a una parte de un capítulo que tiene por objeto subrayar el alcance místico del rito, se encuentra en el estudio ya citado de Lilian Silburn, *La Kundalinî, L'énergie des profondeurs*, págs. 207-239.
13. El *yogin* puede, no obstante, utilizarlo para procrear, con una mujer de la misma perfección espiritual que él, un hijo excepcional, que será *yoginîbhû*, "nacido de una *yoginî*". La leyenda cachemir afirma que Abhinavagupta fue uno de estos hijos.

14. Se sabe que en la India el gozo estético coincide con la experiencia mística: se realiza la misma sorpresa maravillada, *camatkâra* en sánscrito,
15. Algo anatómicamente imposible, pero la idea sigue viva en la India.
16. Véase por ejemplo, el artículo de Darmon, R.A. «*Vajroli mudrâ*. La rétention séminale chez les yogis *vâmâcâri*», en Bouillier, V. y Tarabout, G., comps., *Images du corps dans le monde hindou*, ya citado, págs. 213-240).
17. Los ritos prescritos por el *Vâmakeshvarîmata*, uno de los textos básicos de la Shrîvidyâ, por ejemplo, tienen por objeto, sobre todo, la conquista de todas las mujeres.
18. Vuelvo a ese texto en el capítulo 9, págs. 203-207, con motivo de la experiencia mística.
19. Lilian Silburn presenta y explica de manera muy detallada y completa esta estrofa del *Vijñânabhairava*, págs. 109-111 de su traducción de este texto.

7. La palabra tántrica. Los 'mantras'

1. Sobre este tema remito al lector a mi estudio *L'énergie de la parole. Cosmogonies de la parole tantrique* (Fata Morgana, 1994), que ofrece una visión de conjunto. Presenta, de cara al público en general, lo que conforma mi tesis, cuya versión inglesa sigue estando disponible, *Vac*, citada en la Bibliografía.
2. Es decir, el Shiva supremo (*parama*), plano supremo absoluto de la divinidad, más allá del cual ella se polariza en dos formando los *tattvas* de Shiva y Shakti.
3. El alfabeto sánscrito no incluye más que 49 letras, siendo *HA* aspirada la última. Pero las tradiciones tántricas añaden al final un último fonema compuesto, *KSHA*.
4. A diferencia del nuestro, el alfabeto sánscrito, en su forma tradicional, no ofrece letras desordenadas, sino que las enumera siguiendo un riguroso orden fonético: las 16 "vocales" aparecen primero, clasificadas en orden dependiendo de su naturaleza fonética, seguidas de las consonantes, enumeradas según su punto de articulación (de la garganta a los labios) y su carácter sordo o sonoro, terminando con las sibilantes y, finalmente, la aspirada *HA*. La gramática de Pânini ofreció, hace 2.500 años, una descripción de la lengua de un carácter científico que no ha aparecido entre nosotros hasta el siglo XX.
5. La emanación fonemática aparece descrita en el capítulo 4 (págs. 118-176) de *L'énergie de la parole*. El texto del capítulo 3 del *Tantrâloka* está traducido en el volumen Abhinavagupta, *La lumière sur les Tantras, chapitres 1 à 5 du Tantrâloka* (París, 1998).
6. La obra no era muy conocida aparte de sus citas, como la del comentario del aforismo 2.3 de los *Shivasûtras* (acerca de la naturaleza de la palabra divina de los *mantras*) por parte de Kshemarâja, a quien yo cito. Este *tantra* es ahora accesible en línea. Para el fragmento aquí citado, véase la traducción de los *Shivasûtras* de Lilian Silburn, pp. 61-64.
7. Incluso los órganos de la fonación, pues estos permiten la palabra articulada.
8. El capítulo 3, «La quadruple parole», págs. 91-118, de *L'énergie de la parole*, citado antes, describe este sistema brevemente ofreciendo no obstante una idea menos sumaria que aquí. A él remito al lector.

9. El *prâna* es el aspecto vital del *âtman*, decía Louis Renou. Se trata, en efecto, de una noción compleja, con numerosos aspectos corporales, físicos o inmateriales.
10. Les he presentado en el primer capítulo de *L'énergie de la parole*, págs. 15-46.
11. Véase *Le coeur de la Yoginî*, capítulos 2 y 3.
12. Sobre *nâda* y *bindu*, véase el capítulo 2, «Naissances du son» de *L'énergie de la parole*, resumen del capítulo 3 de *Vâc*, «The manifestation of Sound».
13. Sobre los *mantras* (y no solo tántricos), la única introducción seria sigue siendo *Understanding Mantras*, obra colectiva dirigida por H.P. Alper (Albany, 1989) de la que existe una edición de bolsillo sin bibliografía, *Mantra* (mismo editor). El capítulo 22 (págs. 478-492) de *The Blackwell Companion to Hinduism*, obra colectiva dirigida por Gavin Flood (Oxford, 2003), ofrece también una buena introducción sobre el mismo tema. Una recopilación: *Tantric Mantras*, de una versión inglesa de una decena de artículos que escribí sobre diversos aspectos de los *mantras* tántricos, editándose en Gran Bretaña (Routledge). La bibliografía del tema es muy abundante pero de calidad muy variable.
14. Los tantrizantes occidentales que creen poder componer *mantras* a su manera y en su lengua no tienen sentido de la realidad tántrica.
15. Véase el anterior capítulo 5.
16. Acerca de este aspecto de los *mantras* (y de su naturaleza en general), podríamos remitirnos al brillante y paradójico –aunque interesante– libro de Frits Staal, *Ritual and Mantras, Rules Without Meaning* (edición india, Delhi: Motilal Banarsidass, 1996).
17. Los textos antiguos conocían, en efecto, los amuletos. Pero el amuleto es efectivo siempre que transcriba una fórmula oral a continuación dibujada ritualmente.
18. Para utilizar la terminología de Searle y de Austin, cuyas teorías me parecen muy aplicables a los *mantras*.
19. El número de movimientos respiratorios por nictémero acostumbra a rondar los 21.000; la India antigua lo sabía. El *hamsa*, el cisne, es tradicionalmente el símbolo de la realidad suprema y del alma en tanto idéntico a esta realidad, pero también, en contexto tántrico, de la energía central y de su empuje ascensional.
20. A+U da O. *OM* se pronuncia [om] y no [aum] (y todavía menos [aoum]). El *bindu* es la Luna, *ardhachandra*, la media Luna, *nâda*, el sonido sutil, *nâdânta*, el final del sonido sutil; siguen otras formas de energía fónica hasta la más elevada y sutil, *unmanâ*. Aunque inmateriales, estas etapas del sonido poseen representaciones gráficas: un círculo para *bindu*, un semicírculo para *ardhachandra*, etcétera. Véase *L'énergie de la parole*, págs. 226-228.
21. He descrito un rito muy típico de ese género en un artículo del *Journal Asiatique* (tomo 285, 1987, págs. 115-129) sobre un ritual hindú del rosario según la *Jayâkhyasamhitâ*.

8. El universo ritual

1. Un adagio sánscrito, sobre el tema del conocimiento liberador, a veces citado en las obras tántricas, dice: «El conocimiento se adquiere al servir a un maestro o al ofrecer grandes bienes. También puede adquirirse a partir de otro conocimiento. No hay cuarta manera».

2. Regreso a esa cuestión en el capítulo 9.
3. Me expreso en masculino porque en el hinduismo (fuera del popular, y aún...) el oficiante del rito en principio es siempre un hombre.
4. Precisemos que aquí se trata del culto privado, doméstico, el que se lleva a cabo "para sí", y no del culto del templo, que, efectuado por un oficiante iniciado y cualificado, para el mantenimiento del universo o por cuenta de un devoto, es solo "exterior".
5. Este principio tántrico tiene su origen en las reglas del sacrificio védico.
6. Es una regla tántrica general: se invoca el aspecto de la divinidad correspondiente para luego realizar el culto, que no tiene sentido más que si sirve para algo, si tiene por objeto la liberación o una meta de orden mundano.
7. Véase de los 35 *tattvas*, pág. 93.
8. Esta ofrenda de luces o lámparas (*dîpa*), acompañadas de un *mantra* ante una imagen divina, se denomina *âratrika* en sánscrito, rito cuya forma simplificada habitual, popular, es la *ârati*.
9. El oficiante, que había sido divinizado ritualmente, vuelve, claro está, a ser un ser ordinario.
10. Este aspecto es abordado en un buen estudio de la *pûjâ* según el Shaivasiddhânta: Richard H. Davis, *Ritual in an Oscillating Universe, Worshipping Siva in Medieval India* (Princeton, Princeton University Press, 1991), que se apoya en parte en la práctica actual. En cuanto al culto en detalle, hay que remitirse al primer volumen de la *Somashambhupaddhati*, ya citada, o a la traducción francesa de la sección de los ritos del *Mrigendrâgama* por parte de Hélène Brunner (véase Bibliografía). En cuanto al culto de Tripurasundarî, véase *Le cœur de la Yoginî*, ya citado.
11. El término sánscrito *linga* designa, de hecho, todo icono de Shiva: el *tûra* es una variedad de *linga*, que puede ser esculpido o pintado, de formas y materiales diferentes. Si está ornado con uno o varios rostros (*mukha*) de Shiva, entonces es un *mukhalinga*.
12. La traducción como el sentido exacto de *mudrâ* es problemática en el contexto tántrico. Es poco lo que pueden significar unas semillas ritualmente. En el budismo tántrico, el *mudrâ* es la compañera femenina del rito sexual.
13. Que puede verse en la actualidad entre los baúls y faquires de Bengala. Hay que señalar que el uso de psicotrópicos, *bhang* u otras substancias, no está prescrito en los *tantras*; su origen es popular.
14. El hecho de que en la edición de la *Somashambhupaddhati* de Hélène Brunner, el volumen sobre la *dîkshâ*, donde se examinan solo tres formas de iniciación, ascienda a 800 páginas, y que el tema ocupe los capítulos 14-25 del *Tantrâloka* (el 15° es uno de los más extensos de la obra), demuestra su importancia y diversidad.
15. Las estrofas 186-292 del capítulo 29 del *Tantrâloka* están consagradas a las iniciaciones que pueden practicarse tras el rito sexual del Kulayâga; algunas de ellas son muy curiosas; las estrofas 236-270 se ocupan de la *vedhadîkshâ*; estas estrofas están en parte traducidas y comentadas por Lilian Silburn en *La kundalinî ou l'énergie des profondeurs*, págs. 107-126.
16. Diversos textos tántricos, así como los *Purânas*, tratan de estos temas, como por ejemplo el *Netratantra*. Ciertas prescripciones se remontan tal vez a textos rituales anexos a tratados védicos.

17. Véase el artículo del *Journal Asiatique* sobre este tema, capítulo 7, nota 21. Véase la Bibliografía.
18. Los ritos hindúes se reparten en tres categorías: *nitya*, ritos obligatorios cotidianos; *naimittika*, ritos obligatorios ocasionales, es decir, que se realizan en ciertas fechas o circunstancias (estas dos categorías de ritos no aportan nada, pero dejar de realizarlos es un pecado y tiene consecuencias muy desagradables), y finalmente, están los ritos *kâmya*.
19. Sobre los *shatkarman*, véase el estudio de Teun Goudriaan, *Mâyâ Divine and Human* (Delhi, 1978).
20. Es típico con respecto a este tema, que, entre los que no buscan más que la liberación (los *mumukshu*, en sánscrito), los *tantras* ponen, junto a espirituales, a las mujeres y los niños…
21. Estos otros son los poderes de ligereza (*laghimâ*), de grandeza (*mahimâ*), de obtención de todo lo que se desea (*prâpti*), de ser irresistible (*prakâmya*), de dominar (*îshitva*), de imponer su voluntad (*vâshitva*), de transportarse a voluntad (*yatrakâmavashâyitâ*).
22. Me complacería enormemente remitir al lector a los análisis de Marcel Gauchet sobre la cuestión, pero eso sería tal vez salirnos de nuestro tema.

9. La dimensión espiritual

1. Según la fórmula del indianista Frits Staal, en el título de la obra *Ritual and Mantras. Rules without Meaning*, ya citada.
2. El adjetivo *anu* significa "tenue, débil, pequeño". Como sustantivo, *anu* designa un átomo, algo pequeño, de ahí, por extensión el alma individual, el ser espiritualmente limitado. *Ânava* es una forma adjetival construida sobre el sustantivo *anu*.
3. Acerca de todas estas prácticas, que no pueden describirse aquí, véase la traducción francesa del capítulo 5 del *Tantrâloka*.
4. Es el autor de los dos tratados de poética y dramaturgia índicas más importantes: el *Abhinavabhârati*, sobre el *Nâtyashâstra* de Bharata y el *Dhvanyâlokalochana*.
5. Las investigaciones de Lilian Silburn se han consagrado casi en su totalidad al estudio de los enfoques místicos de estas tradiciones shivaítas. Remito al lector a sus publicaciones, que a veces ya he mencionado y que hallará citadas en la Bibliografía. Lo que describo en este capítulo se basa en gran medida en sus trabajos.
6. Shiva tiene una quíntuple actividad (*karmapañcaka*): la creación (*srishti*), la conservación del universo (*sthiti*), la resorción (*samhâra*), la veladura (*tirobhava*), a través de la que se disimula ante los seres humanos y hace que no busquen la salvación, y la gracia (*anugraha*), por la que los salva. En el *Pâñcarâtra* puede encontrarse una concepción análoga, con las cinco funciones atribuidas a hipóstasis (*vyûha*) de Vishnu.
7. Sobre el papel de la gracia, véase la Introducción (págs. 44-51) de *La lumière sur les tantras*, Las páginas 52 a 60 presentan las vías de la liberación (*upâya*) según el *Tantrâloka*.
8. Indio y, por tanto, clasificador impenitente, Abhinavagupta distingue tres intensidades de la gracia (intensa, media, débil) divididas según esas tres mismas intensidades, lo que da nueve.

9. *Shâmbhava* es el adjetivo derivado del sustantivo Shambhu, la "a" final de este adjetivo se une a la "u" inicial de *upâya*, de ahí *shâmbhavopâya*. La misma regla explica la palabra compuesta *shâktopâya*, siendo *shakta* la forma adjetiva derivada de *shakti*, así como el compuesto *ânavopâya*.
10. En el capítulo 7, págs. 157-158.
11. Abhinavagupta retoma aquí el sistema de las Kâlîs, que es propio de la tradición del Krama (véase capítulo 4, págs. 103-105). Véase también los *Hymnes aux Kâlî. La roue des énergies divines*, de Lilian Silburn (París, 1975).
12. Hemos visto anteriormente, pág. 173, la práctica de *SAUH*.
13. Los *Shivasûtras*, junto con la *Vimarshinî* de Kshemarâja, han sido traducidos y comentados por Lilian Silburn (París, 1980) que, en su exposición, los interpreta según Kshemarâja quien halló una exposición del sistema de los tres *upayâs* de Abhinavagupta.
14. El *Vijñânabhairava* ha sido traducido y comentado por Lilian Silburn (París, 1961, reimpr. 1999). Al igual que hiciera con los *Shivasûtras*, reparte estos 112 medios según los tres *upâyas*. De este texto pueden encontrarse numerosas traducciones en francés u otros idiomas, pero no todas mantienen el mismo nivel de fiabilidad: en la Bibliografía señalamos dos de ellas (Rajneesh le consagró cinco volúmenes…).
15. ¿Podríamos decir que Simone Weil también habla de una concepción análoga de la atención?
16. «El estornudo retiene al alma tanto como el trabajo», decía Pascal.
17. Editado, traducido y muy comentado por Lilian Silburn: *La Bhakti, le Stavacintâmani de Bhattanârâyana* (París, 1964, reimpr. 2003). Aquí cito su traducción. La *Shivastotrâvalî* fue traducida en francés por R-E. Bonnet (París, 1989).
18. Estos, por ejemplo, editados por Arthur Avalon en la colección de los «Tantrik Texts», algunos de ellos en francés. Véase la Bibliografía.
19. Sobre estos cultos véase el volumen dirigido por Alf Hiltebeitel, *Criminal Gods and Demon Devotees. Essays on the Guardians of Popular Hinduism* (Albany NY, 1989). En su estudio *Cendres d'Immortalité. La crémation des veuves en Inde* (París, Le Seuil, 1996), Catherine Weinberger-Thomas incluye la *satî* entre «la panoplia de las prácticas de automutilación y autosacrificio, que la India ha parecido convertir en una especialidad».
20. Aquí cito la traducción de Marinette Bruno, que ha presentado y traducido estos cuartetos: *Les dits de Lalla, XIVe siècle, au Cachemire, et la quête mystique* (París, Les Deux Océans, 1999).

10. Los lugares del tantrismo

1. O del budismo. Estos centros se encuentran sobre todo en la región himalaya.
2. Estas tradiciones se han presentado en los capítulos 3 y 4.
3. Donde se encuentra (en Baluchistán) el templo de Hinglaj a la Diosa, y cuya peregrinación –donde se mezclan hindúes y musulmanes– es muy popular.
4. Esta geografización ha sido estudiada por Mark S.G. Dyczkowski en el volumen *A Journey in the World of the Tantras*.

5. En la actualidad, en la India pueden encontrarse guías de todos los centros de peregrinación, describiendo el aspecto y las divinidades, y relatando los mitos y leyendas.
6. Sobre Benarés/Varanasi, lo más conveniente sería leer el libro de Diana L. Eck, *Banaras, City of Light* (Londres, 1983).
7. Aparece descrito, con otros muchos santuarios repartidos por la India, en el volumen colectivo *Devî. Goddesses of India*, dirigido por Hawley, J.S. y Wulff, D.M.
8. Sobre este tema, véase el interesante estudio de Robert I. Levy, *Mesocosm. Hinduism and the Organization of a Traditional Newar City of Nepal* (Berkeley, 1984).
9. En Puri, las bailarinas templares, las *devadasis*, "siervas del dios", son también *râjadasis*, "siervas del rey", situación que ha perdurado hasta que en 1947 el Gobierno del Estado de Tamil Nadu abolió la profesión de bailarina templar. Sobre las *devadasis*, véase el estudio de Frédérique Apffel-Marglin citado en la Bibliografía.
10. En Jodhpur, en el siglo XIX, el Estado estuvo dirigido durante 30 años por el *râjaguru* del *râjah* Man Singh.
11. No siempre resulta fácil distinguir entre la religión llamada popular y la que no lo es; sobre todo cuando resulta que en función de las circunstancias sociales una divinidad local menor y popular evoluciona y recibe un culto oficial generalmente reconocido.
12. El término *yajña* o *yâga* es, sin embargo, utilizado a veces para designar un culto tántrico. En el capítulo 6 hemos visto un ejemplo en el rito sexual del Kula.
13. 64, que es ocho veces ocho, y 81, nueve veces nueve, son dos números importantes en el tantrismo.
14. Sobre el simbolismo del *vastumandala* y de todo el edificio del templo, lo mejor es remitir a Stella Kramish, *The Hindu Temple*, un hermoso trabajo, que profundiza en la interpretación simbólica, cuyos volúmenes han sido reeditados en la India (Delhi, Motilal Banarsidass, 1976), con fotografías de Raymond Burnier.
15. Puede apreciarse esta disposición en la figura monumental de Shiva en Elephanta, que no es la "*trimurti*" que se cree normalmente, sino una imagen de los cinco rostros de Sadâshiva, de las cuales solo tres son visibles. Sobre este tema es posible remitirse al estudio de Stella Kramrish, en Michael Meister, comp., *Discourses on Siva*.
16. Se trata de una división del cosmos en tres planos, el del ser humano, el de la energía y el de dios. Se añaden otras divisiones, como la llegada del Sâmkhya, en 25, 30 o 36 *tattvas*.
17. Sobre la actividad ritual de un templo, véase Françoise L'Hernault y Marie-Louise Reiniche, *Tiruvannamalai, un lieu saint sivaïte du Sud de l'Inde*, vol. 3, *Rites et Fêtes* (Pondicherry, 1999), trabajo basado en los textos âgámicos y que describe la práctica real, muy completa y notablemente ilustrada. Veáse también Gérard Colas, *Le temple selon Marîci, Extraits de la Marîcisamhitâ étudiés, édités et traduits* (Pondicherry, Institut Français d'Indologie, 1980), estudio muy documentado sobre la edificación y entronización de un templo según el vishnuismo vaikhanâsa.
18. Sobre este tema, véase el excelente librito de Diana L. Eck, *Darshan. Seeing the Divine Image in India* (Chambersburg, 1985).
19. Los lugares de culto también pueden incluir imágenes llamadas "espontáneas" (*svayambhûta*), no debidas a una mano humana, como ciertas piedras, por ejemplo, que no están sometidas a ninguna regla de aparición o eficacia: la divinidad está "naturalmente" presente. Estas imágenes pueden encontrarse fuera de cualquier lugar

de culto consagrado. Su existencia es del todo general: no es especialmente tántrica, lo que no impide que traten de ello obras tántricas…

20. La imagen principal, fija, a menudo monumental, no es siempre la utilizada para el culto, para el que por lo que general se recurre a una imagen móvil.
21. Sobre las consagraciones, el lector podría remitirse a la obra de Shingo y Takashima, *From Material to Deity. Indian Rituals of Consecration* (Nueva Delhi, Manohar, 2005).
22. El *linga* es un símbolo fálico, a pesar de lo que digan algunos. Véase el estudio de d'Hélène Brunner en G. Oberhammer, comp., *Studies in Hinduism* II, *Miscellanea to the Phenomenon of Tantra*, (Viena, Verlag der Österreichischen Akademie der Wissenschaften, 1998).
23. Un conjunto de esos *linga* pintados fue objeto de una exposición en París en 2004.
24. No obstante, algunos textos distinguen, sobre todo en cuanto a las representaciones mentales, entre *mandala*, que sería la figura geométrica imaginada (o realizada materialmente), y *chakra*, que sería el conjunto de las deidades repartidas en el *mandala*.
25. Obras a menudo engañosas, pues aumentan o deforman las porciones de los *chakras*.
26. Véase la obra dirigida por Bühnemann, G., *Yantras and Mandalas in the Hindu Traditions*, citada en la Bibliografía, que está ilustrada.
27. Aunque su imagen de culto esté animada por *prânapratishta*, es decir, por un rito de naturaleza tántrica.
28. Véase, por ejemplo, Assayag, Jackie *La colère de la déese décapitée*, ya citado, sobre una diosa del Sur de la India, un estudio muy interesante.
29. Por lo general, son más temibles.

Parte III: El tantrismo en la actualidad

11. El panorama índico

1. En el volumen dirigido por White, David. G. *Tantra in Practice* (Princeton, 2000) pueden hallarse varios estudios sobre la presencia hoy en día de prácticas y nociones tántricas en Asia meridional y el sudeste asiático, así como en Extremo Oriente.
2. Sobre las *devadasis*, que son mujeres de buen augurio (*mangala nârî*), véase el estudio en profundidad de Frédérique Apffel Marglin, *Wives of the God-King. The Rituals of the Devadasis of Puri* (Delhi, Oxford University Press, 1985). Las *devadasis* no han desaparecido totalmente. La noción de "auspicioso o propicio" o de buen augurio *(mangala)* desempeña un papel importante, muy poco estudiado, en el hinduismo: una divinidad feroz puede ser también "auspiciosa", igual que una circunstancia o un acto impuro. Transgresión y "auspicioso" no tienen por qué ser incompatibles.
3. No siempre lo son, o por falta de competencia o de medios económicos.
4. La actividad ritual actual de un gran templo shivaíta ha sido muy bien explicada (e ilustrada) en el tomo 3, *Rites et Fêtes*, de Françoise Françoise l'Hernault y Marie-Louise Reiniche, con Hélène Brunner, del gran estudio del templo shivaíta de Tiruvannamalai realizado por la EFEO, que ya cité anteriormente, en el capítulo 10, nota 16.

5. Sobre la evolución de los cultos bajo el efecto de las condiciones sociales y económicas actuales, y a partir de la modificación de las mentalidades, véase G. Colas y G. Tarabout, comps., *Rites hindous. transferts et transformations* (París, Editions de l'EHESS, 2006), y M-L. Reiniche y H. Stern, comps., *Les ruses du salut. Religion et Politiques dans le monde indien* (París: Editions de l'EHESS, 1995).
6. Fueron bien descritos por Carl Gustav Diehl, en *Instrument and Purpose. Studies on the Rites and Ritual in South India*, (Lund, 1956). La situación no parece haber cambiado mucho desde entonces. Diehl indica que algunos *mantirikars* son musulmanes. Por otra parte, en manuales de *mantras* en principio hindúes se encuentras amuletos u otras marcas rituales que contienen caracteres árabes.
7. Gudrun Bühnemann, *The Iconography of Hindu Tantric Deities* (Groningen, 2000-01).
8. Este tema es abordado por Frédérique Apffel Marglin en su obra sobre las *devadasis* citada en la nota 2 de este mismo capítulo, donde aparecen fotografías que muestran al marajá participando oficialmente en el festival.
9. Véase Daniela Berti, *La parole des dieux. Rituels de possession en Himalaya indien* (París, 2001).
10. El caso nepalí ha sido muy bien examinado por Gérard Toffin en *Le Palais et le temple La fonction royale dans la vallée du Népal* (París, 1993). Véase también Gisèle Krauskopff y Marie Lecomte-Tilouine, *Célébrer le pouvoir. Dasain, une fête royale au Népal* (Paris: CNRS Editions, 1996), o Anne Vergati, *Art et société au Népal* (Paris, 2006). Sobre Nepal, véase igualmente el estudio de Robert I. Levy, *Mesocosm*, ya citado. Catherine Clémentin-Ojha dice, en *Le trident sur le palais* (París: Presses de l'EFEO,1999): «una camarilla anti-vishnuita en un reino hindú en la época colonial», la de Jaipur, donde el marajá tienen, junto al templo real principal, un templo más secreto consagrado a la Diosa.
11. Un templo nâtha muy activo descrito por Véronique Bouillier, *Ascètes et rois. Un monastère de Kanphata Yogis au Népal* (París, 1997).
12. Ghurye, en su obra clásica pero ya antigua, *Indian Sadhus* (Bombay: Popular Book Depot, 1953), distingue dos grupos principales: *Samnyasis or Shaiva ascetics y Bairagis or Vaishnava sadhus*. Su número total es considerable, el Census of India de 1931, citado por Briggs (pág. 6), al referirse al Imperial Census of India de 1931, estimaba los *sadhus* hindúes en «más de un millón», eso en una época en que la India no sobrepasaba los 300 millones de habitantes. En la actualidad, su número, estadísticamente, debe ser muy superior, aunque proporcionalmente sean sin duda menos numerosos.
13. Estos lugares sagrados son descritos por Briggs, *op. cit.*, págs. 74-124.
14. *Ascètes et rois*, de Véronique Bouillier, citado anteriormente, en la nota 11, presenta entro otras cosas, la persistencia de las relaciones entre el poder político y los templos. V. Bouillier acaba de publicar un volumen, *Itinérance et vie monastique. Les ascètes Nath yogîs en Inde contemporaine* (París, 2008), que ofrece una tabla completa de la secta nâtha en la India de hoy en día. Acerca de los nâthas, merece leerse la obra de Briggs, ya citada.
15. Estudiada por Véronique Bouillier en un artículo del *Bulletin de l'Ecole Française d'Extrême-Orient,* 1993 (véase la Bibliografía).

16. Este rito es un tema especial de la *Kathâsaritsâgara*, antología de cuentos del siglo XI. Pero Vidyâ Dehejya, en su libro sobre las Yoginîs (véase Bibliografía), escribe (pág. 60): «... la práctica no es rara siquiera en la actualidad; cuando tiene lugar una muerte en un hogar pobre, a la familia se le hace una oferta económica para poder utilizar el cadáver durante una noche. En realidad, en la población de Kâmâhhya, la gente rara vez deja de noche un cadáver sin incinerar por temor a perderlo a manos de practicantes tántricos».
17. Su templo aparece descrito, con algunas indicaciones sobre los *aghoris*, en el bello libro de Diana Eck, *Banaras, City of Light* (Londres, 1983).
18. Véase Hawley, J.S., y Wulff, Dona M. Devî. *Goddesses of India* (Berkeley, 1996).
19. Este culto (con los problemas que supone: posesión, violencia, papel de las mujeres, etcétera) ha sido muy estudiado por Jackie Assayag: *La colère de la déesse décapitée. Traditions, cultes et pouvoirs dans le sud de l'Inde*, *op. cit*.
20. He abordado este problema en un artículo «Transe, possession ou absorption mystique? L'âvesha selon quelques textes tantriques cachemiriens», aparecido en Assayag, J., y Tarabout, G. *La possesion en Asie du Sud* (véase Bibliografía).
21. Los Charan y el culto de estas diosas han sido objeto de un profundo estudio por parte de Helene Basu, *Von Barden und Königen. Ethnologische Studien zur Göttin und zum Gedächtnis in Kacch (Indien)* (Fráncfort, 2004). Una recensión (por parte de A. Padoux) ha aparecido en los *Archives de Sciences Sociales des Religions*, 130 (abril-junio 2005).
22. Sobre estos cultos tántricos o populares, véase Akos Östör, *The Play of the Gods* (Nueva Delhi, 2004).
23. Anteriormente hemos mencionado (capítulo 3, nota 31) la edición del *Manasâvijaya* de France Bhattacharya.
24. Sobre el caso de Bengala, véase el breve pero excelente estudio de France Bhattacharya, «Le shaktisme au Bengale», en Reiniche, M-L., y Stern, H., dir., *Les ruses du Saut*, ya citado. *Véase también* Bouez, Serge. *La Déesse apaisée. Norme et transgression dans l'Hindouisme au bengale* (París: Editions de l'EHESS, 1992). Sobre los faquires, véase el notable estudio fruto de una experiencia vivida, de Anne-Hélène Trottier, *Fakir. La Quête d'un Bâul musulman* (París: L'Harmattan, 2000).
25. Los kartâbhajâs han sido objeto de un interesante trabajo de Hugh Urban, *The Economics of Ecstasy. Tantra, Secrecy and Power in Colonial Bengal* (Nueva York: Oxford University Press, 2001).
26. Sobre la Diosa en Kerala, véase el estudio de Sarah Caldwell, *Oh Terrifying Mother. Sexuality, Violence and Worship of the Goddess Kâlî* (Nueva Delhi, 1999). Sobre la posesión, *véase* el artículo de Tarabout, G., «Corps possédés et signatures territoriales au Kerala» en Assayag, J., y Tarabout, G., obra ya citada.
27. Sobre Kerala, véase igualmente el artículo de Tarabout, G., «L'évolution des cultes dans les temples hindous. L'exemple du Kerala», en Clementin-Ojha, C., comp., *Renouveaux religieux en Asie* (París: Publications de l'EFEO, 1997).
28. Así la presenta sobre todo Douglas R. Brooks en *The Secret of the Three Cities. An Introduction to Hindu Sakta Tantrism* (Chicago, 1990).
29. Véase el capítulo siguiente.
30. Gopinath Kaviraj era devoto de Mâ Ânanda Mayî, encarnación de Durgâ. También mantuvo contacto con otra mujer-*guru* de Benarés, Shobhamâ que, curiosamente, era

considerada una encarnación de Krishna y de la Diosa: una Kâlî humana. Su caso fue estudiado por Catherine Clémentin-Ojha, *La divinité conquise. Carrière d'une sainte*.

31. Lilian Silburn y Alexis Sanderson trabajaron mucho con él. Yo solo lo hice breve pero provechosamente. Se le ha dedicado un bello volumen: *Samvidullâsah, Manifestation of Divine Consciousness*, dirigido por Bettina Bäumer y Sarla Kumar. Colección de artículos (numerosas fotografías), contiene sobre todo una notable contrivución de A. Sanderson: «Swami Lakshman Joo y el lugar que ocupa en la tradición cachemir». También habría que hablar del volumen *Sâmarasya. Studies in Indian Arts, Philosophy and Interreligious Dialogue*, Sadananda Das y Ernst Fuerlinger, comps. (Nueva Delhi, 2005), que contiene numerosos estudios relativos al ámbito tántrico. Las publicaciones estadounidenses californianas (a veces traducidas al francés) sobre Lakshman Joo no son recomendables.
32. Las actividades de este movimiento han hallado un amplio eco en la prensa india, pero no ha sido muy estudiado. No obstante, vale la pena mencionar dos artículos recientes: el de Raphael Vois, «Denied Violence, Glorified Fighting», el de Helen Crovetto, «Ananda Marga and the Use of Force», aparecidos en *Nova Religio*, vol. 12, nº 1, agosto de 2008.
33. El swami Muktânanda escribió una autobiografía que es interesante como descripción de lo que es un *sâdhanâ* tántrico: *Play of Consciousness* (South Fallsburg, 1978). Merece el mismo tipo de lectura, a título de documento, la obra también autobiográfica, *Koundalinî*, del Pandit Gopi Krishna. Véase Bibliografía.

12. Los tantrizantes de Occidente

1. Esta ambigua y compleja relación Occidente-Oriente ha sido examinada de forma profunda y perspicaz por Hugh Urban en el volumen *Tantra* (Berkeley, 2005), ya citado.
2. Lo hizo sobre todo con la publicación en 1913 del *Mahânirvânatantra*; véase anteriormente, capítulo 3, nota 13.
3. Véase el estudio de Kathleen Taylor citado en la Bibliografía. Hugh Urban consagra a Woodroffe un capítulo muy inteligente y crítico, en su obra *Tantra*, ya citada.
4. Sobre esta cuestión es necesario señalar la colección y la catalogación de los *âgamas* shivaítas por parte del Institut Français de Pondicherry (ahora en línea) y sobre todo el inventario y catalogación de los manuscritos del Nepal, tareas realizadas gracias al Nepal-German Manuscript Preservation Project, sin hablar de la puesta en línea de textos tántricos en el sito Muktabodha del Siddha Yoga.
5. Tal vez podríamos recordar aquí el caso de Alain Daniélou (1907-1994), que a través de sus publicaciones dio a conocer el shivaísmo y su iconografía. No era indianista ni antropólogo, y su visión del shivaísmo tántrico fue muy contestada, por no decir falsa.
6. Pero también hay que señalar que Zimmer fue anti-nazi. Abandonó Alemania en 1938 para ir a Oxford, y después a Estados Unidos.
7. *Techniques du Yoga* (París: Gallimard, 1945), después *Le yoga. Immortalité et liberté* (París: Payot, 1955).

8. También contribuyó, en 1943, a la preparación de la República de Saló, último reducto del fascismo italiano.
9. *Véase* el capítulo precedente, pág. 251.
10. El Siddha Yoga es uno de los movimientos examinados en el estudio sociológico de Véronique Altglas, *Le nouvel hindouisme occidental* (París, 2005). Véase Bibliografía.
11. Nacido en Viena (Leopold Fisher), donde descubrió muy pronto el pensamiento índico. Durante la II Guerra Mundial trabajó como intérprete del ejército indio de liberación de Subhas Chandra Bose, integrado en el ejército alemán, en la Francia ocupada. A continuación marchó a la India y se hizo monje, con el nombre de Agehananda Bharati. La abandonaría unos años más tarde, tras haber sido excluido de la Universidad de Benarés por sus actividades "tántricas", convirtiéndose en un (poco convencional) universitario estadounidense. Su autobiografía, *The Ochre Robe* (Londres: Allen & Unwin, 1961), merece ser leída. También se le debe un voluminoso estudio, *The Tantric Tradition* (Nueva York, 1970), que es una de las primeras obras de conjunto sobre el tema y que resulta interesante. Su caso ha sido estudiado por G. Kripal en un capítulo del volumen *Roads of Excess Palaces of Wisdom* (Chicago University Press, 2001).
12. Señalemos que en Francia, igual que en California, existen centros tántricos "gays", para quien conciba el tantrismo como una liberación sexual, que no es. Pero resulta contradictorio, pues la visión tántrica de la divinidad –y por ende la del juego de la energía y el funcionamiento del universo– es la de una polaridad masculino-femenina.
13. No da la impresión –salvo error– de que la diáspora india, muy numerosa sobre todo en Estados Unidos, se sienta atraída por las fantasías tántricas occidentales. Más bien se trata de un hinduismo no sectario, simplificado (a la vez que mantiene a menudo una referencia local india), que se practica en razón del contexto. Véase Altglas, V. *Le nouvel hindouisme occidental* (París, 2005).

Bibliografía

La bibliografía del tantrismo es inmensa. Incluye lo mejor y lo peor. Como ocurre con todo lo que tiene que ver con la India, es ante todo inglesa y está dirigida sobre todo al especialista, que no es precisamente el caso de este libro. Aquí nos limitaremos a señalar algunas obras que pudieran completar la información del lector curiosos sin agobiarlo con erudición indianista: trabajos generales sobre el hinduismo, algunos textos tántricos traducidos, algunos estudios, a veces eruditos pero accesibles, sobre cuestiones particulares, como filosofía y creencias, ritos y prácticas, divinidades/iconografía. (Solo se citan obras en francés e inglés. También merecerían aparecer otras en alemán e italiano, pero alargaríamos demasiado esta bibliografía, intencionadamente sucinta.)

Obras generales

En este preciso momento no existen, en francés, obras generales de cierto valor sobre el fenómeno tántrico. Sí que hay artículos de enciclopedia, sobre todo en la *Encyclopaedia Universalis*, bajo las entradas tantra, tantrismo o *âgama*. Lo que dice *L'Inde Classique*, de Louis Renou y Jean Filliozat, está bien pero es muy sumario y, como data de 1947, está anticuado.

En inglés, tanto en la India como en Occidente, la situación viene a ser la misma, a pesar de la riqueza y variedad de los estudios sobre el tema en los Estados Unidos. Hay una buena obra, pero difícil de encontrar en el presente, de Sanjukta Gupta, Dirk Jan Hoens y Teun Goudriaan, *Hindu Tantrism* (Leiden: Brill, 1979). El lector también puede remitirse a las entradas hinduismo o tantrismo de *The Encyclopedia of Religion*, dirigida por Mircea Eliade (Nueva York: Macmillan Publishing Company, 1986).

Una buena introducción general sobre el ámbito tántrico hindú y budista, desde los textos antiguos al mundo actual, es el volumen colectivo *Tantra in Practice*, dirigido por David Gordon White (Princeton University Press, 2000).

También vale la pena citar, aunque su objeto es el hinduismo en general (pero como está tan tantrizado...), el libro de J.C. Fuller, *The Camphor Flame. Popular Hinduism and Society in India*, Princeton, Princeton University Press, 1992.

Finalmente, merece mencionarse, aunque no trata de manera directa nuestro tema, el brillante volumen de Michel Strickman, *Mantras et Mandarins. Le bouddhisme tantrique en China* (París: Gallimard,1996).

Textos

Abhinavagupta, *La lumière sur les tantras*, capítulos 1-5 del *Tantrâloka*, traducidos y comentados por Lilian Silburn y André Padoux (París; Collège de France, 2000).

Avalon, Arthur, *Principles of Tantra. The Tantratattva of Shriyukta Shiva Chandra Vidyarnava Bhattacharya*, editado por Arthur Avalon (Madrás: Ganesh & Co., 1952, reimpr. en EE.UU., Vedic Books, 2003-2004). [Versión en castellano: *Principios del Tantra*. Buenos Aires: Editorial Kier, 1981.]

Avalon, Arthur, *Hymns to Kâlî, Karpurâdistotra* (Madrás: Ganesh & Co., 1953).

Avalon, Arthur, *The Greatness of Siva. Mahimnastava of Puspadanta, Translated with Commentary by Arthur Avalon* (Madrás: Ganesh & Co., 1953). Goudriaan (Teun) & Schoterman, J.A., comps., *The Kubjikâ Upanisad, edited with a translation,, introduction, notes and appendix*, (Groningen: Egbert Forsten, 1994).

Hymnes à la Déesse, traducidos del sánscrito por Usha P. Shastri y Nicole Ménant. Iconografía comentada por Pandey, C.B. (París: Le Soleil Noir, 1980). [Versión parcial en castellano: *Himnos a la diosa*. Palma de Mallorca: José J. de Olañeta Editor, 1999]

Kâmakalâvilâsa by Punyânanda with the Commentary of Natanânandanâtha translated with Commentary by Arthur Avalon (Madrás: Ganesh & Co., 1958).

Lakshmî Tantra. A Pâñcarâtra Text, traducción y notas de Sanjukta Gupta (Leiden: E. J. Brill, 1972).

Mrgendrâgama. Section des rites et section du comportement, traducción, introducción y notas de Hélène Brunner-Lachaux (Pondicherry, Institut Français d'Indologie, 1985.)

Muktananda (Swami), *Play of Consciousness* (*Chitshaktivilas*) (South Fallsburg NY: SYDA Foundation, 1978).

Le Rauravâgama. Un traité de Rituel et de Doctrine Shivaïte, introducción, traducción y notas de B. Dagens y M-L. Barazer-Billoret, 2 vol. (Pondicherry: Institut Français de Pondicherry, 2000).

Somashambhupaddhati, traducción, introducción y notas por Hélène Brunner-Lachaux (Pondicherry: Institut Français d'Indologie, 4 volúmenes, 1963-1998).

The Serpent Power, being the Shat-chakra-nirûpana and Pâduka-pañchaka, translated from the Sanskrit, with Introducción and Commentary, Arthur Avalon (*sir* John Woodroffe) (Madrás: Ganesh

& Co., 1953). [Versión en castellano: *El poder serpentino*. Buenos Aires: Editorial Kier, 1979.]

Sivasûtra et Vimarsinî de Ksemarâja, traducción e introducción de Lilian Silburn (París: Collège de France, 2000).

Spandakârikâ. Stances sur la Vibration de Vasugupta et leurs gloses, introducción y traducción de Lilian Silburn (París: Collège de France, 2004).

The Stanzas on Vibration. The Spandakârikâ with Four Commentaries. Translated with an Introduction and Exposition by Mark. S.G. Dyczkowski (Albany: State University of New York Press, 1992).

Stavacintâmani: La bhakti. Le Stavacintâmani de Bhattanârâyanakantha, texto traducido y comentado por Lilian Silburn (París: Collège de France, 2003).

Tantrarâjatantra. A Short Analysis, por *sir* John Woodroffe (Madrás: Ganesh & Co., 1954.)

Utpaladeva: Sivastrotrâvalî of Utpaladeva. A Mystical Hymn of Kashmir. Exposition by Swami Lakshman Joo. Transcrito y editado por Ashok Kaul (Nueva Delhi: D. K. Printworld, 2008).

Le Vijñâna Bhairava, texto traducido y comentado por Lilian Silburn (París: Collège de France, 1999).

Yoginîhridaya: Le coeur de la Yoginî, Yoginîhridaya avec le commentaire Dîpikâ d'Amritânanda. Texto sánscrito traducido y anotado por André Padoux (París: Collège de France, 1994).

Estudios

Agehananda Bharati, *The Tantric Tradition* (Nueva York: Anchor Books, 1965).

Alper, Harvey P., *Understanding Mantras* (Albany: State University of New York Press, 1989).

Altglas, Véronique, *Le nouvel hindouisme occidental*, (París: CNRS Editions, 2005).

Assayag, J., y Tarabout, G., comp., *La possession en Asie du Sud. Parole, corps, territoire* (París: Editions de l'Ecole des Hautes Etudes en Sciences Sociales, 1999), collection Purusârtha, 21).

Bäumer, Bettina, y Kumar, Sarla, *Samvidullâsah Manifestation of Divine Consciousness. Swami Lakshman Joo, Saint-Scholar of Kashmir – A Centenary Tribute* (Nueva Delhi: D. K. Printworld, 2007).

Berti, Daniela, *La parole des dieux. Rituels de possession en Himalaya indien* (París: CNRS Editions, 2001).

Boccali, Giuliano y Torella, Raffaele, comps. *Passioni d'Oriente. Eros ed emozioni in India e Tibet* (Turín: Giulio Einaudi Editore, 2007).

Bouillier, Véronique, *Une caste de Yogis Newar: les Kusle-Kâpâli*, *Bulletin de l'Ecole Française d'Extrême-Orient*, tomo 80.1, 1993, págs. 75-106.

Bouillier, Véronique, *Ascètes et rois. Un monastère de Kanphata Yogis au Népal* (París: CNRS editions, 1997).

Bouillier, Véronique, *Itinérance et vie monastique. Les ascètes Nâth Yogîs en Inde contemporaine* (París: Editions de la Maison des Sciences de l'Homme, 2008).

Bouillier, Véronique, y Tarabout, Gilles, comps., *Images du corps dans le monde hindou* (París: CNRS Editions, 2002).

Bouillier, Véronique, y Toffin, Gérard, comps. *Prêtrise, pouvoirs et autorité en Himalaya*, (París: Editions de l'EHESS, 1989, collection Purusârtha, 12).

Briggs, George Weston, *Gorakhnath and the Kanphata Yogis*, (Delhi: Motilal Banarsidass, 1982).

Brooks. Douglas Renfrew, *The Secret of the Three Cities. An Introduction to Hindu Sâkta Tantrism* (Chicago: The University of Chicago, 1990).

Bühnemann, Gudrun, *The Iconography of Hindu Tantric Deities*, 2 vol. (Groningen: Egbert Forsten, 2000-2001).

Bühnemann, Gudrun, *The Hindu Pantheon in Nepalese Line Drawing. Two Manuscripts of the Pratisthâlaksanasârasamuccaya* (Benarés: Indica Books, 2003).

Bühnemann, Gudrun, *et al., Mandalas and Yantras in the Hindu Tradition* (Leiden – Boston: Brill, 2003).

Caldwell, Sarah, *Oh Terrifying Mother. Sexuality, Violence and Worship of the Goddess Kâlî* (Nueva Delhi: Oxford University Press, 1999).

Clémentin-Ojha, Catherine, *La divinité conquise. Carrière d'une sainte* (Nanterre: Société d'Ethnologie, 1990).

Coburn, Thomas B., *Devî Mâhâtmya, The Crystallization of the Goddess Tradition* (Delhi: Motilal Banarsidass, 1984).

Darmon, Richard, «Vajrolî mudrâ, la rétention séminale chez les yogis vâmacârî», en Bouillier, V., y Tarabout, G., comps., *Images du corps dans le monde hindou* (París: CNRS Editions, 2002).

Das, Sadananda, y Fürlinger, comps., *Sâmarasya. Studies in Indian Arts, Philosophy and Interreligious Dialogue in Honour of Bettina Bäumer* (Nueva Delhi: D. K. Printworld, 2005).

Dehejya, Vidya, *Yoginî. Cult and Practices, A Tantric Tradition* (Nueva Delhi: National Museum, 1986).

Dyczkowski, Mark S.G., *The Stanzas on Vibration. Translated with an Introduction and Exposition* (Albany: State University of New York Press, 1992).

Dyczkowskyi, Mark. S.G., *A Journey in the World of the Tantras* (Benarés: India Books, 2004).

Eck, Diana L., *Banaras, City of Light* (Londres: Routledge & Kegan Paul, 1983).

Eck, Diana L., *Darshan, Seeing the Divine Image in India* (Chambersburg, PA: Anima Books, 1985).

Flood, Gavin, *The Tantric Body, The Secret Tradition of Hindu Religion* (Londres: I.B. Tauris, 2005). [Versión en castellano: *El cuerpo tántrico: la tradición secreta de la religión hindú*. Ediciones Paidós Ibérica, 2008.]

Fuller, C.J., *Servants of the Goddess. The Priests of a South Indian Temple* (Cambridge: Cambridge University Press, 1984).

Fuller, J., The *Camphor Flame. Popular Hinduism and Society in India*, (Princeton: Princeton University Press, 1992).

Ganapathy, N., *The Philosophy of the Tamil Siddhas* (Nueva Delhi: Indian Council of Philosophical Research, 1985).

Gopi Krishna (Pandit), *Koundalinî, L'énergie évolutrice en l'homme* (París: Le Courrier du Livre, 1967).

Goudriaan, Teun, *Mâyâ Divine and Human* (Delhi, Motilal Banarsidass, 1978).

Harper, Katherine Anne, y Brown, Robert L., comps., *The Roots of Tantra* (Albany: State University of New York Press, 2002).

Hawley, John S., y Wullf, Donna Marie, comps., *Devi. Goddesses of India* (Berkeley: University of California Press, 1996).

Hiltebeitel, Alf, comp., *Criminal Gods and Demon Devotees. Essays on the Guardians of Popular Hinduism* (Albany: State University of New York Press, 1989).

Kripal, Jeffrey, *Kali's Child. The Mystical and the Erotic in the Life of Ramakrishna* (Chicago: The University of Chicago Press, 1995).

Levy, Robert I., con la colaboración de Kedar Raj Râjopadhyâya, *Mesocosm. Hinduism and the Organisation of a Traditional Newar City in Nepal* (Berkeley: California University Press, 1990).

L'Hernault, Françoise, y Reiniche, Marie-Louise, *Tiruvannamalai, un lieu saint sivaïte du Sud de l'Inde*, vol. 3, Rites et fêtes (París: Publications de L'Ecole Française d'Extrême-Orient, volumen 156-3, 1999).

Lorenzen, David N., *The Kapalikas and Kalamukhas. Two Lost Saivite Sects* (Delhi: Motilal Banarsidass, 1991).

MacDonald, A.W., comp. *Mandala and Landscape* (Nueva Delhi: D.K. Printworld, 1997).

Macdonald, A.W., y Vergati-Stahl, Anne, *Newar Art. Nepalese Art during the Malla Period* (Warminster: Aris & Phillips,1979).

Mallmann, Marie-Thérèse de, *Les enseignements iconographiques de l'Agni-Purana* (París: Presses Universitaires de France, 1963).

Meister, Michael W., comp., *Discourses on Siva. Proceedings of a Symposium on the Nature of Religious Imagery* (Bombay: Vakils, Feffer & Simons Ltd., 1984).

Michael, Tara, *Corps subtil et corps causal. Les six cakra et le kundalini yoga* (París: Le Courrier du Livre, 1979).

Östör, Akos, *The Play of the Gods. Locality, Ideology, Structure and Time in the Festivals of a Bengali Town* (Nueva Delhi: Chronicle Books, 2004).

Padoux, André, *L'énergie de la Parole. Cosmogonies de la Parole tantrique* (París: Le Soleil Noir, 1980; reimpr. Fata Morgana,1994).

Padoux, André, comp., *L'image divine. Culte et méditation dans l'hindouisme* (París Editions du CNRS, 1990).

Padoux, André, *Vâc. The Concept of the Word in Selected Hindu Tantras* (Albany: State University of New York Press, 1990; reimpr. Delhi, Sri Satguru Publications, 1992).

Pal, Pratipaditya, *Art of Nepal, A Catalogue of the Los Angeles County Museum of Arts Collection* (Los Angeles: County Museum of Arts & Berkeley, University of California Press, 1985).

Reiniche, M-L., y Stern, Henri, dir., *Les ruses du salut. Religion et politiques dans le monde indien* (París: Editions de l'EHESS, 1995, coll. Purusartha, 17).

Silburn, Lilian, *Hymnes aux Kâlî. La roue des énergies divines*, (París: Collège de France, 2ª edición, 1995).

Silburn, Lilian, *La kundalinî. L'énergie des profondeurs* (París, Les Deux Océans, 1983).

Slusser, Mary Shepherd, *Nepal Mandala. A Cultural Study of the Kathmandu Valley* (Princeton: Princeton University, 2 vol., 1982).

Tantra, Hayward Gallery, Londres, 30 septiembre-14 noviembre 1971. Londres, Arts Council of Great Britain, 1971.

Taylor, Kathleen, *Sir John Woodroffe, Tantra and Bengal. 'An Indian Soul in a European Body'* (Richmond: Curzon Press, 2001).

Toffin, Gérard, *Le Palais et le temple. La fonction royale dans la vallée du Népal* (París: CNRS Editions,1993).

Toffin, Gérard, *Les tambours de Katmandu* (París: Payot-Rivages, 1996).

Urban, Hugh B., *Tantra. Sex, Secrecy, Politics and Power in the Study of Religion* (Berkeley: University of California Press, 2003).

Vergati, Anne, *Art et société au Népal* (París: Picard, 2006).

White, David Gordon, *The Alchemical Body. Siddha Traditions in Medieval India* (Chicago: The University of Chicago Press, 1996).

White, David Gordon, comp., *Tantra in Practice* (Princeton: Princeton University Press, 2000).

White, David Gordon, *Kiss of the Yogini. "Tantric Sex" in its South Asian Context* (Chicago: The University of Chicago, Press, 2003).

White, David Gordon, *Sinister Yogis* (The University of Chicago Press, 2009).

Zupanov, Ines. G., y Guenzi, Caterina, comp., *Divins remèdes. Médecine et religion en Asie du Sud* (París: Editions de l'EHESS, 2008, collection Purusârtha, 27).

Me permito añadir que el conjunto de la colección *Purusârtha* (28 volúmenes aparecidos hasta el año 2009) –citados algunos en este libro– merece ser leído. Es, desde el punto de vista de la antropología de Asia meridional, un conjunto de estudio de enorme interés.

Glosario

abhisheka: 1), rito de aspersión, 2), "consagración": iniciación del *sâdhaka* y del maestro; consagración real (*râjâbhisheka*).
âchârya: maestro, grado más elevado en la serie de los iniciados, tras los de *samayin, putraka* y *sâdhaka*; sinónimo de *guru*
âdhâra: "receptáculo", centro del cuerpo yóguico
âgama: "tradición", designación sobre todo de los *tantras* del Shaivasiddhânta
akshamala akshasûtra, rosario, utilizado sobre todo en el.
âmnâya: "transmisión", "reparto" (en cuatro) de las tradiciones del Kula,
Anand Marg,
anu: átomo, alma inmortal,
anugraha: gracia divina - sin. *shaktipâta*,
Arthur Avalon / *sir* John Wodroffe,
atimârga: "vía externa", la de los lâkulas y pâshupatas.
âtman: el Ser, el ser,
âvesha: posesión por parte de una divinidad, fusión mística,

baûls: bardos místicos bengalíes,
bîja (*mantra*): gérmen, designa un *mantra* monosilábico,
bhakti: devoción,
bhâvanâ: meditación creativa intensa,
bindu: punto, gota (de energía); *chakra* de la frente,
bhukti: disfrute, recompensa sensible (por oposición a *mukti*),
brahman: el Absoluto,

chakra: "círculo, centro del cuerpo yóguico - sin. *granthi, padma*,
chakrapûjâ: culto tántrico colectivo en el que los participantes se colocan, en principio formando círculo alrededor del maestro,
cittar: *siddhas* tamiles,

Dâkinî: divinidades menores, hindúes y,
dakshina: derecha; designa una forma tántrica no transgresora (por oposición a *vâma*),
Dakshinâmnâya: transmisión meridional, en especial la de Tripurasundari,
darshana: "punto de vista", designación de los grandes sistemas filosófico-religiosos hindúes,
dûtî: "mensajera", compañera de un rito sexual,
dvâdashânta: centro del cuerpo yóguico situado a doce dedos por encima de la cabeza del *yogin*,
dharma: la ley eterna de base védica.
dhyâna: meditación; representación mental de una divinidad o de una entidad cósmico o sobrenatural,
dhyânashloka: estrofa que describe una divinidad siendo visualizada,

grihastha: "señor de la casa" el hombre que vive en el mundo, con una familia.
hamsa: "cisne", símbolo del alma transmigradora; respiración,

japa: recitado ritual de un *mantra*,
jîvanmukti: liberación en vida,
jñâna: conocimiento, gnosis – uno de los medios de alcanzar la liberación,

kaliyuga: la era cósmica actual – el término no tiene relación con la diosa Kâlî,
las Kâlîs, divinidades animadoras del cuerpo y el cosmos – *cf.* Krama,
kâma: el erotismo, la pasión amorosa,
kâmakalâ: diagrama de una unión sexual de Shiva y Shakti,
kâmya: rito realizado con un objeto interesado,
kapâla: cráneo humano de uso ritual,
kapâlika: asceta portador de un cráneo,
khatvanga: bastón adornado con un cráneo, atribuido a veces a Shiva, que es llevado por ascetas shivaítas,
Kubjikâmata: la tradición dedicada al culto de la diosa Kubjikâ.
kundagola(ka): ofrenda ritual sobre todo a base de secreciones sexuales,
kundalinî: energía cósmica, en particular la presente en el cuerpo humano siguiendo el trayecto de la *sushumnâ*,
Krama: "secuencia", uno de los sistemas shivaítas no dualistas,
kaula: "del kula", adjetivo derivado del sustantivo Kula,
Kula: conjunto de tradiciones shivaítas no dualistas, repartidas en cuatro *âmnâyas*,
kuladevî, kshetradevî, diosas linajudas, diosas del territorio,

Lâkula: antigua tradición shivaíta, en los principios del tantrismo con los pâshupatas,
Lallâ / Lalleshvarî,
linga: icono fálico de Shiva,

madhyamâ: la mediana, plano "medio" de la palabra (*vâc*),
mala: mancha; el ser humano está afectado desde su nacimiento por una triple mancha, *trimala*,
mandala: diagrama ritual; sin. *chakra, yantra*,
mantramârga: la vía de los *mantras*, por oposición al *atimarga*,
mantrapîtha: categoría de *tantras* dedicados al culto de Bhairava..
mantrashâstra: la enseñanza de los *mantras*,
Mâtri: as Madres, ; *matrigana*, el grupo de las Madres,
moksha, mukti: la liberación,
mûlâdhâra: *chakra* situado a la altura del perineo,

nâda: vibración fónica sutil,
nâdî: canal o vena del cuerpo yóguico,
nâtha: nâths,
nyâsa: imposición de un *mantra*.,

Paschimâmnâya: transmisión occidental – uno de los cuatro *âmnâyas* del Kula.,
paravâc: la Palabra suprema,
Pâshupâta: forma antigua del shivaísmo tántrico.
pashyantî: la Vidente, plano (cósmico y humano) de la palabra,
pîtha: sede, lugar santo de la Diosa – o de una divinidad,
prâna: hálito vital y/o respiratorio,
prânapratishthâ: imposición del "hálito": de la presencia de la divinidad en una imagen de uso ritual,
Pratyabhijñâ: "reconocimiento", sistema filosófico shivaíta,
pûjâ: el culto de una divinidad,
purusha / prakriti:
Pûrvâmnâya: la transmisión oriental o primera: uno de los cuatro *âmnâyas* del Kula,

râjâbhisheka: consagración real,
rasâyana: alquimia,

sâdhaka: iniciado apto para celebrar ritos y que posee *siddhis*; puede designar simplemente a un asceta,
sâdhus: ascetas,
sahajiyâ: *tântrikâs* vishnuitas de Bengala.
samhâra: resorción cósmica,
samhitâ: "colección", sinónimo de *âgama* o *tantra*,
samvit: la consciencia divina o humana,
samvidadvâya: no dualidad de la Consciencia, especialmente en el Trika,
shabdabrahman: hijo del brahmán,
shâkta: adj., se dice de las tradiciones shivaítas en las que domina la Diosa,

shakti: la energía,
shaktikshobha: efervescencia de la energía,
shaktipâta: descenso de la energía divina sobre el ser humano, gracia divina ; *anugraha*,
shatkarmâni: las seis acciones (mágicas),
shrîchakra: diagrama ritual,
Shrîvidyâ: tradición dedicada al culto de la diosa Tripurasundarî (o Lalitâ),
shruti: "lo que se ha escuchado", la Revelación basada en el *Veda*,
Siddhânta Shaivasiddhânta saiddhântika:
siddhi: poder sobrenatural o mágico,
Spanda: vibración; nombre de uno de los sistemas shivaítas no dualista,
sushumnâ: *nâdî* vertical, trayecto especialmente de la *sushumnâ*,
svâtantrya: libertad,

tantrashâstra: la enseñanza de los *tantras*,
tantrâvatâra: descenso (sobre la Tierra) de un *tantra*: su revelación,
tarka: razonamiento (uno de los "miembros" del *shadangayoga* tantrique),
tattva: "realidad", principio o categoría constitutiva del cosmos (36 en los *tantras*); tabla de los *tattvas*.
Trika: uno de los sistemas shivaítas no dualistas,
trikona: triángulo, símbolo sexual,

uccâra: enunciación de un *mantra*,
upâya: vía o medio para ir hacia la liberación,
Uttarâmnâya: transmisión del Norte - uno de los cuatro *âmnâyas* del Kula,

vâc: la palabra,
vaidika: védico, por oposición a tántrico (*tântrika*),
vidyâ: "sabiduría", designación de los *mantras* femeninos,
vidyâpîtha: categoría de *tantras* dedicados al culto de la Diosa.

yajamâna: sacrificante.
yoginîvaktra: "rostro de la Yoginî", término de connotación sexual,
yoni: órgano sexual femenino (esta palabra puede ser masculina o femenina),
yonipûjâ: culto de la *yoni*,
yonitattva: secreción sexual femenina,